经济哲学视域中的马克思

陈 飞 ◎著

图书在版编目（CIP）数据

经济哲学视域中的马克思／陈飞著．—北京：中央编译出版社，2019.8
　　ISBN 978-7-5117-3737-3

　　Ⅰ．①经…　Ⅱ．①陈…　Ⅲ．①马克思主义政治经济学－研究　Ⅳ．①F0-0

中国版本图书馆 CIP 数据核字（2019）第 200333 号

经济哲学视域中的马克思

出 版 人：	葛海彦
出版统筹：	贾宇琰
责任编辑：	杜永明
责任印制：	刘　慧
出版发行：	中央编译出版社
地　　址：	北京西城区车公庄大街乙 5 号鸿儒大厦 B 座（100044）
电　　话：	（010）52612345（总编室）　　（010）52612339（编辑室）
	（010）52612316（发行部）　　（010）52612346（馆配部）
传　　真：	（010）66515838
经　　销：	全国新华书店
印　　刷：	北京印刷集团有限责任公司印刷一厂
开　　本：	710 毫米×1000 毫米　1/16
字　　数：	237 千字
印　　张：	16
版　　次：	2019 年 8 月第 1 版
印　　次：	2019 年 8 月第 1 次印刷
定　　价：	69.00 元
网　　址：	www.cctphome.com　　邮　箱：cctp@cctphome.com
新浪微博：	@中央编译出版社　　微　信：中央编译出版社（ID: cctphome）
淘宝店铺：	中央编译出版社直销店（http://shop108367160.taobao.com）
	（010）55626985

本社常年法律顾问：北京市吴栾赵阎律师事务所律师　　闫军　梁勤
凡有印装质量问题，本社负责调换，电话：（010）55626985

前　言

经济哲学是当下马克思哲学研究中一个非常重要的生长点。在马克思的思想体系中，哲学与经济学密不可分，哲学问题只有在经济现实中才能得到合理的阐释与解决，经济问题只有上升到哲学的高度才能发现其本质。哲学与经济学双向互动的本性要求我们马克思主义的学术研究者和传播者不应该把哲学与经济学彼此分离，从而避免陷入碎片化和片面化。马克思一生在理论上和实践上都致力于实现人的解放，早在写作《1844年经济学哲学手稿》时期，马克思就把实现人的解放的共产主义理想与经济学研究密切结合起来，由此开启了哲学研究与经济学研究密切结合的思想风格，并且贯穿以后40年的理论创作。正如陈岱孙先生所说："马克思的政治经济学和他的哲学思想是分不开的。他的政治经济学建立在他的哲学的原理上面，而他的哲学，在他的政治经济学中，又获得了进一步的发展与完成。他对于每一个经济问题是既当作政治经济学中某一特殊问题，又当作整个哲学问题来解决的。"[①] 如果没有长达40年的政治经济学研究和对欧洲工人阶级经济地位的深刻体验和理论研究，马克思将无法拨开社会历史的迷雾，从而也不可能创立唯物史观和剩余价值学说。

正是基于对经济关系和经济行为的经济学研究，马克思清算了以前的哲学信仰，得出了以下结论："只要这样按照事物的真实面目及其产生情况来理解事物，任何深奥的哲学问题……都可以十分简单地归结为某种经

[①] 陈岱孙：《从古典经济学派到马克思——若干主要学说发展论略》，商务印书馆2014年版，第36页。

验的事实。"① 通过对经济事实和经济规律的经济学研究，马克思在本质层面解剖了资本主义市民社会，发现了资本主义市民社会的内在矛盾。与之相反，古典政治经济学把资本主义商品经济作为一个经济事实去研究，探讨财富增殖的客观规律，根本不关心经济发展对人的存在的影响，缺乏对经济问题的哲学批判。马克思经济学研究所蕴含的哲学意蕴使他既超越了以往的哲学传统，也超越了古典政治经济学传统。马克思用哲学的思维方法和理念分析资本主义的经济规律，发现资本主义经济关系压抑人性的事实，又从经济形态变革的角度出发论证共产主义社会将实现每一个人的自由和平等。《资本论》是马克思哲学和经济学有机结合的成功典范，通过这种结合他发现资本主义经济具有双重性：一方面，资本主义经济使单个人陷入到固定的分工中，个人的能力和个性得到片面性发展。另一方面，资本主义经济推翻了以往一切生产方式、等级关系和特权制度，确立了每一个人形式上独立的人格和自由平等的身份；资本主义经济发达的生产效率创造了极大的物质财富和自由时间，为人的解放提供了必要的物质前提，促进了人与人之间的世界性联系，培育了个人关系和个人能力的全面性和普遍性。

在马克思的思想大厦中，经济学和哲学的一系列范畴是相互融通的，也就是说诸多范畴既具有经济学意蕴，又具有哲学意蕴。比如，财产、财富、劳动、商品、货币、资本、机器、工艺、生产方式、生产关系、自由、平等和共同体，等等。本书的旨趣不在于从宏观上把握经济哲学的基本特质、存在形式和理论体系等，而是从经济哲学的微观视角入手探讨经济范畴的哲学意蕴。本书共包含四个论题：论题一是财产权和财富问题，在西方政治哲学史和政治经济学史的语境中讨论马克思财产权变革的哲学意义及其与政治经济学批判的内在关联。论题二是立足于货币这一政治经济学的核心概念，探讨货币所呈现出的哲学意蕴：一是从社会关系、社会交往的角度揭示货币的社会本质，揭示货币与社会的双向互动关系，从而厘清货币与三大社会形态演进的具体关系；二是从自由、平等、人性的角

---

① 《马克思恩格斯文集》第 1 卷，人民出版社 2009 年版，第 528 页。

度揭示货币的伦理学、人学意蕴；三是从人的解放的哲学高度对货币拜物教、货币工具主义进行尖锐的批判。论题三是探讨资本的哲学意蕴，资本是货币的高级形式，促进了个人意识的觉醒和传统社会向现代社会的过渡。资本一半是"天使"，一半是"魔鬼"，要在充分利用资本文明面的基础上，限制资本、引导资本、驯服资本，在利用资本与限制资本之间保持合理的张力。论题四是探讨马克思的技术哲学思想，机器和机器体系是当时最为发达的生产工具，不仅极大限度地提高了劳动生产率，而且增强了资本主义统治的物质力量，造成了人的存在方式的进一步异化。

研究马克思的经济哲学发端于两个机缘：一是学理机缘，另一个是项目机缘。从学理机缘看，自 2010 年博士入学开始，马克思的自由观念一直是我的一个重要研究方向。在对马克思自由观念研究的过程中，我已经开始涉及许多经济哲学的相关内容，比如财产权与自由、劳动与自由、财富与自由等，已经开始从经济的角度谈论自由问题，开始从经济关系和生产方式的角度思考自由的基本内涵和重要特质。从项目机缘看，2015 年我获得了教育部人文社会科学研究项目《马克思货币哲学及其当代意义研究》，货币哲学是马克思经济哲学的一个十分重要且并未引起足够重视的领域，我开始系统地研究马克思的货币哲学，发现货币具有深厚的哲学意蕴。一是货币促进了现代社会的自由、平等、契约关系的产生。尽管自由、平等仅仅是形式上或程序上的自由、平等，还不是实质上的自由、平等，但相对于前现代社会的人身依赖和等级制度，仍然是人类历史上的一个巨大进步。二是货币促进了个人意识的觉醒。在前现代社会，每个人都受制于共同体，个人意识还未觉醒，人的交往范围仅仅是在血缘、地缘关系基础上的有限交往。在现代社会，以货币为中介的商品经济取代了自然经济，促进了人与人之间的世界性联系，培育了个人关系和个人能力的全面性和普遍性，促进了个人意识、个人主体性的兴起。三是货币促进了社会结构的变迁和社会经济的发展。货币作为经济活动的"润滑剂"和"牵线人"，曾极大地促进了本源共同体的瓦解和现代社会的兴起。在现代社会中，尽管货币表现出了典型的两面性，但是只要交换关系存在，货币功能的成熟度仍然是衡量社会发展水平的重要尺度。四是"作为资本的货币"具有强大的生产功能，创造了极大的物质财富和自由时间，为人的解放提供了必要的物质前提，但与此同时也造成了深刻的现代性危机。从马克思货币哲学出发，我又在经济学语境中讨论了作为资本的机器与人的存在和社会发展的深层关系，拓展了自己经济哲学的研究主题和研究范围，最终形成本书，并被收入"马克思诞辰200周年纪念文库"。

目 录
CONTENTS

第一论题　自由意志、财产权与财富问题

第一章　黑格尔法哲学中的财产权和财富问题 … 3
一、自由意志是财产权和财富的哲学基础 … 4
二、意志对物的三个关系与财产权的实现 … 9
三、劳动与财富 … 12
四、伦理实体的三个环节与财富 … 14

第二章　近代政治哲学语境中的财产权与自由 … 20
一、洛克：财产权是最重要的自由权利 … 20
二、黑格尔：对作为自由意志定在的财产权的辩护与批判 … 24
三、马克思：私有财产的扬弃与人类的自由解放 … 28
四、财产权与马克思的正义观 … 30

第三章　财富、人与社会 … 34
一、劳动、劳动主体与财富 … 34
二、财富与人的自由全面发展 … 39
三、财富与三大社会形态 … 41

第二论题　货币、自由与平等

第四章　货币与自由 ·········· 47
　一、货币与现代自由的兴起 ·········· 47
　二、货币与现代自由的表现 ·········· 52
　三、货币与现代自由的消解 ·········· 55
　四、作为资本的货币与现代自由的深层悖论 ·········· 59

第五章　货币与平等 ·········· 65
　一、货币与现代平等的兴起 ·········· 65
　二、货币与现代平等的表现 ·········· 69
　三、货币与现代平等的消解 ·········· 73
　四、作为资本的货币与现代平等的深层悖论 ·········· 76

第六章　货币与现代个体风格的塑造 ·········· 80
　一、货币与现代个体的自由平等风格 ·········· 81
　二、货币与现代个体的物化风格 ·········· 85
　三、货币与现代个体的量化风格 ·········· 88
　四、货币与现代个体的虚无化风格 ·········· 91

第七章　货币异化与货币文明 ·········· 95
　一、货币：私有财产交换的中介 ·········· 95
　二、货币异化：货币异化为"真正的上帝" ·········· 98
　三、货币文明：货币成为社会联系的纽带 ·········· 102

第八章　货币与三大社会形态的变迁 ·········· 106
　一、货币与本源共同体的瓦解 ·········· 107
　二、货币与现代市民社会的兴起 ·········· 110

三、货币的取消与未来共同体的展望 ………………………… 114

第三论题　资本、个人与社会

第九章　从本源共同体到现代市民社会 ………………………… 121
一、本源共同体的三种形态 ……………………………………… 121
二、本源共同体的瓦解与市民社会的兴起 ……………………… 129
三、马克思共同体思想的希腊元素 ……………………………… 131

第十章　资本逻辑批判与科学社会主义 ……………………… 135
一、资本逻辑的透彻分析：科学社会主义科学性的理论基础 …… 136
二、超越资本逻辑：实现科学社会主义理想的必然要求 ………… 140
三、利用与限制：建设和发展中国特色社会主义对待资本的
　　态度 …………………………………………………………… 145
四、资本逻辑与生态危机 ………………………………………… 149
五、生活世界的发现与马克思主义哲学中国化 ………………… 152

第十一章　市民社会批判与人的解放 ………………………… 162
一、市民社会与国家的分裂：马克思市民社会批判的时代
　　背景 …………………………………………………………… 162
二、市民社会中人的双重生活：天国的生活与尘世的生活 ……… 165
三、犹太精神：市民社会的本质精神 ……………………………… 167
四、人的解放：市民社会批判的目标指向 ………………………… 170

第四论题　机器、节约与人的存在

第十二章　《共产党宣言》的机器观及其人学向度 ………… 177
一、机器与资本主义社会存在的建构 …………………………… 178
二、机器与人的存在的新境遇 …………………………………… 182

三、《宣言》与《资本论》机器观的进一步拓展 ……………… 186

第十三章 《资本论》的机器观及其人学向度 ……………… 191
  一、作为资本的机器与资本的高级形态 ……………… 192
  二、作为资本的机器与人的存在方式的深层异化 ……………… 197
  三、作为资本的机器与人的自由个性的实现 ……………… 202

第十四章 一切节约都是劳动时间的节约 ……………… 207
  一、劳动时间与劳动时间的节约 ……………… 207
  二、劳动时间的节约与人的自由全面发展 ……………… 210
  三、劳动时间的节约与社会形态的演进 ……………… 212
  四、马克思节约理论的当代境遇 ……………… 215

第十五章 因果性概念：从休谟、康德到马克思 ……………… 218
  一、休谟因果性概念及其遗留的两个问题 ……………… 218
  二、康德因果性概念对休谟两个问题的回应 ……………… 222
  三、马克思的实践观点对康德两种因果性概念的解决 ……………… 225

主要参考文献 ……………… 230

第一论题

自由意志、财产权与财富问题

第一章 黑格尔法哲学中的财产权和财富问题

自由和意志在黑格尔看来，是两个同位语，自由就是意志，意志就是自由，这个自由意志论就是黑格尔财富思想的哲学基础。劳动是获取财富的手段，每个人都有权通过劳动取得财富以获得定在。以爱为伦理精神的家庭不具有稳定性，家庭要巩固必须通过获得财富以取得定在。在市民社会中黑格尔不仅论述了财富的三种形态，而且分析了市民社会中的财富异化现象：一方面是财富积累的增长，另一方面是劳动阶级的依赖性和匮乏的增长。只有超越市民社会这一伦理实体环节，在更高的伦理实体即国家当中，财富异化问题才能得到合理解决。

追求财富既是人的本性，也是社会进步的杠杆。几千年的人类文明史既是人类追求财富，财富不断增加的历史，也是财富不断异化的历史。改革开放40多年来，虽然财富正在以几何级数的速度增长，但是财富异化现象也已成为无法避免的客观事实，财富力量、财富崇拜、财富梦想已交织成一幅财富幻象的图画。在当代中国如何解决财富问题，如何树立正确的财富观已成为马克思主义不可回避的历史任务。黑格尔在《法哲学原理》中有关于财富思想的丰富论述，但是在已经出版的关于黑格尔哲学的研究著作中，我们并没有发现任何关于黑格尔财富思想的论述。但笔者经过研究发现黑格尔的财富思想是我们理解马克思的财富思想的不可忽视的一环。黑格尔的财富思想对于我们理解财富的本质、财富的样态、私人财富和公共财富的关系具有重要的借鉴意义。

一、自由意志是财产权和财富的哲学基础

黑格尔认为，自由是意志的根本规定，自由只有作为意志才是现实的，有意志而没有自由只是一句空话。自由和意志是两个同位语，自由就是意志，意志就是自由。通过同物理的自然界的比较，黑格尔认为自由就像重量构成物体的概念或实体性那样，自由构成意志的概念或实体性，也就是构成它的重量。这个自由意志论就是黑格尔财富思想的哲学基础。黑格尔认为，自由是意志的根本规定，自由只有作为意志才是现实的，有意志而没有自由只是一句空话。自由和意志是两个同位语，自由就是意志，意志就是自由。通过同物理的自然界的比较，黑格尔认为自由就像重量构成物体的概念或实体性那样，自由构成意志的概念或实体性，也就是构成它的重量。这个自由意志论就是黑格尔财产权理论的哲学基础。

为了更好地说明自由意志，黑格尔还特意分析了意志和思维的关系。与康德把思维和意志看作人的两种相异的官能——人一方面是思维，另一方面是意志，他一个口袋装着思维，另一个口袋装着意志——不同，黑格尔则认为思维和意志的区别只是理论态度和实践态度的区别，"它们不是两种官能，意志不过是特殊的思维方式，即把自己转变为定在的那种思维，作为达到定在的冲动的那种思维"①。作为理论态度的思维就是在思考某一对象时，把它的感性的东西除去，使它变成一种思想，把它变成本质上和直接上是我的东西，因而使对象就不再与我对立。作为实践态度的意志从思维自身开始，即从人的思维所形成的观念和思想开始，把这种观念和思想变成一种现实的存在，因而人的意志是有对象化冲动要求的思维。"意志不同于思维就在于：它不满足于一般地对于对象的认识，不满足于停留于一般的观念与思想，而是要将这种观念思想变为现实的存在，它内在地具有变成现实的冲动力。"② 这样，思维和意志就不再是彼此对立的东

---

① ［德］黑格尔：《法哲学原理》，范扬、张企泰译，商务印书馆1961年版，第12页。
② 高兆明：《黑格尔〈法哲学原理〉导读》，商务印书馆2010年版，第47页。

西，思维是意志的一个环节，理论的东西本质上包含于实践的东西之中。

意志的实践态度就黑格尔来说，其实就是自由意志的实现，对于自由意志的实现需要经历三个环节。

第一个环节是抽象的自由意志。抽象的自由意志是指"我能摆脱一切东西，放弃一切目的，从一切东西中抽象出来"①。事实上，人只有在对自身的纯思维中才有力量给自己以普遍性，即消除一切特殊性和规定性的普遍性，这就是绝对抽象的无界限的无限性。因而，在本质上这是一种空虚的自由意志或否定的自由意志。这种否定的自由意志只有在破坏某种东西的时候，才感觉到它自己的存在。诚然，这种意志以为自己是在希求某种肯定的状态，例如普遍平等的状态，但事实上它并不希望这种状态变成肯定的现实，因为这种现实马上会带来秩序和规定性，而任何一种秩序和规定性都是对自由的限制，因而就会用破坏性的怒涛把这种秩序和规定性毁灭。黑格尔认为这种抽象的自由在历史上屡见不鲜，例如，摒绝生活上的一切活动、一切目的、一切想象的婆罗门；作为政治生活积极狂热表现的法国大革命。黑格尔在《精神现象学》《小逻辑》《法哲学原理》《历史哲学》等著作中对抽象的自由意志进行了深刻的批判，但是他认为这种片面的抽象自由包含着一个本质的规定，即人的自由的普遍本性，因此它作为实现自由意志的一个环节不应该被抛弃。

第二个环节是特殊性的自由意志。这是从无差别的无规定性的意志过渡到有区分有规定性的特殊性意志。通过把自身设定为一个特定的东西，自由意志就获得了特殊的定在。这个定在必定与他者在市民社会当中相遇，要求得到他者的承认。所以这也可以被称为承认的自由意志，即"使他物或对方从无自身的东西成为一个自由的客体，一个自身性的客体，即一个别的自我"②可见，这是不同自由意志相互承认的法权状态。另外，只有承认自己是特殊的个别的自我，才能承认他者存在的合理性，才不会排除对他者的认同。这种特殊性的意志设定一个规定性来作为一种内容和

---

① ［德］黑格尔：《法哲学原理》，范扬、张企泰译，商务印书馆1961年版，第15页。
② ［德］黑格尔：《精神哲学》，杨祖陶译，人民出版社2006年版，第29页。

对象。"我不光希求而已，而且希求某事物。"① 在第一个环节中，仅仅希求抽象普遍物的那种意志，其实不希求任何事物，所以他根本就不是什么意志。意志所希求的特殊事物，实质上就是一种限制，"因为意志要成为意志，就得一般地限制自己"②。第二个环节属于自由，但不构成自由的全体。它被自己的对象束缚住了，因而和没有规定性的意志一样，都是片面的。真实的自由意志是这两个环节的统一。

第三个环节是真实的自由意志，也就是自在自为的自由意志。真实的自由意志是普遍性和特殊性的统一，是经过自身中的反思而返回到普遍性的特殊性。这是自由意志本身的自我规定，在这一环节中，自由意志设定自己作为它本身的否定的东西，即作为被限制被规定的东西；同时，它又留在自己那里，即留在与自己的同一性和普遍性中。也就是说，"自由意志在规定自己的同时仍然守在自己身边，而且它并不停止坚持其为普遍物"③。其实，这种自由意志对规定性是漠不关心的，因为"它知道这种规定性是它自己的东西和理想性的东西，是一种单纯的可能性。它不受这种可能性的拘束，而它之所以在其中，只因为它把自身设定在其中而已"④。真实的自由意志本身既不像第一环节那样局限于抽象的无规定性中，也不像第二环节那样局限于抽象的有限肯定性中，它就是自由的具体概念。黑格尔认为，这种自由即便在我们的感觉形式中也已经存在了，例如，"在友谊和爱中已经有了，我们在自己内部不是片面的，而极愿意在对他物的关系中限制自己，并且在这种限制中明知道自己本身。在这一规定性中人不应当感到自己是被规定的，相反地，由于他把它物作为它物来观察，他才具有自尊感"⑤。

以上三个环节是自由意志逐渐实现的三个阶段，是自我实现的逐渐过渡的过程，不能被看作三个相互分离的阶段。自由意志的实现过程其实就是世界历史的进程，世界历史无非就是自由意志的进展过程。自由意志是

---

① ［德］黑格尔：《法哲学原理》，范扬、张企泰译，商务印书馆1961年版，第17页。
② ［德］黑格尔：《法哲学原理》，范扬、张企泰译，商务印书馆1961年版，第17页。
③ ［德］黑格尔：《法哲学原理》，范扬、张企泰译，商务印书馆1961年版，第19页。
④ ［德］黑格尔：《法哲学原理》，范扬、张企泰译，商务印书馆1961年版，第17页。
⑤ ［德］黑格尔：《法哲学原理》，范扬、张企泰译，商务印书馆1961年版，第19页。

法哲学的起点，也是其哲学基础。但作为尚未特殊化的抽象的自由意志，为了实现自己，必须有外在定在，这个定在就是财产权。

黑格尔在《法哲学原理》中对财产权有两个相关定义，一个是财产权是人格的定在；另一个是财产权是自由意志的定在。人格是具有自我意识的单一意志，是没有内容的单纯自我相关。它在特殊性、规定性中知道自己的无限性、普遍性。人格开始于对完全抽象的自我具有自我意识的时候，在这种完全抽象的自我中一切特殊性都被否定了而成为无效。当然意志的特殊性也是意志整个意识的一个环节，但是抽象的人格本身并没有把它包含在内。所以这种特殊性只是作为与抽象人格有区别的东西，即作为情欲、需要、冲动等而存在，它们本身对人格来说是无足轻重的。如果我们在面对任何一个人时都能够撇开他的一切特殊性，仅仅把他当作一个人来看待，那么我们就是在运用人格概念。在这个意义上，人只要作为人，他就与一切人都是平等的。

诚然人格还只是抽象的主观性的东西，人格要实现自己就必须从这种抽象性、主观性中走出来，因而要给自己以定在摆脱这种抽象性，财产权就是人格的定在，就是人格实现自己的中介。"所有权所以合乎理性不在于满足需要，而在于扬弃人格的纯粹主观性。人唯有在所有权中才是作为理性而存在的。"① 在这里财产权之所以重要并不是满足了人的心理、生理、社会的直接需要，而是表明了人格的实体性存在，我不仅在意识中是自由的，而且在财产权中也是自由的单一存在者。从需要的层面去解释财产权，只是肤浅的心理学层面的解释，只有把财产权作为人格的定在才是哲学层面的解释。由于财产权扬弃了人格的纯粹主观性，因而财产权的实质性内容就是人格的实在性，在这个意义上，对财产权的否定并不仅仅是对物权的否定，更是对具有独立实在性的人格的否定。所以，抽象法以禁令的形式规定不得侵害财产权。人通过财产权使人格摆脱了抽象性、主观性成为现实的存在。

人作为自由意志的存在，要想摆脱抽象性和主观性，总要给自由意志

---

① ［德］黑格尔：《法哲学原理》，范扬、张企泰译，商务印书馆1961年版，第50页。

本身以定在，而财产权就是自由意志的最初定在。自由意志给自己以定在的过程，就是拥有财产权的过程，实质上也就是对物的占有的过程。人有权把他的意志体现在任何物中，所有的物都可变为人们所有，人具有对物的绝对权利，因为人自身就是自由意志，是自在自为的存在者，而其他所有的物都是外在的、被动的、相对的。人对物的占有，一方面表示了我把自己的意志体现在物内，使人的自由意志成为实在的；另一方面，又扬弃了物的自然自在性，使物成为自由意志的。因此，在对物的占有中，物变成了自己的意志，自己的意志变成了物，物就是意志，意志就是物，物与意志二而一体。①

为了取得财产权即达到自由意志的定在，对物的占有就不能仅仅是空洞的观念性的占有，此外还须取得对物的实际占有，也就是把物置于我自己外部力量的控制之下。通过这种实际占有，自由意志才获得定在。这种占有是一个具有感性确定性的事实。在这种感性确定性中，表示出我自己是一个现实的主体存在。如果我没有把物置于自己力量的控制之下，也就是说，如果我不能对物有效地占有，那我就不是现实的主体，不是实现了的自由意志。既然财产权是自由意志的定在，那么没有财产权也就是没有自由。没有财产，其他一切自由都是空洞的。如果一个人连基本的生存都无法保证，其他一切自由权利当然都是虚幻的。因而，要真正获得自由，就必须首先获得财产权。"这也正是马克思从政治经济学角度分析资本主义生产关系，要求打破资产阶级所有权，使无产阶级获得经济上的解放这一思想的深刻之处。"②

黑格尔认为，抽象地说，人作为人格，作为自由意志，是一律平等的，因而每个人都有权占有财产以获得定在。但由于各人的才能、任性、勤劳、外部情况等各不相同，所以各人所拥有的财产的数量也应该各不相同。因此，黑格尔反对平均分配财产，认为那种要求平均分配财产的观念只是一种空虚而肤浅的理智，"这种观念很容易得到某种情绪的青睐，这

---

① 高兆明：《作为自由意志定在的财产权——黑格尔〈法哲学原理〉读书札记》，载《吉首大学学报（社会科学版）》2006年第1期。
② 高兆明：《黑格尔〈法哲学原理〉导读》，商务印书馆2010年版，第104页。

种情绪误解精神自由的本性和法的本性，并且不在这种本性的特定环节中来理解它"①。由此，黑格尔认为那种要求各人财产一律平等的正义是虚假的正义，真正的正义所要求的仅仅是所有人都应该拥有财产而已。

二、意志对物的三个关系与财产权的实现

根据黑格尔的看法，财产权并不是天然就有的，所以它需要人去建立、实现。财产权的实现，即财产权在意志对物的关系上，有三个环节，分别是占有、使用与转让。这三个环节分别是意志对物的肯定判断、否定判断和无限判断。我们首先来看占有这一环节，人对物的占有必须具备两个前提性条件："先占取得"和"无主物"。这两个条件意味着占有不是纯粹私人的事情，占有本质上是一种社会关系，或者说占有只有在社会关系中才能获得现实性。"先占取得"意味着第二个人不能占有已经属于他人所有的东西，其原因就是最先一个人的自由意志已经贯彻到物当中，物体现了最先占有者的自由意志。"无主物"意味着占有的排他性，这就排除了对有主物占有的合法性，否则，一切通过欺诈、侵略对他人所有物的占有就变成合法的了。对物的占有的具体方式主要有三种类型：直接的身体把握，给物以定形，给物加上标志。这三种占有方式的特点是由单一性逐渐过渡到普遍性。黑格尔认为由于自然物的质的差别，这三种占有方式并不全面，所以他又说"物的获得和外部占有也具有无限的方式"。

第一个环节是占有。占有的第一种方式是直接的身体把握。这是把物直接置于我的自然力量的控制之下，从感性方面来说，这种占有方式是最完善的占有方式，因为我的意志直接体现在这种占有中，具有感官现实性，可以直接被认识到。但是，身体把握也具有很大的局限性，因为"这种占有方式仅仅是主观的、暂时的，而且从对象的范围来说，以及由于对象的质的本性之故，都受到极大的限制"②。由于人的自然力量的局限性，

---

① ［德］黑格尔：《法哲学原理》，范扬、张企泰译，商务印书馆1961年版，第55页。
② ［德］黑格尔：《法哲学原理》，范扬、张企泰译，商务印书馆1961年版，第62页。

所以黑格尔认为可以通过中介，例如，机械力量、武器和工具，来增强我们的身体力量以扩大我们的占有范围。其次，给物以定形。这是通过人的创造性活动，改变物的自然存在形态来实现占有的方式。这种占有方式是人类实践活动中最常见的一种占有方式，例如农业、工业、手工业都属于这一占有方式。给物以定形是最适合理念的一种占有方式，因为它把我的自由意志和客观物体在自身中统一起来了。这种占有方式也涉及人对自身的占有。人最初只是自在的自由，也就是仅仅按照概念本身是自由的，只是自由的可能性，尚不是现实的自由，人还没有占有自己。要想实现自为的自由必须对自己进行教化和培养，从本质上来看，也就是"通过他的自为意识了解自己是自由的，他才占有自己"①。最后一种占有方式是给物加上标志。这种占有针对的不是事物的实体性存在，而是事物所应具有的意义。黑格尔以作为国家公民资格的徽章来说明这种占有方式，他认为徽章的颜色与这一民族没有任何联系，也不表示徽章本身，而是就其所象征的意义来看，它代表着整个民族。人能够以各种方式实现对物的占有，从而使物成为我的东西，因而这就自然而然地表明了我对物的使用权。

　　第二个环节是物的使用，这表明了意志对物的否定判断。对物的纯粹占有并不是我的目的，占有物是为了使用物，通过对物的使用来表达意志的存在和相对于物的绝对性。通过物的使用，一方面，物作为自在的否定的东西得到显现，物只是满足我的需要的一种手段；另一方面，物通过被消费完全成为我的，物被彻底人化了，物在满足我需要的同时与我同一，实现了它的价值，完成了它的使命。对于物的使用和财产权的关系，黑格尔明确反对"以使用为所有权的实在方面和它的现实"，而认为"把物成为他的这种所有人意志才是首要的实体性的基础"②。在黑格尔看来，所有人的自由意志是财产权的首要因素，而对物的使用是进一步的规定，只是财产权的现象和特殊方式。但是，黑格尔又认为人对物的拥有意愿又需要通过物的占有和使用等这些外部行为表现出来。因此，虽然对物的使用，并不意味着具有财产权，但却是意志在物上的主观表现。在意志的主观表

---

① ［德］黑格尔：《法哲学原理》，范扬、张企泰译，商务印书馆1961年版，第64页。
② ［德］黑格尔：《法哲学原理》，范扬、张企泰译，商务印书馆1961年版，第67页。

现方面，使用要强于占有，因为使用比占有更直接，因而更具有现实性。①黑格尔认为虽然使用意味着财产权的实现，但并不等于说使用就是所有，谁使用就归谁所有。因而为了明确财产权和使用的关系，黑格尔设计了一个标准：部分地或暂时地使用不涉及财产权，完全地或长期地使用意味着拥有财产权。"所以仅仅部分地或暂时地归我使用，以及部分地或暂时地归我占有，是与物本身的所有权有区别的"，然而，"如果使用权完全属于我，我就是物的所有人，关于其物，再没有什么东西在整个使用范围以外有所遗留而可供他人所有的了"。②

第三个环节是物的转让。财产权不仅在于占有和使用，而且更重要的是在于转让。转让不仅体现了我的意志，而且实现了对物的真正占有。那些不能转让的东西就不是真正占有的东西。所以，黑格尔把"转让理解为真正的占有取得"。黑格尔进一步区分了不可转让的东西和可转让的东西。由此，提出了一个区分的标准：只能转让按其本性来说是某种外在的东西。根据这个标准，黑格尔列出了第一类不可转让的东西：人格、普遍的意志自由、伦理和宗教。它们之所以不可转让是因为我凭借它们才占有我的人格和实体性的本质，才使我自己成为一个具有权利能力和真正能力的人。它们是我人格中最隐蔽的财富和普遍本质的福利，是我的实体性规定，享受这种福利的权利永远也不会失效。因而它们根本不是什么外在的东西，它们就是自我本身，所以是不可转让的。第二类不可转让的东西就是我的生命和身体。"生命，并不是与人格——本身就是这一直接人格——相对的外在的东西"，因此，"说人有支配其生命的权利，那是矛盾的，因为这等于说人有凌驾于其自身之上的权利了"。③ 所以，我没有任何权利可以放弃生命，享有这种权利的只有伦理理念。黑格尔把可转让的东西也概括为两类：一是财产，二是特殊技能和个别产品。这种转让也是有一定条件的，那就是我只能转让部分时间和部分产品。"如果我把在劳动中获得具体化的全部时间以及我的全部作品都转让了，那就等于我把这些

---

① 萧诗美：《黑格尔所有权理论的哲学诠释》，载《学术研究》2009年第7期。
② ［德］黑格尔：《法哲学原理》，范扬、张企泰译，商务印书馆1961年版，第68页。
③ ［德］黑格尔：《法哲学原理》，范扬、张企泰译，商务印书馆1961年版，第79页。

东西中实体性的东西、我的普遍活动和现实性、我的人格,都转让给他人所有了。"①

区分不可转让的东西和可转让的东西是黑格尔财产权理论的一大特色。其意义是为商品交换划定了界限,也就是我只能交换那些对于我来说是外在的东西,不能交换主体自我本身,从而为人的价值和尊严保留了地盘。②

三、劳动与财富

黑格尔认为,每个人都可以通过劳动获得财富给自由意志以定在,财富是保证自由的一个必要条件。一个人如果缺少基本的财富来满足生存需要的话,是不可能获得自由的,因为按照马克思的说法,那时将会重新爆发争取生活必需品的斗争,全部陈腐的东西又要死灰复燃。劳动是获取财富的手段。劳动通过各种各样的过程,加工于自然界所直接提供的材料,创造出人类所需要的财富。人在自己的消费中所涉及的主要是劳动创造的财富,那些用不着加工可直接供人消费的物资极少。"人通过流汗和劳动而获得满足需要的手段。"③ 为了使劳动能够更有效地创造财富,黑格尔认为理论教育和实践教育是不可或缺的。理论教育是在人类感兴趣的各种各样的对象上发展起来的,其目的主要有两个:一是获得各种各样的观念和知识;二是锻炼人的思维能力,使思维灵活敏捷,能够把握复杂的和普遍的联系。实践教育主要是通过劳动来进行的,其目的主要有三个:一是使勤劳成为习惯,养成做事的习惯和需要;二是限制人的活动,使这种活动能够适应自然的规律和别人的任性;三是产生普遍有效的技能。黑格尔认为笨拙的人总是做不出他所想的东西,只有经过了实践教育的熟练工人,才能制造出所希望的产品来,而且在他的主观活动中找不到任何违反目

---

① [德] 黑格尔:《法哲学原理》,范扬、张企泰译,商务印书馆1961年版,第75页。
② 萧诗美:《黑格尔所有权理论的哲学诠释》,载《学术研究》2009年第7期。
③ [德] 黑格尔:《法哲学原理》,范扬、张企泰译,商务印书馆1961年版,第209页。

的地方。

对于劳动的方式,黑格尔认为,劳动只有在社会的联系中、在市民社会的各个成员的相互依赖中才能得以有效进行:"需要和手段,作为实在的定在,就成为一种为他人的存在,而他的需要和劳动就是大家彼此满足的条件。"① 在创造财富的劳动过程中,我必须配合别人而行动,我从别人那里取得满足的手段,而同时我又不得不生产满足别人的手段。在这种相互联系的普遍性中,每个人在为自己取得、生产和享受的同时,也为其他一切人的享受而生产和取得。每个人的劳动一方面都增加了普遍财富,另一方面,每个人都能通过教育和技能获得他应得的一份,以保证他的生活。

黑格尔还谈论了劳动分工对财富创造的积极作用。由于需要的细致化以及满足需要的手段不同,就产生了社会分工。个人的劳动通过分工变得更加简单,使他在劳动中的技能得到提高,因而增加了他的生产量。难能可贵的是黑格尔不仅看到了劳动分工的积极方面,而且还看到了劳动分工的消极方面。这个消极方面在公开出版的《法哲学原理》中没有明确的阐述,但是在黑格尔的学生格里斯海姆1824—1825年的听课笔记中却有详细的论述:"劳动变得越来越冷漠无情,这里没有为知性考虑的多样性。劳动者的依赖性是工厂的一个结果,他们使精神在劳动中迟钝了,他们变得完全不自主,他们变得完全片面的,从而几乎没有别的办法维持生计,因为他们只专心于这一个工作中,只习惯于它,他们变成各方面都是最不自主的人,精神沉寂了","劳动分工越广泛,就变得越缺乏精神,越机械,越加贬低人的地位"。② 黑格尔在这里对分工带来的劳动异化的阐述,与马克思在《1844年经济学哲学手稿》中关于异化劳动的论述是比较接近的,马克思在这里分析了异化劳动的四个方面:人与劳动产品的异化,人与劳动本身的异化,人与自己类本质的异化,人与人的异化。当然,相比较而言,黑格尔讲得还比较笼统。另外,马克思说黑格尔只看到了劳动的积极方面,没有看到劳动的消极方面,显然是由于他当时并未看到这些

---

① [德]黑格尔:《法哲学原理》,范扬、张企泰译,商务印书馆1961年版,第207页。
② 张世英:《论黑格尔的精神哲学》,上海人民出版社1986年版,第152页。

资料的缘故。

由于每一个社会成员的劳动受资本、劳动技能、先天禀赋、主观努力、体质等一系列偶然因素的影响,在具体的财富分配方面,黑格尔反对平均主义,认为那种要求平均分配财富的观念只是一种空虚而肤浅的理智,只是纯然道德的理想和善意的愿望,缺乏客观性。"这种观念很容易得到某种情绪的青睐,这种情绪误解精神自由的本性和法的本性,并且不在这种本性的特定环节中来理解它。"① 黑格尔认为那种要求各人财富一律平等的正义是虚假的正义,真正的正义所要求的仅仅是所有人都应该拥有财富而已。同时,由于人作为人格,作为自由意志,是一律平等的,因而每个人都有权通过劳动取得财富以实现定在,人人在劳动面前都是平等的,但是取得财富的多少却因人而异。

四、伦理实体的三个环节与财富

黑格尔对财富思想的具体论述主要集中在《法哲学原理》的第三篇"伦理"中,具体来看,主要体现在"家庭""市民社会""国家"这三个伦理实体环节当中。家庭、市民社会、国家这三个伦理实体环节从历史的维度来看,揭示了人类历史发展的进程。具体来看,家庭这一伦理实体性存在的阶段代表了以血缘关系为基础的,以身份依赖性、自然等级性为特征的前现代社会形态;市民社会是以独立的单个人的存在为基础,以维护个体权利为目标的各种法律制度为中介的现代社会形态;国家这一伦理实体在黑格尔那里不是指现实的国家,更不是当时的普鲁士国家,而是一个人类应该趋向的理想状态,这个理想状态就是私利和公共善的统一、特殊性和普遍性的统一。黑格尔家庭、市民社会、国家这三个伦理实体环节甚至蕴含着后来马克思所揭示的人的依赖性、以物的依赖性为基础的人的独立性、人的自由个性这一历史发展三阶段论的思想萌芽。②

---

① [德] 黑格尔:《法哲学原理》,范扬、张企泰译,商务印书馆1961年版,第55页。
② 《马克思恩格斯全集》第30卷,人民出版社1995年版,第107—108页。

第一论题　自由意志、财产权与财富问题

作为直接实体性的家庭，以爱为规定性，而爱是精神对自身统一的感觉。所谓爱，一般说来，就是意识到自身和他人的统一，使我不专为自己而孤立起来；相反地，我只有抛弃我自身的独立存在，并且知道自己是和他人统一以及他人和自己的统一，才获得自我意识。具体来看，爱的第一个环节，就是我不想成为独立的、孤单的人，如果我是这样的人，我就觉得自己残缺不全，人格不完整。爱的第二个环节就是，我在别一个人身上找到了自己，也就是找到了自己的另一半，在这个环节当中，我获得了他人对自己的承认，而他人同样也获得了我的承认。爱的第三个环节就是自我与他人的伦理性统一，我在这种统一中获得了生命存在的方式与意义。由于爱是一种感觉，本质上是一种主观的东西，因而以爱为伦理精神的家庭就不具有稳定性，家庭要巩固就必须具有定在，这个定在就是财富。

财富是家庭的外在定在，"家庭作为人格来说在所有物中具有它的外在实在性。它只有在采取财富形式的所有物中才具有它的实体性人格的定在"[①]。财富不仅是家庭的定在，而且还是家庭得以存在的基础。这主要表现在以下两个方面：第一，财富是家庭成员权利的保证。个人通过家庭这个伦理实体而享有权利，这个权利主要包括两方面的内容：一是他在"这统一体中的生活"的权利，这就是家庭当中子女得到抚养、老人得到赡养的权利。二是享有家庭财富的权利，这就是黑格尔所说的外部方面的权利，也就是财产、生活费、教育费等。没有一定的物质财富，这些权利就成为虚无缥缈的东西，家庭也不可能持续存在下去。第二，财富是家庭获得尊严的基础。财富作为家庭这个伦理实体的一个环节为家庭及其成员提供了独立自尊的依据。虽然财富作为家庭的外在定在不能直接等同于家庭尊严，但是在其现实性上，家庭尊严的获得往往离不开财富，因为没有一定物质财富的家庭持续存在都很困难，更别说什么尊严了。[②]

家庭财富是家庭成员的共同所有物，家庭的任何一个成员都没有特殊所有物，而只对于共有物享有权利。尽管所有的家庭成员对共同所有物享有权利，但并不意味着每一个家庭成员都对共同所有物享有支配权，享有

---

① [德] 黑格尔：《法哲学原理》，范扬、张企泰译，商务印书馆1961年版，第185页。
② 高兆明：《黑格尔〈法哲学原理〉导读》，商务印书馆2010年版，第16页。

支配权的是作为家神之定在的家长。这就意味着在家庭这个伦理实体中，存在着家庭财富的所有权与支配权的冲突，这个冲突孕育着家庭伦理实体内部个人摆脱家长的独立意识的觉醒，催生着家庭自身的自我否定性。个人意识的觉醒，家庭的解体，意味着下一个伦理实体环节即市民社会的出场。

在市民社会的普遍交往过程中，形成了各种不同的"普遍的集团"，每个"普遍的集团"都有其特有的需要和满足需要的特殊劳动方式，都有其特有的理论教育和实践教育，都有其特有的思维观念和行为习惯。这些具有特殊性的"普遍的集团"构成了各种不同的等级。黑格尔的等级概念主要是建立在现代社会分工的基础上，个人应属于哪个等级虽然受到"天赋才能、出生和环境等的影响"，但是起决定作用的还在于"主观意见和特殊任性"，也就是说"出于自己的决定并通过本身活动、勤劳和技能"。① 黑格尔认为市民社会区分为等级乃是必然的，国家的第一个基础是家庭，第二个基础就是等级。等级之所以重要，是因为个人只有成为某种等级的人才能成为现实的存在，才可能是伦理实体性的存在，不属于任何等级的人是一个单纯的私人，是一个空洞的存在，他不处于现实的普遍性中。具体来看，市民社会分为三个等级，与此相适应，分别是三种财富形态。

一是"实体性的或直接的等级"，实质上是指农业等级，其财富形态为"土地的自然产物"。在这一等级中，劳动及其成果是与个别固定的季节相联系的，农业收成也以自然过程的变化为转移，所以，这个等级依靠自然的成分多于依靠个人的勤劳、反思和知性的成分。当然，黑格尔的这种理解主要适用于传统农业，不太适应高科技背景下的现代农业，但是，他强调自然成分的基础性对现代农业来说仍具有重要意义。二是"反思的或形式的等级"，即"产业等级"，其财富形态主要为工业产品。与农业等级主要依靠自然相反，这一等级主要依靠自己的劳动，"它从它的劳动中，从反思和理智中，以及本质上是从别人的需要和劳动的中介中，获得

---

① ［德］黑格尔：《法哲学原理》，范扬、张企泰译，商务印书馆1961年版，第215页。

它的生活资料。它所生产的以及它所享受的，主要归功于它自己，即它本身的活动"①。三是"普遍的等级"，又称"思想的等级"，其财富形态为"社会状态的普遍利益"。这个等级以服务于国家为其职业，以普遍利益为其本质，而不是像前两个等级那样关注自己的特殊利益，"因此，必须使它免于参加直接劳动来满足需要，它或者应拥有财产，或者应由国家给予待遇，以补偿国家所要求于它的活动，这样，私人利益就可在它那有利于普遍物的劳动中得到满足"②。

黑格尔不仅论述了市民社会中三种财富样态，而且还论述了市民社会中的财富异化现象，一方面是财富积累的增长，与此相对照，另一方面是劳动阶级的依赖性和匮乏的增长。具体来看，"当市民社会处在顺利展开活动的状态时，它在本身内部就在人口和工业方面迈步前进。人通过他们的需要而形成的联系既然得到了普遍化，以及用以满足需要的手段的准备和提供方法也得到了普遍化，于是一方面财富的积累增长了，因为这两重普遍性可以产生最大利润；另一方面，特殊劳动的细分和局限性，从而束缚于这种劳动的阶级的依赖性和匮乏，也愈益增长"③。黑格尔认为，当广大群众的生活降到作为社会成员所必需的水平之下时，从而丧失了自食其力的这种正义和自尊时，就会产生贱民。贱民的生活如果没有得到保障的话，就会产生对社会和政府的内心反抗。与这种反抗的情绪相联系的是，"由于依赖偶然性，人也变得轻佻放浪，害怕劳动，而象那不勒斯的游民那样。这样一来，在贱民中就产生了恶习，它不以自食其力为荣，而是以恳扰求乞为生并作为它的权利"④，因而贱民的产生使不平均的财富更加集中在少数人手中。

虽然财富异化现象可通过建立殖民地，开拓海外市场，进行海外贸易得到某种程度上的缓解，但是在市民社会的内部不可能彻底解决财富异化问题。在市民社会中，"尽管财富过剩，市民社会总是不够富足的，这就

---

① ［德］黑格尔：《法哲学原理》，范扬、张企泰译，商务印书馆1961年版，第214页。
② ［德］黑格尔：《法哲学原理》，范扬、张企泰译，商务印书馆1961年版，第214页。
③ ［德］黑格尔：《法哲学原理》，范扬、张企泰译，商务印书馆1961年版，第244页。
④ ［德］黑格尔：《法哲学原理》，范扬、张企泰译，商务印书馆1961年版，第245页。

是说，它所占有而属于它所有的财产，如果用来防止过分贫困和贱民的产生，总是不够的"①。究其原因，黑格尔指出，贫困是由成为自由意志的所有物即私有财产造成的，这种私有财产对贫困的抵抗是绝对顽强的和无限的。当然，黑格尔并不主张废除私有财产，因为他认为私有财产是自由的保障，唯有在私有财产中自由才是可能的。这点是黑格尔与马克思的根本区别，马克思主张只有废除私有财产才能实现人的自由，人类异化的根本原因就在于资本主义私有制。为此，只有超越现代市民社会这一伦理实体环节，在更高的伦理实体即国家当中，财富异化问题才能得到合理的解决。

国家在黑格尔那里不是指现实的国家，更不是当时的普鲁士国家，而是一个人类应该趋向的理想状态，这个理想状态就是私利和公共善、特殊性和普遍性的相互渗透的统一。黑格尔反对个人权利至上的政治原则，他认为个人权利只是在市民社会中才成为最后目的，市民社会是追求私利、特殊性的场合。黑格尔反对把国家和市民社会混淆起来，认为个人只有成为国家的成员才具有客观性、真理性和伦理性，因为人是被规定着过普遍生活的，他的一切特殊利益都应当把普遍性作为出发点和结果。但是，作为最高伦理实体的国家所具有的普遍性并不能脱离特殊性、单一性而存在，"现代国家的本质在于，普遍物是同特殊性的完全自由和私人福利相结合的，所以家庭和市民社会的利益必须集中于国家；但是，目的的普遍性如果没有特殊性自己的知识和意志——特殊性的权利必须予以保持，——就不能向前迈进。所以普遍物必须予以促进，但是另一方面主观性也必须得到充分而活泼的发展。只有在这两个环节都保持着它们的力量时，国家才能被看作一个肢体健全的和真正有组织的国家"②。从这段话中，我们可以看出，在未来国家里，个人在市民社会中通过劳动创造的私人财富不仅得到了保持，而且以最适合人类本性的方式实现了私利和公共善的相互渗透的统一，财富异化问题在这里得到了合理解决。具体来看，现代国家政治制度是个人财富的保障。在这里个人财富与国家财富并不处于两极对立的不相容状态。相反，一方面，个人财富通过国家得到实现和

---

① [德] 黑格尔：《法哲学原理》，范扬、张企泰译，商务印书馆1961年版，第245页。
② [德] 黑格尔：《法哲学原理》，范扬、张企泰译，商务印书馆1961年版，第261页。

保障；另一方面，国家亦能在促进和保障个人财富的基础上实现自身的发展。由于黑格尔认为普遍性是特殊性的实体和目的，那么，当国家和个人的生命权、财产权发生冲突时，国家有权要求个人作出牺牲。在市民社会中，个人的生命财产只是有限的东西，具有自然力的形态，因而迟早必死，从而是暂时性的，只有当个人的生命财产为国家牺牲时，它们才能上升为自由的作品，即一种伦理性的东西，因而才具有永恒的意义。

黑格尔的国家理念在性质上类似于马克思的"自由人联合体"，二者都可以看作是一种"自由的现实化"的国家形式。但是，在对财富问题的解决中，二者又表现出了明显的差异，马克思在《哥达纲领批判》中阐述了自己对作为自由人联合体的共产主义社会的理解和期待："在共产主义高级阶段，在迫使个人奴隶般地服从分工的情形已经消失，从而脑力劳动和体力劳动的对立也随之消失之后；在劳动已经不仅仅是手段，并且本身完成了生活的第一需要之后；在随着个人的全面发展，他们的生产力也增长起来，而集体财富的一切源泉都充分涌流之后，——只有在那个时候，才能完全超出资产阶级权利的狭隘视界，社会才能在自己的旗帜上写上：各尽所能，按需分配！"① 马克思主张通过无产阶级革命，废除资产阶级的私有制，消灭分工，建立对社会财富联合占有的公有制，最终实现各尽所能，按需分配。而黑格尔由于受法国大革命所导致的暴力恐怖的影响不主张暴力革命，主张社会改革，并且在不废除私有制的基础上实现私利和公共善的统一，其解决方案不免限于空想。

---

① 《马克思恩格斯选集》第3卷，人民出版社1995年版，第305—306页。

第二章　近代政治哲学语境中的财产权与自由

人作为自由意志的存在，要想摆脱抽象性和主观性，总要给自由意志本身以定在，而财产权就是自由意志的最初定在。

要扬弃近代市民社会中财富对人的统治，实现人的自由，首先就要扬弃私有财产权，因为私有财产权是资本主义制度的基础，没有私有财产权，就没有资本主义。在近代西方政治哲学史上，洛克、黑格尔、马克思都对财产权与自由的关系作出了重要的论证。洛克与黑格尔都认为，财产权是自由的最重要的存在形态，没有财产权也就没有自由。但黑格尔认为财产权只是自由意志的最初定在，当财产权与生命或国家发生冲突时，人有绝对的权利侵犯另一个人的财产权，批判了洛克私有财产神圣不可侵犯的教条，只有在国家中，自由才会得到完全实现。马克思把对财产权的批判推向了顶端，认为只有通过无产阶级革命推翻私有财产权，才能最终实现每一个人的自由。财产权本身就是客观实在的权利，因而具有显著的经验性内容，并不是抽象的先验权利。笔者在这一部分，将注重阐述洛克、黑格尔和马克思如何论财产权与自由的关系，通过财产权探讨自由，把自由的实现建立在财产权及其批判这一最具客观实在性的经验基础之上。

一、洛克：财产权是最重要的自由权利

自洛克在《政府论》下篇第一次提出在人们享有的各项自然权利中，财

产权是最重要的权利以来，财产权问题就成为近代政治哲学的核心问题，因为近代市民社会本质上是经济占主导地位的社会，财富的生产和占有既是这个社会的实体，又是它的第一要务。由于财产权的特殊重要地位，从洛克、斯密到布坎南的主流政治哲学家都通过不同的方式论证私有财产权是实现自由的最重要方式，私有财产权是实现个人自由的基本保障，私有财产权是近代市民社会的第一基石。可以说，如果没有从经济上、政治上、法律上确立私有财产权的合法性，就没有近代市民社会。与此相反，马克思首先关注的是把资本看作私有财产权的一种形式，看作是占有剩余价值，剥削工人的合法凭证。由此，马克思意识到了财产权的政治本质，即财产权的压迫性，财产权在马克思看来不仅不是自由的保障，反而是实现自由的障碍。

在洛克看来，财产权是最重要的自由权利，财产权包含两层含义：一是狭义的财产权，也就是物质财产权；二是广义的财产权，包括生命权、自由权、健康权以及物质财产权。笔者通过阅读原文发现，在洛克的著作当中，除了《政府论》（下篇）第五章以外，财产权就是指广义的财产权。而人们一般把洛克的财产权仅仅看作狭义的物质财产权，忽略了洛克财产权的丰富含义，造成理解上的偏差。财产权的基础是自由，自由是一切权利和义务的基础。与霍布斯把自由看作是缺乏运动的外在障碍不同，洛克则认为，自由是根据心灵的指导，思索或不思索、做或不做的力量。在这里，洛克把自由看作是积极的自由，自由的根本属性是力量，无论心灵的决定是不是自愿的，只要没有力量，他就是不自由的，这种积极意义上的自由对后来的黑格尔产生了重大影响。无论在自然状态，还是在公民社会，自由都是一切权利和义务的基础，因为一个人如果连自由行动的权利都没有，一切都受自然因果法则的约束，那么他就不可能承担责任和享受权利。洛克指出："凡在自然状态中想夺去处在那个状态中的任何人的自由的人，必然被假设为具有夺去其他一切东西的企图，这是因为自由是其余一切的基础。同样地，凡在社会状态中想夺去那个社会或国家的人们的自由的人，也一定被假设为企图夺去他们的其他一切。"[①]

[①] ［英］洛克：《政府论》下篇，叶启芳、瞿菊农译，商务印书馆1964年版，第12页。

和之前的政治哲学家一样，自然状态也是洛克政治哲学的出发点。与霍布斯把自然状态看作是战争状态不同，洛克把自然状态看作是自由平等的状态。自然状态中的自由在洛克看来仅仅是自然自由，因为人们只受自然法的约束，不受任何特权和意志的支配，他们能够在自然法的指导下，按照自己认为恰当的办法处理财产和作出决定。对于什么是自然法，洛克以神学预设为基础，把自然法看作是上帝的命令。具体来看，自然法可以分为两类：每一个人都有义务自我保存；每一个人都有义务保存全人类。在自然状态中，虽然人们受自然法的约束，但是由于自身的缺陷，人们的财产权得不到保障，因此人们必须逃避自然状态。其理由如下：首先，虽然自然法对于一切有理性的存在者都是可以理解的，但是由于对自然法缺乏研究，以及利害关系的偏见，人们并不总是承认自然法的约束力。因此，"在自然状态中，缺少一种确定的、规定了的、众所周知的法律，为共同的同意接受和承认为是非的标准和裁判他们之间一切纠纷的共同尺度。"① 其次，缺少一个解决一切纠纷的公正的权威的裁判者。在自然状态中，每一个人都是自然法的执行者和裁判者，每一个人由于利己之心总是对自己的利益过分关心，对于他人的利益则会过分冷淡。最后，对正确的判决缺少公共的强有力的执行权力，因而正确的判决就可能得不到应有的执行。总之，由于缺少一个公正的权威的法官，人们的财产权（生命、自由、健康、物质财产）就会受到威胁，变得很不安全，没有保障。

因此，需要订立社会契约进入政治社会来保护财产权，而政治社会就是为弥补自然状态的三个缺陷而设计的。人们放弃自然自由组成政治社会，其首要目的是通过制定法律、判断争执、处罚犯罪来保护个人的财产权。"国家具有权力对社会成员之间所犯的不同的罪行规定其应得的惩罚（这就是制定法律的权力），也有权处罚不属于这个社会的任何人对于这个社会的任何成员所造成的损害；凡此都是为了尽可能地保护这个社会的所有成员的财产。"② 洛克认为只有经过每一个自由人的同意才能进入政治社会，组成合法政府，那些没有表示同意进入政治社会的人，则仍然处在自

---

① ［英］洛克：《政府论》下篇，叶启芳、瞿菊农译，商务印书馆1964年版，第77页。
② ［英］洛克：《政府论》下篇，叶启芳、瞿菊农译，商务印书馆1964年版，第53页。

然状态中，任何人都没有权利替他人作出同意。为了解决纠纷、保护财产权，人们签订契约同意放弃对财产的执行和判决的权利，而其他一切自然权利包括生命权、自由权、财产所有权都是神圣不可侵犯的，不能为了国家、其他人的利益而损害私有财产权。洛克反对君主专制，主张三权分立，包括立法权、执行权、对外权，这对孟德斯鸠的三权分立学说以及当代资本主义国家的政体产生了重大影响。更难能可贵的是，与霍布斯不同，洛克认为政府作为统治者是契约的一方，受契约的制约，如果政府不能履行契约，使人们的生命、自由、财产遭受威胁时，人民就有权推翻它重新建立政府。当然，洛克对人们的反抗权有所限制和保留："这种革命不是在稍有失政的情况下就会发生的。对于统治者的失败、一些错误的和不适当的法律和人类弱点所造成的一切过失，人民都会加以容忍，不致反抗或口出怨言的。"①

与自然状态中只服从自然法的自然自由（natural freedom）不同，在政治社会中，自由是服从法律的公民自由（civil freedom），而这种法律仅仅是由人们同意所建立的立法机关制定的法律，除此之外，不受任何其他法律的约束。洛克认为，法律约束自由，其目的是为了保护自由，而不是限制自由。没有法律保护的自由时刻处在危险中，因而只能是空洞的和抽象的。由立法机关制定的法律作为生活的准绳，为一切社会成员所共同遵守，从而防止自由的相互僭越。在法律未加规定的一切事情上，人们有做或不做的自由，不受另一个人武断的、反复无常的意志的支配。在政治社会中，法律对自由限制的合法性取决于以下两个条件：一是一个人已经同意服从由立法机关所制定的公民法律；二是公民法律必须符合自然法，否则法律对自由的限制就是无效的。

洛克认为，无论在自然状态，还是在社会状态，人们都具有自由权，因而每个人都能够通过自己的劳动确立财产权（物质财产），每一个人都能够自由地处理自己的财产，政府如未经人们的同意不得以任何形式侵犯个人的财产权。这种财产权理论遭到了卢梭、黑格尔以及马克思的强烈批

---

① ［英］洛克：《政府论》下篇，叶启芳、瞿菊农译，商务印书馆1964年版，第141—142页。

判，比如，黑格尔在《法哲学原理》中就指出，一个快要饿死的人有绝对的权利侵犯别人的财产权。洛克对劳动财产权的论证有一个神学背景，可概括如下：上帝赋予每一个人生存的权利；土地和自然界中的低等动物为一切人所共有；对自己的人身只有本人才具有所有权。对于劳动者的延伸物即为了生存作用于自然界取得的劳动成果就正当地属于他的，因此，只要我的劳动使自然物改变了本来的面貌，我就获得了对它的财产权。"劳动使它们（自然物）同公共的东西有所区别，劳动在万物之母的自然所已完成的作业上面加上一些东西，这样它们就成为他的私有的权利了。"① 洛克的劳动理论对古典政治经济学以及马克思产生了重大影响。在洛克看来，劳动使一切东西具有数量不同的价值，劳动造成价值的绝大部分，"百分之九十九全然要归之于劳动"，因而那些未经劳动改进的自然物只具有很小的价值。洛克认为，每一个自由的理性存在者都有义务通过自己的劳动增加自然物的价值以增加人类的共同积累，从而为全人类的保存提供物质基础。洛克的劳动财产权理论第一次为劳动正名，并将劳动扶上了统治的地位，因而，从亚里士多德的人是政治动物，到马克思的人是劳动动物，洛克的劳动理论是不可或缺的一环。

二、黑格尔：对作为自由意志定在的财产权的辩护与批判

黑格尔认为，财产权是自由意志的最初定在。自由意志给自己以定在的过程，实质上就是获得财产权的过程，也就是对物（无主物）的占有的过程。对于如何占有，黑格尔认为主要有三种方式：一是直接的身体把握，这是把物直接置于我的身体力量的控制之下；二是给物以定形，这是通过人的劳动改变物的原有形态来实现占有的方式，这种占有方式是人类实践活动中最常见的一种占有方式，例如农业、工业对自然产品的加工都

---

① ［英］洛克：《政府论》下篇，叶启芳、瞿菊农译，商务印书馆1964年版，第25页。

属于这一占有方式，在这里黑格尔显然受到了洛克劳动财产权理论的影响；最后一种占有方式是给物加上标志。黑格尔对这种占有方式论述得比较简单，有点模糊不清。他认为，这种占有针对的不是事物的实体性存在，而是事物所应具有的意义，这种占有方式其对象的范围和意义都是极不明确的，比如对国徽的占有。人有权通过占有的三种方式，把他的意志体现在任何物（无主物）中，所有的物都可通过加进劳动变为人们所有，人具有对物的绝对权利，因为人自身就是自由意志，拥有理性自决的活动力量，而其他所有的物都是外在的、被动的、相对的。人对物的占有，一方面表示了我把自己的意志体现在物内，使人的自由意志获得了客观实在性；另一方面，又扬弃了物的原始状态，使物加进了人的印迹，成为自由意志的。黑格尔认为，财产权是自由的最重要的存在形态，没有财产权也就没有自由。没有财产，其他一切自由都是空洞的、抽象的。因为如果一个人连基本的财产都没有，他的生存就无法得到保障，那么其他一切自由权利当然都是虚幻的。因此，黑格尔主张，通过法律制度来保护财产权以实现人的真正自由，保护财产权是现代社会实现人的自由不可缺少的一个环节。拥有一个最少量的私有财产对于形成和维持一个人的自由个性是基本的，只有拥有财产，我的意志才能成为现实的意志，或者说给我的意志以定在。[1]

在西方政治哲学史上，自洛克在《政府论》下篇第一次提出在人们享有的各项自然权利中，财产权是最重要的权利以来，财产权问题就成为现代政治哲学的最核心问题。在现代社会，财产权实际上成了政治的首要因素，从洛克、斯密到布坎南，主流的现代思想界都在论证财产权是现代自由的真正保障，是现代社会的第一基石。与此同时，对财产权的批判和反抗也构成了现代政治哲学的另一个异端性的传统。这个异端传统从卢梭开始，卢梭第一个站出来反对洛克财产权理论，猛烈地抨击了洛克的"私有财产神圣不可侵犯"的观点，指出人与人之间不平等的起源和基础就是财产权，财产权在本质上就是穷人阶级和富人阶级之间的社会契约。黑格尔

---

[1] Alan Patten, *Hegel's Idea of Freedom*, New York: Oxford University Press, 1999, p. 140.

继卢梭之后对私有财产神圣不可侵犯这一"洛克信条"进行了猛烈的批判，提出了一个快要饿死的人有绝对的权利侵犯另一个人的财产权。黑格尔对财产权的批判，显示了与马克思的一致性。但是，在财产权问题上，马克思和黑格尔也存在着重大的分歧，黑格尔并不主张要废除财产权，保护财产权是现代社会实现人的自由不可缺少的一个环节；而马克思则主张通过无产阶级革命消灭私有制，废除资产阶级财产权，达到全体人民对财产的联合占有，以此实现每个人的自由解放①，把对财产权的批判推向了顶点。黑格尔对资产阶级财产权的批判是这一传统的不容忽视的一环，这种批判主要包括两个方面。

第一，生命权大于财产权。生命权是无限的权利，是自由的最高内涵，是其他一切权利得以成立的前提、载体，而财产权只是自由的最初定在，是有限的权利。因此，当二者发生冲突时，黑格尔主张生命的价值高于财产的价值。"当生命遇到极度危险而与他人的合法所有权发生冲突时，它得主张紧急避难权，因为在这种情况下，一方面定在遭到无限侵害，从而会产生整个无法状态，另一方面，只有自由的那单一的局限的定在受到侵害"②，黑格尔指出，当人的生命遇到极度危险的时候，为了保全生命人有权偷窃一片面包，这种对财产权的侵犯并不能算是暴行，而是对更高权利即生命权的肯定。因为，一方面是无限的权利在遭到侵害，另一方面只是单一的有限的权利在遭到侵害。相反，那种认为人的生命遭到危险却不允许其自谋保护之道，那就等于把他置于法之外，是最严重的不法，因为它否定了自由的全部定在。

第二，国家高于生命权和财产权。黑格尔认为个人没有任何权利可以放弃生命，享有这种权利的人只有伦理理念，这个伦理理念就是国家。国家在黑格尔那里不是指现实的国家，更不是当时的普鲁士国家，而是一个人类应该趋向的理想状态，这个理想状态就是私利和公共善的统一、特殊性和普遍性的统一。黑格尔反对个人权利至上的政治原则，他认为个人权

---

① ［法］汤姆·洛克曼：《马克思主义之后的马克思》，杨学功、徐素华译，东方出版社2008年版，第236页。
② ［德］黑格尔：《法哲学原理》，范扬、张企泰译，商务印书馆1961年版，第130页。

利只是在市民社会中才成为最后目的,市民社会是追求私利、特殊性的场合。黑格尔反对把国家和市民社会混淆起来,认为个人只有成为国家的成员才具有客观性、真理性和伦理性,因为人是被规定着过普遍生活的,他的一切特殊利益都应当把普遍性作为出发点和结果。由此,黑格尔认为,当国家和个人的生命权、财产权发生冲突时,国家有权要求个人作出牺牲。在市民社会中,个人的生命财产只是有限的东西,具有自然力的形态,因而迟早必死,从而是暂时性的,只有当个人的生命财产为国家牺牲时,它们才能上升为自由的作品,即一种伦理性的东西,因而才具有永恒的意义。虽然黑格尔主张国家高于个人,普遍性高于特殊性,特殊性应该以普遍性为目的,但是并没有完全忽视个人的利益,特殊性也是国家的一个环节。"普遍物既不能没有特殊利益、知识和意志而发生效力并底于完成,人也不仅作为私人和为了本身目的而生活,因为人没有不同时对普遍物和为普遍物而希求,没有不自觉地为达成这一普遍物的目的而活动。"①

黑格尔的国家作为伦理理念是解决市民社会矛盾的理想方案,它是一种远远超出直接的现实性的理想状态,其性质类似于马克思的"自由人联合体"。二者的区别在于:马克思的目标是联合起来的个人对社会财富的普遍占有,以及每个人的自由全面发展,显示了高度的政治理想主义;黑格尔的目标是实现私利和公共善、特殊性和普遍性的完美统一,但就其最终坚持普遍性高于特殊性、国家高于市民社会来说,其政治气质接近于古典共和主义。②

但是,黑格尔对财产权的保护是有限度的,当财产权与生命或国家发生冲突时,黑格尔认为人有绝对的权利侵犯另一个人的财产权,而这点使黑格尔与洛克、斯密等主张财产权是现代社会第一基石的"正统"分道扬镳,使黑格尔与卢梭和马克思站到了一起构成了批判财产权的"异端"传统。卢梭是第一个站出来反对洛克财产权理论的哲学家,他猛烈地抨击了洛克"私有财产神圣不可侵犯"的观点,指出"人与人之间不平等的起因

---

① [德]黑格尔:《法哲学原理》,范扬、张企泰译,商务印书馆1961年版,第260页。
② 张盾:《财产权批判的政治观念和历史方法》,载《哲学研究》2011年第8期。

和基础"就是财产权,要实现人类平等,必须废除财产权。① 相对于卢梭和马克思,黑格尔对财产权的批判具有一定的保守性,因为他并不主张废除财产权。他对"私有财产神圣不可侵犯"的"洛克信条"进行了有条件的批判,提出了一个快要饿死的人有绝对的权利侵犯另一个人的财产权,以保全生命。虽然,马克思和黑格尔都对财产权进行了猛烈地批判,但也存在着重大的分歧,黑格尔并不主张要废除财产权,保护财产权是现代社会实现人的自由不可缺少的一个环节;而马克思则主张通过无产阶级革命消灭私有制,废除资产阶级财产权,达到全体人民对财产的联合占有,以此实现每个人的自由解放。

三、马克思:私有财产的扬弃与人类的自由解放

与黑格尔通过法律制度保护财产权以实现人的自由不同,马克思首先关注的是把财产权看作资本,看作是占有剩余价值、剥削工人的合法凭证。"马克思从来不主张保护一般制度上的财产权,也不主张保护特定经济观念上的财产权,它们都把一定历史时期内存在的私人财产权看作整个社会自由实现的必要条件。"② 对于马克思而言,财产权至多能使在一定历史时期内的少数财产所有者获得法律的保护,但是它会拉大人与人之间的经济差距。然而,马克思始终认为每一个人都应该共享财产权的利益,并期望在"未来共同体"阶段,所有人都能摆脱资本逻辑的控制。

从《1844年经济学哲学手稿》到《资本论》,马克思不断地以私有财产权为基础对资本主义制度进行批判性阐释:私有财产权是资本主义制度的基础,没有私有财产权,就没有资本主义。作为现代资本主义第一基石

---

① 参见张盾、刘聪:《论黑格尔对财产权的批判及其对马克思的影响》,载《江海学刊》2010年第6期。
② [法] 汤姆·洛克曼:《马克思主义之后的马克思》,杨学功、徐素华译,东方出版社2008年版,第237页。

的财产权是异化劳动的不可避免的产物，当私有财产通过异化劳动产生以后，马克思指出私有财产具有进一步促进劳动异化的反作用。"尽管私有财产表现为外化劳动的根据和原因，但确切地说，它是外化劳动的后果，正像神原先不是人类理智迷误的原因，而是人类理智迷误的结果一样。后来，这种关系就变成相互作用的关系。"① 私有财产作为资本主义的前提必然产生以下结果：人与劳动产品的异化、人与劳动的异化、人与自己类本质的异化、阶级的异化。马克思认为，要摆脱异化获得自由必须从私有财产中解放出来，而这种解放是通过工人的解放表现出来的，当然这并不是因为工人的解放就等于全人类的解放，而是因为工人对资本的关系包含着现代社会的一切奴役关系。另外，资本主义社会的发达的生产力是由无产阶级创造的，只有无产阶级才能通过自主联合实现对全部生产力的普遍占有，因此才能消灭资本主义私有制，那时所有财产将在社会所有制的基础上归属于全体的个人。当然消灭私有制，实现每一个人的自由只有通过革命才有可能的实现，因为资本家不会自动放弃自己的财产权。"革命之所以必需，不仅是因为没有任何其他的办法能够推翻统治阶级"，而且因为无产阶级"只有在革命中才能抛掉自己身上的一切陈旧的肮脏东西，才能成为社会的新基础"。②

为了实现每一个人的实质自由，马克思一直都坚持认为要废除资本主义私有财产。在《资本论》中，马克思进而主张在废除资本主义私有制的基础上"重新建立个人所有制"，在这里又恢复了个人占有财产的正当性。这是由资本主义内在矛盾造成的对自身的否定，"这种否定不是重新建立私有制，而是在资本主义时代的成就的基础上，也就是说，在协作和对土地及靠劳动本身生产的生产资料的共同占有的基础上，重新建立个人所有制"③。这实质上是在社会所有制的基础上把通过个人劳动所创造的财产重新归还给个人。对于从资本主义私有制向未来"自由人联合体"的社会所有制的转化，马克思表现出了比较乐观的态度："以个人自己劳动为基础

---

① 《马克思恩格斯全集》第3卷，人民出版社2002年版，第277页。
② 马克思、恩格斯：《德意志意识形态》，人民出版社2003年版，第35页。
③ 马克思：《资本论》第1卷，人民出版社2004年版，第874页。

的分散的私有制转化为资本主义私有制,同事实上已经以社会的生产经营为基础的资本主义所有制转化为社会所有制比较起来,自然是一个长久得多、艰苦得多、困难得多的过程。"①

在世界历史的第三个阶段即"未来共同体"阶段,社会所有制取代了资本主义的私有制。个人摆脱了交换领域的形式自由取得了实质的自由。现代资本主义社会以市场经济为导向,其典型特征是财富表现为生产的根本目的,其价值取向是功利主义,它在促进生产力高度发展的同时,却遗忘了人类生存的根本意义。而马克思的关于未来社会的自由理想正是在对现代资本主义社会批判的基础上所形成的关于全人类自由解放的理论体系。它使人们意识到现代市民社会是一个远非理想的社会,以此来批判和关照现实,从而提升人们的生存质量。

四、财产权与马克思的正义观

正义问题研究是近年来国内马克思主义哲学界的重要理论增长点,加深了对马克思政治哲学及其他哲学问题的理解,许多理论问题因而得到澄清。梳理马克思的经典文本和思想演进的逻辑进程,可以发现,财产权构成马克思正义观的基础,是马克思讨论正义问题的基本出发点。通过政治经济学研究,马克思揭露了资产阶级财产权正义的形式性和虚假性,它掩盖了剥削的非正义性,要实现真正正义必须变革资本主义的财产关系,重新建立个人所有制。

从财产权的视角思考正义问题并非马克思的首创。可以说近代西方政治哲学主流的思想家都把财产权看作现代社会存在和发展的基础,都从财产权这一最重要的自由权利出发思考正义问题和建构自己的正义体系,对财产权的论证和保护构成其正义体系的最重要的特征。比如,在马克思之前,建立了比较完整的正义体系的休谟明确提出,财产权是正义的基础,

---

① 马克思:《资本论》第 1 卷,人民出版社 2004 年版,第 874 页。

正义规则的建立实质上是为了保护每一个人的财产权,以防社会在相互冲突中陷入崩溃和解体,社会秩序与和平的塑造是正义的伴生物。在斯密那里,正义与财产权同样是相一致的,正义是社会存在的基础,是支撑社会大厦的主要支柱,是维系社会有秩序运行和促进社会繁荣的必要条件,商业社会只有建立在正义的基础上才能通过自由市场实现财产权收益的最大化。

马克思承接了近代政治哲学的问题背景,把财产权看作是对资本主义社会进行病理学诊断和对未来共产主义社会建构的关键范畴,财产权成为马克思政治经济学批判和思考社会正义的核心问题。与近代主流政治哲学家从正面积极地证成资产阶级财产权不同,马克思则认为资产阶级财产权是历史的暂时的,根本不是永恒的自然权利,它至多使少数人的私有财产得到保护,是其实现自由的必要条件。资产阶级财产权拉大了人与人之间的经济差距,作为合法凭证论证了剥削的正义性,未来正义社会的建立依赖于对资产阶级财产权的废除。从《1844年经济学哲学手稿》到《资本论》,马克思始终坚持认为共产主义社会应该实现一种新型的财产关系,这种财产关系使每一个人都能平等地共享财产权的收益。资产阶级财产权与正义是无法兼容的,具有强制性和压迫性,它否定了对社会资源的平等使用权。

在资产阶级的视野中,资本主义是一种人格独立的制度,存在着一个自由交换的市场经济体系和保护财产权的一系列法律制度,生产资料和劳动力在市场中自由公平地流动。从财产权的角度看,商品交换过程蕴含着一个抽象正义的原则:每一个经济行为主体都拥有自己产品的所有权,彼此之间都被当作同样的所有者来对待,都得到法律体系的保护。每个人都不能暴力占有他人的财产,只有通过自由等价的交换才能获得他人财产。根据马克思的基本观点,这种"正义"的交换制度也适用于资本和劳动的交换,工人拥有对自己劳动力的所有权,可以把它当作商品自由地选择雇主,并且市场上工资协议的签订表面上看也是两个独立的经济主体讨价还价的结果,相比于前资本主义社会的奴隶或佃农是历史的进步。然而,对马克思而言,资本主义的根本特征不在于商品交换中的正义,而在于生产过程中劳动和资本表现的深层关系，这种关系的性质事实上与交换领域的自由平等正相反，交换过程的形式正义掩盖了生产过程的实质非正义。

为什么会出现表面的交换过程和深层的生产过程之间的巨大反差呢？关键在于资产阶级的生产资料财产权。一方面资本控制着生产资料的财产权，另一方面，劳动者不拥有这方面的财产权，只拥有关于自己劳动能力的财产权。劳动者为了获得生存资料，不得不出售他的劳动力给资本家，劳动力是生产要素中唯一一个能够创造出比维系自身存续价值更大的价值。由于资本拥有生产资料的财产权和劳动力的使用权，它能够凭借经济结构中这样的优势地位，控制生产过程和劳动组织方式，占有生产出来的商品，获得一定数量的未付酬劳动，并通过积累过程，实现资本的利润循环和增殖。财产权在资本方面转化为无偿占有工人创造的剩余劳动的权利，在劳动方面转化为把自身的一部分劳动产品看作归他人所有的义务。在马克思看来，资产阶级财产权是非正义的，因为资本以财产权的名义无偿占有了工人的一部分劳动产品。劳动价值论的主旨，是揭开资本主义社会经济主体自由平等的表层面纱，深入生产过程中，了解劳动时间的制度安排，发现工人阶级的剩余劳动如何被占有以及被占有多少的运行机制，为论证资本主义剥削制度的非正义性提供真实的科学基础。

马克思认为，决定劳动产品财产权归属的并不是劳动，而是资本主义生产资料的私人占有的财产权模式，要实现社会的真正正义，必须变革以资本逻辑为核心的财产权关系，实现一种新的财产权制度，即生产者的自由联合占有。生产资料属于联合起来的生产者，所有的生产者拥有使用生产资料的平等权利，从而才能够实现对社会资源的共享和生产力总和的联合占有。只有在此基础上，才能真正变革劳动者与生产条件相分离的财产权关系，从而消灭资本的剥削和奴役制度，实现对整个生产过程有意识有计划的控制。生产资料联合占有的财产权模式使财产摆脱了资本属性，人们从经济必然性的奴役中解放出来，重新驾驭了异己的统治人的抽象力量。由于实现了财产权的共享，每一个人都拥有获得自我实现所需要的社会资源的平等权利，不存在一部分人凭借经济结构中的优势地位占有更多的实现自身条件的权利，生产者彼此之间与社会生产条件处于同样的关系中。生产资料的私人占有的财产权模式与正义是不相容的，因为它否定了人们对社会资源的平等使用权，一部分人凭借财产权控制了另一部分人活动的客观条件。

"自由人联合体"是马克思期望的理想社会形态，它是一个真正自由和平等的社会，没有异化和剥削。资本主义的自由只是交换过程中的一种表面现象，它掩盖了生产过程中支配和奴役的现实性。真正的自由意味着从不可掌控的经济过程和生产关系中解放出来，个人不再把自己的存在归结为盲目的命运，而是归结为人自身。人们共同生产每个人的社会生活前提，通过民主决策和有意识的计划消除这些前提的盲目性和自发性，使它们受联合起来的生产者自觉的共同支配。平等意味着剥削的消失，剥削意味着一部分人凭借生产资料的财产权无偿占有了他人的一部分劳动产品，而在生产者自由联合的社会中，根本不存在未付酬的劳动，全体的社会剩余不再归一少部分人所有，而是被联合起来的生产者共同占有。

第三章 财富、人与社会

追求财富既是人的本性,又是社会进步的杠杆。几千年的人类文明史既是人类追求财富、财富不断增加的历史,又是财富不断异化的历史。改革开放 40 多年来,虽然财富正在以几何级数的速度增长,但是财富异化也已成为无法避免的客观事实,财富力量、财富崇拜、财富梦想、财富迷恋已交织成一幅财富幻象的图画。在当代中国如何解决财富问题,如何树立正确的财富观已成为马克思主义不可回避的历史任务。特别是 2008 年的国际金融危机使财富问题变得更加尖锐和复杂。如何破解这一问题,我们可以从马克思的财富思想那里寻求理论资源及启示。本章注重从财富与人的关系的角度来阐述财富的价值旨趣和人学蕴涵,以财富的人的逻辑破解财富的物的逻辑。马克思把劳动看作财富的主要来源,把劳动主体看作财富的本质。财富背后体现的是人与人的关系,财富创造的根本目的是实现人的全面发展。马克思提出了人类社会发展的三大形态,与三大社会形态相适应,分别是使用价值、交换价值和个人发达的生产力等三种财富形态。

一、劳动、劳动主体与财富

什么是财富?马克思给了我们明确的解答:"不论财富的社会形式如何,使用价值总是构成财富的物质内容。"对于什么是使用价值,马克思进一步指出:"物的有用性使物成为使用价值。但这种有用性不是悬在空中的。它决定于商品体的属性，离开了商品体就不存在。因此，商品体本身，例如铁、小麦、金刚石等等，就是使用价值，或财物。"①

如果我们继续追问财富是怎样产生的？通常的回答是财富是由劳动创造的。但这个回答包含着一种把劳动理解为一切财富的源泉的危险。马克思并不同意这种答案。事实上，马克思在《哥达纲领批判》中针对德国社会民主党关于"劳动是一切财富和一切文化的源泉"的错误观点，就批判地提出："劳动不是一切财富的源泉。自然界同劳动一样也是使用价值（而物质财富就是由使用价值构成的！）的源泉，劳动本身不过是一种自然力即人的劳动力的表现。"② 并且认为劳动只有作为社会的劳动，只有在社会中和通过社会才能成为财富和文化的源泉。从这段论述中，我们可以概括以下三点：第一，马克思重申了财富的含义，即财富是由使用价值构成的；第二，除了劳动以外，自然界也是财富的源泉；第三，劳动不能孤立地创造财富，只有在社会中，通过与其他要素的结合才能创造财富。

关于自然在财富创造中的作用，马克思引用威廉·配第的话"劳动是财富之父，土地是财富之母"作为重要的阐释③，并认为在财富创造中人和自然是携手并进的。马克思把这种外界的自然条件分为两大类：一类是生活资料的自然富源，例如渔产丰富的水域、土壤的肥力等；另一类是劳动资料的自然富源，例如森林、煤炭、金属、草原、可以航行的河流等。并认为这两类富源在不同的社会发展阶段具有不同的作用，在人类社会较低的发展阶段，生活资料的自然富源具有决定性的意义；在人类社会较高的发展阶段，劳动资料的自然富源具有决定性的意义。当然并不是说自然越富饶，经济就越发展，财富就越丰富，相反，"过于富饶的自然'使人离不开自然的手，就像小孩子离不开引带一样'"④。自然只是形成财富的一个必要条件。

马克思否认"劳动是一切财富和一切文化的源泉"，其目的并不是要

---

① 《马克思恩格斯全集》第 23 卷，人民出版社 1972 年版，第 48 页。
② 《马克思恩格斯选集》第 3 卷，人民出版社 1995 年版，第 298 页。
③ 马克思：《资本论》第 1 卷，人民出版社 2004 年版，第 56—57 页。
④ 马克思：《资本论》第 1 卷，人民出版社 2004 年版，第 587 页。

否认劳动在财富创造中的巨大作用,而是为了强调,人必须依赖自然界才能创造财富。事实上,没有比马克思更重视劳动在财富创造过程中的作用,人和自然虽然都是财富创造过程中必不可少的,但是所起的作用是不一样的。自然无论多么重要,在财富创造过程中只是被动的因素,人不能老是指望从自然那里获得新的财富。劳动在财富创造过程中是主动的因素,只有通过劳动对自然界的改造,才能真正激活自然,才能为人类创造更多现实的财富。所以,劳动才是人类财富的主要源泉。马克思在《1844年经济学哲学手稿》指出:"一切财富都成了工业的财富,成了劳动的财富,而工业是完成了的劳动。"① 后来,恩格斯在《反杜林论》中进一步阐发了马克思关于劳动创造财富的观点,在批判杜林把财产建立在暴力掠夺的基础上时,指出:"虽然财产可以由掠夺而得,就是说可以建立在暴力基础上,但是决不是必须如此。它可以通过劳动、偷窃、经商、欺骗等办法取得。无论如何,财产必须先由劳动生产出来,然后才能被掠夺。"②

马克思不仅把劳动看作是财富的主要来源,而且也把它看作是人类存在的基础。马克思在批判费尔巴哈的肤浅的唯物主义学说时指出:"这种活动、这种连续不断的感性劳动和创造、这种生产,正是整个现存的感性世界的基础,它哪怕只中断一年,费尔巴哈就会看到,不仅在自然界将发生巨大的变化,而且整个人类世界以及他自己的直观能力,甚至他本身的存在也会很快就没有了。"③

事实上,早在马克思之前,一些古典经济学家,例如亚当·斯密就提出了劳动创造财富的观点,把财富的本质归结为抽象劳动、一般劳动。对此马克思给予了高度评价:"认出财富的普遍本质,并因此把具有完全绝对性即抽象性的劳动提高为原则,是一个必要的进步。"④ 古典政治经济学财富观最大的问题是:它既认为劳动创造财富,但是又不主张劳动获得它创造的财富。这种深刻矛盾的根源究竟何在?这是因为古典经济学认为私

---

① 马克思:《1844年经济学哲学手稿》,人民出版社2000年版,第77页。
② 《马克思恩格斯选集》第3卷,人民出版社1995年版,第504页。
③ 《马克思恩格斯选集》第1卷,人民出版社1995年版,第77页。
④ 马克思:《1844年经济学哲学手稿》,人民出版社2000年版,第76页。

有财产是最自然的，它从私有财产的事实出发，却没有说明私有财产本身；它把应当加以论证的东西（私有财产）当作历史的先验前提加以永恒地肯定。古典经济学只研究劳动，不研究劳动者，它把导致人与劳动产品、劳动行为、类本质相异化的劳动看作是本真的劳动，看作是一般劳动。马克思批判这种财富观，把自由的有意识的劳动看作是人的本质。这种自由的有意识的劳动体现了人的对象性本质，是劳动的肯定方面，是人类生存和发展的基础。

自然而然，马克思从对劳动的关注进展到对劳动主体的关注。一般认为劳动过程包含劳动者、劳动对象、劳动资料三个基本要素。在马克思看来，劳动过程是人以自身的活动来中介、调整和控制人与自然的物质变换过程。因而，劳动者在劳动过程中居于主体地位，在劳动过程中，劳动者使自身的自然中蕴藏着的潜力发挥出来，并且使这种力的活动受他自己的控制。马克思指出，劳动过程只不过是"劳动者利用物的机械的、物理的和化学的属性，以便把这些物当作发挥力量的手段，依照自己的目的作用于其他的物"，这样，"自然物本身就成为他的活动的器官，他把这种器官加到他身体的器官上"，"土地是他的原始的事物仓，也是他的原始的劳动资料库"。因而，在劳动者居于主体地位的劳动过程中，"劳动资料是劳动者置于自己和劳动对象之间、用来把自己的活动传导到劳动对象上去的物或物的综合体"。①

在马克思看来，既然劳动是财富的主要来源，那么在劳动过程中居于主体地位的劳动者也就是财富创造的主体，因而应当给予充分重视。对此，马克思提出，"财富的本质就在于财富的主体存在"②。在资本主义条件下，财富只不过是人的对象化的异化了的现实，是客体化了的人的本质力量的异化了的现实。由此，马克思非常关注劳动人民的生存状况，批判地揭示了人的异化的四个方面，即人与自己劳动产品的异化，人与劳动本身的异化，人与自己类本质的异化，人与人关系的异化。把追求无产阶级和全人类的解放，建立自由人的联合体作为自己一生矢志不渝的使命。

---

① 《马克思恩格斯选集》第2卷，人民出版社1995年版，第178—179页。
② 马克思：《1844年经济学哲学手稿》，人民出版社2000年版，第76页。

马克思认为，在前资本主义时代，由于生产力水平低下，人的劳动从属于狭隘的自然条件，人的主体性能力在财富创造过程中很少成为决定性的因素。因而，财富的本质不在于人，而在于自然。到了资本主义社会，由于生产力的高度发展，财富的主体本质取代了其自然本质，但对于财富主体本质的科学发现却经历了一个比较曲折的过程。在马克思看来，重商主义和货币主义仅仅揭露了财富的"对象性的本质"，而古典经济学虽然扬弃了财富的"外在的、无思想的对象性"，也承认财富的主体本质，但是，古典经济学仅仅被看作是发财致富的学问，用物的逻辑规定人，其财富观的实质是敌视人的，是彻底实现了的对人的否定。古典经济学虽然正确地发现了"人的劳动本质"，但却忽略了"劳动的人的本质"，他们只看见了物，而忽视了人。

凡是在古典经济学家看到物与物关系的地方，马克思却看到了这种物的逻辑背后所隐藏的人与人之间的关系。正如恩格斯所说："有些人，即资产阶级古典经济学家，至多只研究了劳动产品在工人和生产资料所有者之间分配的数量比例。另一些人，即社会主义者，则发现这种分配不公平，并寻求乌托邦的手段来消除这种不公平的现象。"但是在马克思看来，"问题不是在于要简单地确认一种经济事实，也不是在于这种事实与永恒公平和真正道德相冲突，而是在于这样一种事实，这种事实必定要使全部经济学发生革命，并且把理解全部资本主义生产的钥匙交给那个知道怎样使用它的人"。① 这样，马克思把对财富本质的认识从"物"提高到了"人"的高度，实现了财富观的革命。

与古典经济学家不同，黑格尔则比较关注财富的"人"的意义。黑格尔认为，在财富创造过程中，"每个人在为自己取得、生产和享受的同时，也正为了其他一切人的享受而生产和取得。在一切人相互依赖全面交织中所含有的必然性，现在对每个人说来，就是普遍而持久的财富。这种财富对他说来包含着一种可能性，使他通过教育和技能分享到其中的一份，以保证他的生活；另一方面他的劳动所得又保持和增加了普遍财富。"② 从这

---

① 《马克思恩格斯全集》第24卷，人民出版社1972年版，第21页。
② ［德］黑格尔：《法哲学原理》，范扬、张企泰译，商务印书馆1961年版，第210—211页。

里我们可以看出，黑格尔不仅认为财富背后体现了人与人之间的关系，即"每个人在为自己取得、生产和享受的同时，也正为了其他一切人的享受而生产和取得"，而且，体现了个人与普遍财富的关系，即个人在通过教育和技能分享普遍财富以保证生活的同时，他的劳动又增加了普遍财富，二者相互依赖，处于统一体之中。因此，黑格尔是从"劳动的人的本质"角度来看待财富对于人的发展的历史意义。对此马克思给予了充分的肯定：由于黑格尔"抓住了劳动的本质，把对象性的人、现实的因而是真正的人理解为他自己的劳动的结果"，因而在黑格尔看来，"财富等等不过是通向真正人的现实的道路"。①

事实上，马克思关于"财富的本质就在于财富的主体存在"的思想是在批判地继承了古典经济学关于"劳动创造财富"的观点和黑格尔关于"财富的人的意义"的观点的基础上所得出的科学结论。他不仅揭示了财富的主体本质，而且在《1857—1858年经济学手稿》《资本论》等著作中又详细地阐述了财富对于人的全面发展所起的积极作用。

二、财富与人的自由全面发展

马克思在揭示了"财富的本质就在于财富的主体存在"的基础上，深刻地阐述了财富与人的发展之间的密切关系。马克思指出，当人们还不能使自己的吃喝住穿在质和量的方面得到充分保证的时候，人们就根本不能获得全面发展；在极端贫困的情况下，全部陈腐的东西又要死灰复燃。因而，马克思认为，人的全面发展离不开一定的财富基础，没有一定的财富基础，人们的基本生存需要就无法满足，更谈不上人的全面发展了。实际上，财富的创造与人的发展是一个统一的过程，在财富创造过程中，人的身体、力量、观念、交往方式和语言等逐渐获得全面发展。对此，马克思指出："在再生产的行为本身中，不但客观条件改变着……而且生产者也

---

① 马克思：《1844年经济学哲学手稿》，人民出版社2000年版，第100—101页。

改变着，他炼出新的品质，通过生产而发展和改造着自身，造成新的力量和新的观念，造成新的交往方式，新的需要和新的语言。"①

对于人的全面发展与财富的关系，马克思在《1857—1858年经济学手稿》中有一段经典的论述："事实上，如果抛掉狭隘的资产阶级形式，那么，财富不就是在普遍交换中产生的个人的需要、才能、享用、生产力等等的普遍性吗？财富不就是人对自然力——既是通常所谓的'自然'力，又是人本身的自然力——的统治的充分发展吗？财富不就是人的创造天赋的绝对发挥吗？这种发挥，除了先前的历史发展之外没有任何其他前提，而先前的历史发展使这种全面的发展，即不以旧有的尺度来衡量的人类全部力量的全面发展成为目的本身。在这里，人不是在某一种规定性上再生产自己，而是生产出他的全面性；不是力求停留在某种已经变成的东西上，而是处在变易的绝对运动之中。"② 这里所强调的财富的"狭隘的资产阶级形式"指的是那种把财富当作物来崇拜，把财富当作目的，完全忽视了财富的人学蕴涵的财富形式。马克思抛掉了这种"狭隘的资产阶级形式"，注重从财富与人的关系的角度来把握财富，突出了人的主体本质，强调财富背后所蕴藏的人的价值诉求，将人的全面发展视为财富创造的终极目的。具体来看，马克思关于人的全面发展与财富的关系主要做了以下几个方面的阐释。

首先，财富在普遍交换中产生了的个人的需要、才能、享用、生产力等的普遍性。这里的普遍性是指相对于片面性而言的，需要作为一种匮乏的心理状态，是对物质生存资料和精神生活资料的自觉反映，是追求需要对象的本质力量的表现。在财富的创造过程中，已经得到满足的第一个需要本身又会引起新的需要。财富不仅是人的才能的确证，而且还给人提供享用、满足需要。与此同时，财富形态的逐渐演进和财富数量的不断增加又会促进才能的普遍性和生产力的提高。其次，财富是人对自然力统治的充分发展。财富本身不过是自然力即人的劳动力的外在确证。自然力的发展与财富的创造是一个统一的过程，在财富的创造过程中，提高了人改造

---

① 《马克思恩格斯全集》第30卷，人民出版社1995年版，第487页。
② 《马克思恩格斯全集》第30卷，人民出版社1995年版，第479—480页。

自然界的能力，促进了人的实践力量的发展，进而使得"整个所谓世界历史不外是人通过人的劳动而诞生的过程，是自然界对人来说的生成过程"①。再次，财富是人的创造天赋的绝对发挥。财富作为劳动产品原本在自然界中并不存在，财富是人发挥创造天赋而得到的结果，财富是人的创造天赋的证明。财富生产过程就是创造天赋发挥的过程，人的创造天赋越高，他创造的财富也就越多；一个人创造的财富越多，又反过来证明人的创造天赋发挥得越充分。最后，人类全部力量的全面发展成为财富生产的目的本身，他已经从财富的创造过渡到了人的全面发展。财富是促进人的全面发展的载体，人的全面发展作为目的本身又促进财富的生成。人的全面发展本身不是建立在虚无缥缈的基础之上的，而是以先前的历史发展为前提，每一代都利用以前各代遗留下来的材料、资金和生产力以此来变更旧的环境促进人的发展。

三、财富与三大社会形态

财富随着社会形态的变化而呈现出不同的样态，与社会形态的逐渐演进相适应，在不同社会形态占主导地位的财富形态也经历了一个不断发展的过程。马克思从生产力的发展和人的发展的关系角度，把社会历史划分为依次经历的三大形态："人的依赖关系（起初完全是自然发生的），是最初的社会形式，在这种形式下，人的生产能力只是在狭小的范围内和孤立的地点上发展着。以物的依赖性为基础的人的独立性，是第二大形式，在这种形式下，才形成普遍的社会物质变换、全面的关系、多方面的需要以及全面的能力的体系。建立在个人全面发展和他们共同的、社会的生产能力成为从属于他们的社会财富这一基础上的自由个性，是第三个阶段。第二个阶段为第三个阶段创造条件。"② 马克思的这段经典的论述蕴含着三种不同的财富形态。

---

① 马克思：《1844年经济学哲学手稿》，人民出版社2000年版，第92页。
② 《马克思恩格斯全集》第30卷，人民出版社1995年版，第107—108页。

在"人的依赖关系"阶段,使用价值成为财富的主要形态。所谓"人的依赖关系"阶段是指在漫长的前资本主义社会中,以人的血缘关系为依托的人的非独立发展的阶段。在这一阶段,人的活动能力是低下的、不充分的、不发展的,具有简单粗陋的性质,人依赖于受制于大自然,人并没有成为超越自然支配自然的主体。因而财富在这一阶段表现为自给自足满足人的日常生活即可的使用价值,这是一种自然形态的财富。马克思认为在这种状态下的劳动,无论是采取奴隶的形态,还是农奴的形态,在其实质上都是作为生产的无机条件与其他自然存在物同属一类,是与牲畜并列,是土地的附属物。

在"以物的依赖性为基础的人的独立性"的资本主义阶段,人和人的关系,特别是物质交换关系比较发达,因而满足人的交换需要的货币成为财富的主要形态。货币作为交换价值成为财富的主要形态是财富发展史上的一次重大飞跃。作为财富要素的商品各自都具有单一的使用价值,但是货币作为一般等价物可以购买任何一种使用价值,它表现为一种普遍权力。正如马克思所说:"货币作为纯抽象财富——在这种财富形式上,任何特殊的使用价值都消失了,因而所有者和商品之间的任何个人关系也消失了——同样成为作为抽象人格的个人的权力,同他的个性发生完全异己的和外在的关系。但是,货币同时赋予他作为他的私人权力的普遍权力。"① 在市场经济背景下,由于追求剩余价值是资产者的本性,因而作为财富的货币就转化为资本,资本是能够带来剩余价值的价值,它表现为一种无止境的和无限制的欲望。在资本主导下的现代社会的生产,一方面强化了为生产而生产的财富观,由此导致人的物化、异化;另一方面,也为人的全面发展提供了历史条件。对此,马克思指出:"全面发展的个人……正是以建立在交换价值基础上的生产为前提的,这种生产才在产生出个人同自己和同别人相异化的普遍性的同时,也产生出个人关系和个人能力的普遍性和全面性。"②

在未来的"自由个性"阶段,"真正的财富就是所有个人的发达的生

---

① 《马克思恩格斯全集》第31卷,人民出版社1998年版,第339页。
② 《马克思恩格斯全集》第30卷,人民出版社1995年版,第112页。

产力"。① 在这个阶段，个人能力的全面发展和他们共同的、社会的生产能力成为财富的主要形态。这是建立在社会历史发展规律基础上的共产主义阶段，是人的独立、自由得到全面发展的阶段。在未来社会里，个人联合起来的社会生产力高度发达，创造出极大丰富的物质财富，因而能够为每个人的自由全面发展提供物质条件，为摆脱人与社会、人与自然、人与人、人与自己的类本质的抽象对立，而步入人们自觉形成的自由人的联合体创造物质条件，因而人的"自由个性"成为了现实。

联系到我国当前的改革开放和社会主义现代化建设，马克思的财富思想具有重要的现实意义和理论意义，能够给我们许多富有见地的启示。

马克思认为，劳动是人类财富的主要源泉，劳动在财富创造过程中具有本源意义。这启示我们：一方面，在生产上要树立劳动财富观；另一方面，在分配上要坚持按劳分配为主体。从财富的生产方面来看，在社会主义市场经济的背景下，我们要真正从价值观、发展观、历史观上尊重劳动，限制投机，并把这作为一项党和国家的重要政策在全社会中贯彻执行。一切劳动资料和劳动对象只有与劳动有效结合才能创造财富。我们要尊重一切有益于社会的合法劳动，无论是复杂劳动还是简单劳动，无论是脑力劳动还是体力劳动，反对对劳动者进行嘲笑和凌辱。从财富的分配方面来看，我们要坚持按劳分配为主体。近年来，在我国国民收入的初次分配中，劳动者的报酬所占的比重呈下降的趋势。据统计，劳动报酬在国民收入初次分配中的比重从1998年的53.14%下降到2005年的41.4%，但是在比较发达的资本主义国家，劳动报酬在初次分配中的比重普遍在54%至65%之间，如2005年美国的劳动报酬在国民收入初次分配中的比重为57.1%。② 提高劳动报酬是对劳动以及劳动者的尊重。劳动是人类社会最高尚的活动，可以说劳动发展到什么程度，人类社会就发展到什么程度，因而必须提高劳动报酬在国民收入中所占的比重，使广大劳动者能够共享劳动成果，分享社会果实，并从制度、政策上给予保障，反对少部分人垄断国家的大部分财富。

---

① 《马克思恩格斯全集》第31卷，人民出版社1998年版，第104页。
② 陈进华：《马克思主义视阈下的财富共享》，载《马克思主义研究》2008年第3期。

马克思认为财富的本质就在于财富的主体存在，这启示我们要树立以人为本的财富观，反对以物为本的财富观，把财富的增加与人的全面发展联系起来。资本主义树立了以物为本的财富观，这种财富观把单纯的经济增长和物质财富的增加作为发展的根本目的。创造了经济增长奇迹的资本主义在这种财富观的指导下导致了一些国家出现了经济结构失衡、能源和资源日趋紧张、生态环境恶化、贫富差距加大、社会腐败、人的物化和异化等一系列社会问题。马尔库塞把这种现象描述为：人成为经济生活的物的奴隶，人"作为一种工具、一种物而存在，是奴役状态的纯粹形式"①。资本主义出现的一些社会性问题给我们的启示是要树立以人为本的财富观。以人为本的财富观就是要把财富的增加与人的发展结合起来，财富的根本目的表现为人的自由全面发展。马克思认为，在未来共产主义社会里，人的自由全面发展意味着人与人、人与社会、人与自然矛盾的真正解决，而那时人的自由全面发展本身就是财富。

马克思认为在未来共产主义社会里，真正的财富就是所有个人发达的生产力，这启示我们要提高劳动者的素质和能力在财富创造中的作用，树立能力财富观，摒弃金钱财富观、权力财富观、资本财富观。从世界历史的发展趋势来看，能力和知识在财富创造中的比重越来越大。在农业经济时代，财富主要看土地；在传统工业时代，财富主要看资本；在当今知识经济时代，财富主要看知识和能力，特别是创新能力。在全球化时代的今天，国与国之间综合国力的竞争主要是具有创新能力的人才之间的竞争。我们要清醒地意识到我国目前还处于社会主义初级阶段，我们最需要但又最缺乏的就是创新能力。

---

① [美] 赫伯特·马尔库塞：《单向度的人》，刘继译，上海译文出版社2006年版，第32页。

第二论题

货币、自由与平等

第四章 货币与自由

与资本的哲学研究相比,关于货币的哲学研究无论从文献数量上还是从内涵层次上都显得有点薄弱。货币问题不仅仅是一个经济学问题而且也是一个重要的哲学问题。作为交换媒介的货币直接体现了人与物的关系,但这种人与物的关系背后隐藏的却是人与人的关系,或者说现代社会人与人的关系直接体现在货币这一最重要的财富形态上。从哲学的人学向度研究货币,我们发现货币与人的自由、平等和交往等具有深层关联。如果仅仅从经济学视角研究货币问题,虽然我们能够发现货币是推动现代社会前进的"润滑剂"和"主动轮"这一经济现象,但是我们却忽略了货币深厚的哲学意蕴。限于篇幅和聚焦主旨等原因,我们以马克思的经典文本为立足点,从经济哲学角度探讨货币与自由的辩证关系:一方面,商品经济时代中性的货币消解了自然经济条件下人与人之间的直接人身依附关系,使人在形式上获得了自由,在一定程度上张扬和解放了人性;另一方面,货币经济带来自由的同时,却又不可避免地给人带上了枷锁,在货币强大的经济功能面前,本应作为工具的货币却反过来成为人的目的,自由的不是现实的人而是抽象的货币和资本。

一、货币与现代自由的兴起

马克思把货币区分为两种形态:"作为货币的货币"和"作为资本的

货币"①。作为货币的货币描述的是货币的"简单规定",这种简单规定的特点在于只是从纯粹形式上理解货币关系,资本主义社会的一切内在矛盾和对立在这种简单的货币关系中都消失了。货币的高级形态是作为资本的货币,货币转化为资本使货币深入到了现代物质生产关系之中,货币本身具有了强大的生产功能,而资本反过来又推动了生活世界货币化的全球扩张和普及,使无特质性和无个体性的货币成为衡量一切价值的尺度,以货币为媒介的交换关系和契约关系才逐渐深入到日常生活的各个领域而不仅仅是经济领域。古代社会存在着许多货币禁区,货币的普遍化与近现代资本文明的诞生、演进有着内在的必然联系,可以说只有在资本文明成为推动现代社会的主要动力之后,货币文明才真正成为一种主流文明形态。马克思对作为资本的货币的深邃分析是马克思资本主义批判理论中最具独创性的内容,正是这一点使马克思的货币哲学要远远超越西美尔的货币哲学,因为西美尔仅仅从货币的简单规定上分析了货币与自由、货币与平等、货币与现代生活风格的关系,而马克思是在货币的两种形态上探讨了货币与自由等现代性价值的深层关系。在《资本论》及其手稿中蕴含着丰富的货币与自由关系的思想。从马克思经济哲学出发,货币与自由呈现出复杂的辩证关系:一方面,货币由于自身的无人格性、客观性促进了社会关系转化为自由契约关系,从而逐渐地解体了人与人之间的自然依附关系,使每一个人获得了身份自由,孕育了现代自由观念的产生;另一方面,以货币经济为现实根基的自由只是形式的自由,其外在表现形式是追求货币数量无限制增长的经济自由,它剥掉了生活中固有的内容,人的自由失去了崇高的意义。当货币转化为资本时,更是加剧了货币与自由的深层悖论,每一个人都被看作资本增殖的工具,都不得不受制于资本所编制的经济结构。

在《1857—1858年经济学手稿》的"货币章",马克思把人类历史区分为"人的依赖关系""以物的依赖性为基础的人的独立性"和"自由个性"三大阶段②,这三个阶段分别是前资本主义阶段、资本主义阶段和共

---

① 《马克思恩格斯全集》第30卷,人民出版社1995年版,第206页。
② 《马克思恩格斯全集》第30卷,人民出版社1995年版,第117—118页。

产主义阶段。在前资本主义阶段，个人从属于一个较大的共同体，个人作为共同体的成员而埋没于其中生活着，因而并没有获得独立人格和自由意识。这一阶段按照马克思对其特征的揭示，我们可以称之为直接统一体，这当然并不是说共同体内部没有诸如主人和奴隶、农奴主和农奴之间的等级差异，而是说共同体作为一个经济上自足的整体组成了一个相对稳定的实体。况且共同体内部的等级差异并不是个人自我意识充分发展之后自觉选择的结果，而是每一个人从出生起都被囊括进统一的既定等级秩序，个人的身份、地位、角色等都被固定在一套稳定的传统社会关系中，这些关系表现为以血缘、性别、继承权为基础的自然关系。可以说，共同体内部的每一个人都是不自由的。共同体作为一个经济实体，农业和地产构成了其经济秩序的基础，生产者与生产资料（土地）存在着直接统一关系；生产者与其产品的关系也是直接的关系，他们生产的目的并不是为了交换，而是为了自己消费。自给自足是共同体在经济上的典型特征，因此在共同体内部根本不存在以货币为中介的商品交换的现实经济土壤。正是在这个意义上，马克思认为只有在一个共同体与其他共同体的边界上才开始出现两个独立部分之间的契约关系或交换关系，并且交换的对象仅仅涉及自己消费之后的剩余物。但是物一旦在对外关系中成为商品，由于反作用，这些物逐渐地在共同体内部的日常生活中也成为商品，商品交换行为的不断重复逐渐使交换成为有规则的生活过程。

但是，货币关系在人类社会的第一阶段仅仅起到一个补充性的作用，因为当时占统治地位的经济形态是自然经济，生产的目的是为了自己使用而不是为了交换，或者说当时的财富形态主要表现为使用价值而不是交换价值。由于交换的发生和消失都是偶然的，因而此时货币经济对共同体这样一个直接统一体的瓦解或者说对人格依赖关系和等级秩序的冲击所起的作用都是非常有限的。尽管如此，马克思在《资本论》对地租这一无酬剩余劳动形式演变过程的分析中，仍然看到了货币地租对传统依附关系的瓦解作用。历史地观之，个人从传统依附关系中解脱出来获得人身自由肇端于封建社会货币地租对劳动地租和和产品地租的取代。在实物经济时代，当劳动地租或产品地租作为农奴主和农奴、领主和臣民之间的财产占有方式时，几乎没有给后者留有任何自由活动的空间。"在亚洲，地租的实物形式（它同时又是国税的主要因素）是建立在像自然关系那样一成不变地再生产出来的生产关系的基础上的，这种支付形式反过来又维护着这种古老的生产形式。"① 这种财产占有方式是通过超经济的强制来实现的，它必然表现为直接的人身统治和从属关系，这种关系是直接从土地和农业生产本身中生产出来的，从而逐渐形成一个超稳定的经济实体和建立在这种生产关系之上的超稳定的政治结构，这种政治结构又反过来强化了与之匹配的经济结构。因而，直接生产者都是作为不自由的人而出现的，他不可能冲破已有的政治结构和经济结构。"所以这里必须有人身的依附关系，必须有不管什么程度的人身不自由和人身作为土地的附属物对土地的依附，必须有本来意义的依附制度。"② 只有当货币地租决定性地取代了劳动地租和产品地租时，经济上的役务关系才可能去个人化，承担役务的人才有可能从这种役务关系中解脱出来获得人身自由。个体自由随着经济世界的去人格化而提高，而货币正是取消人格依赖关系，使个体意识到自己自由的载体。西美尔和黑格尔也都看到了用货币的方式取代义务对人身自由的巨大解放作用。黑格尔在《法哲学原理》中讨论个人对国家的义务时也突出了金钱代替实物和劳务对促进个人主观自由的重大意义。实物和劳务"都缺乏主观自由的原则……主观自由的原则是一种权利，这种权利只有以普遍价值的形式来履行义务时才能实现"③。这里的"普遍价值"结合上下文来看指的正是货币，通过货币代替实物和义务，黑格尔要论证的是让个人自己的自由意志选择自己所能承担的工作，而不是被迫为他人承担役务。

在马克思看来，虽然货币地租在封建时代起到了瓦解人身依附关系和促进个人身份自由的作用，但这种作用很有限，没有从根本上触动自然经济的根基。但货币地租是一切封建地租的解体形式，因为货币地租要成为占支配地位的地租形式必须待城市工业、商业从而货币交换有了比较发展

---

① 马克思：《资本论》第1卷，人民出版社2004年版，第165页。
② 马克思：《资本论》第3卷，人民出版社2004年版，第894页。
③ ［德］黑格尔：《法哲学原理》，范扬、张企泰译，商务印书馆1961年版，第317页。

的时候才有可能，而这些恰恰是促进封建关系解体的因素。"地租一旦取得货币地租的形式，同时，交租农民和土地所有者的关系一旦取得契约关系的形式，——这种转化一般只是在世界市场、商业和工业已有一定的比较高的发展程度以后才有可能，——也就必然出现租赁土地给资本家的现象。"① 按照马克思的说法，在货币地租的进一步发展中，必然会导致资本主义生产方式的形成，导致资本主义租地农场主的出现，而一旦资本主义租地农场主出现在实际从事生产劳动的农民和土地所有者之间，这些本来置身在农村之外的资本主义租地农场主即资本家就会把他们在城市中获得的资本、生产方式和经营方式带到农村和农业中来。在资本这一新的生产方式的冲击下，农村中一切旧的生产方式和经济关系就会土崩瓦解。只有到此时，资本家、土地所有者和实际劳动者之间的关系才从各种各样的具有人格色彩的主观关系中解脱出来，由农民转化而来的工人才可能成为自由工人。货币形式的财产取代传统的土地形式的财产绝不仅仅是一种经济现象，它导致了人的生存状态的改变，现代意义上的独立人格和个体自由诞生了。

货币对自然经济时代人身与物权关系的瓦解和个体自由的促进是以资本主义生产方式的确立为前提的，否则我们很难解释为什么在资本主义社会产生之前早已存在的货币没有从根本上瓦解人身依附制度而是在资本生产方式产生兴起的过程中才逐渐瓦解了这种依附制度。在中国，货币早已存在几千年，但是并没有任何迹象表明在中国土地上出现瓦解封建社会产生"现代性"的迹象，反而是在外来资本进入中国之后，中国的封建等级制度才开始慢慢解体。当资本文明成为文明的主流话语之后，货币文明才成为一种日常化的文明形态，以货币为中介的交换经济才可能成为现代自由产生的现实基础。"平等和自由不仅在以交换价值为基础的交换中受到尊重，而且交换价值的交换是一切平等和自由的生产的、现实的基础。"② 已经确立的货币交换经济不仅是现代自由产生的社会历史根源，而且又巩固了现代自由，政治的、法律的、观念的自由全部树立其上，而古代世界

---

① 马克思：《资本论》第3卷，人民出版社2004年版，第903页。
② 《马克思恩格斯全集》第30卷，人民出版社1995年版，第199页。

的"自由"根本不是以发展了的交换价值为前提,相反,恰恰伴随着交换价值的发展而毁灭。以货币为中介的交换关系确立了个人的完全自由,任何人都不得使用暴力进行交易,他们互相承认对方是所有者,是把自己的意志渗透到商品中的平等独立人格,二者之间的关系不再是身份依附关系,而是交互性的关系。所以,在马克思看来,货币制度实际上是资本主义自由制度的实现。

二、货币与现代自由的表现

以货币为中介的交换关系构成了现代经济自由、政治自由和观念自由产生的现实基础,货币经济孕育出现代个人对自由的诸种诉求。货币经济使个人摆脱了对传统依附关系的依赖,个人从狭隘的固定的地域关系、血缘关系和等级关系中解脱出来,从而使每一个人获得独立人格和身份自由。因此,货币不仅催生了资本家的自由,而且也催生了劳动者的自由,这是一种崭新的自由。货币像大海一样,任何人都可以根据自己容器的大小从中吸取自己所需要的足够水量,尽管他们不得不依赖于客观的生产关系。货币成为自由的载体,个人在现有的社会经济秩序范围内通过货币的中介作用获得了广阔的自由选择空间。下面,我们来看一下,货币经济所带来的自由主要体现在哪些方面。

自由体现在对货币的追求之中,货币量的大小决定着自由的程度,量越大自由度越高。由于货币的无色彩性和非人格性,货币是一种纯粹数量的抽象价值,它不断压倒具体事物和具体价值,从而追求生活的数量化、平均化、客观化,改变了人们对财富的理解,煅造出人们对生活世界理解的物质化这一根本向度。就像西美尔所认为的那样,个人拼命挣更多的钱是现代社会经济意义的最大所在。个人发挥自己的才能拼命挣更多的钱是现代自由的最基本形式,古典经济学家所论证的自由就是这种不受限制的经济自由,他们把这种自由看作自由的终极形式。谁拥有货币谁就拥有支配世界的权力,拥有的多少意味着个体在货币化生存世界中实现自己目的的自由程度，意味着支配世界和他人权力的大小。获得货币方式的不同或者说人与货币互动关系的不同，意味着自由的不同类型。借助于货币，我们可以自由地享受任何一种我们喜欢的价值形式，口袋里拥有货币意味着拥有自由，意味着拥有享受任何产品和服务的权利。前现代社会生产的目的是获得使用价值这一财富的具体形态，拥有财富的自由必然一方面会受到人自身需要和财富储藏条件的制约，另一方面又要受到各种物品所代表的政治、伦理价值的限制。在前现代社会，剩余财富不是用于扩大再生产，而主要用于以下几个方面：维持森严的等级体系和官僚机构的正常运行，对内镇压人民反抗和对外扩张，修建宫殿、庙宇、陵墓等象征等级体系的建筑物，用于制造礼器、服饰等象征统治身份地位的物品。这些物品和建筑物又凝结为封建社会等级制度的结构化符号体系，这些体系反过来又巩固和再生产这种等级化的社会制度，等级链条编制得像自然因果法则那样，从而不可能给人的自由活动留下任何松动的缝隙。只有在现代社会，当货币成为财富的唯一代表时，只有当把拥有货币而不是等级身份看作一个人成功的标志时，或者说当追求货币成为一个社会值得鼓励的事情时候，真正的财富之门才打开了。抽象价值（货币）取代使用价值成为财富的主要形态，量取代质，抽象的一取代了具体的多。自由就体现在对财富量的追求之中，每一个人都可以无限制地自由追求财富数量的增长。"在货币关系中，在发达的交换制度中，人的依赖纽带、血统差别、教养差别等等事实上都被打破了，被粉碎了；各个人看起来似乎独立地自由地互相接触并在这种自由中互相交换。"① 人格独立取代传统依附关系，经济自由得到了认可和张扬。

货币加速了世界市场的形成，极大地拓展了人们自由活动的空间。货币作为现代生活世界的润滑剂和中介物，它超然于主观特殊性之外，为扩展人们活动的范围和交往的空间提供了极大便利，而交往空间越大，人的自由度就越高。由于发达的社会分工使现代人更加依赖社会整体，并不像古代社会那样依赖于任何一个确定的成员，现代人只依赖于数量众多的彼

---

① 《马克思恩格斯全集》第30卷，人民出版社1995年版，第113页。

此陌生的第三者，没有一个固定的依赖对象。其原因西美尔指出："一方面货币凭借其无穷的灵活性和可分性使多种多样的经济依附关系成其为可能，而另一方面，货币无动于衷的、客观的本质有助于从人际关系中去除个人的因素。"① 所以，作为中介的货币凭借其灵活性、可分性、客观性等扫清了障碍，拓展了自由活动的空间。尽管古代人有较少的相互依赖，但是他们所依赖的对象是固定的，而我们却具有随意更换依赖对象的自由。比如，我们今天对供货商的依赖要比之前大很多，但是我们可以在全国甚至在全球范围内随意更换具体的供货商，我们对任何一位确定的人的依赖要小很多。"过去那种地方的和民族的自给自足和闭关自守状态，被各民族的各方面的互相往来和各方面的互相依赖所代替了。物质的生产是如此，精神的生产也是如此。"② 吉登斯把"脱域"看作现代社会的重要特征之一，所谓脱域就是社会关系从地域性的彼此互动的关联中脱离出来，而货币正是最重要的脱域工具，因为货币作为时空延伸工具，使分割开来的所有者之间的交易成为现实，大大扩展了人们自由活动的范围，使世界聚合为一个统一的整体。货币在经济领域的强劲扩展同时就意味着个人生活空间的扩展，意味着人们正在享有前所未有的巨大自由。每一个市场主体既是独立的权利主体和利益主体，又是独立的责任主体，每一个主体在货币经济中都拥有平等的自由权利，在生产上、消费上、竞争上都是自由的，都可以借助于货币自由地展开各项经济活动。货币经济在本质上是自由经济，自由就是市场主体在货币的自我运动和自我膨胀中能够清楚地形成自我权利和责任意识。这种自由也并非是仅仅把货币作为度量衡的消极自由，而且更意味着积极自由，为了利润的增长而不断地在市场中进行博弈的自由。

货币是配置社会资源的有效方式，它为每一个人自由地获得资源提供一个公平且有效的途径。按照休谟的看法，人类社会是一个资源有限且人性适度自私的社会，在这样一个社会，便需要在不同人群之间采取一定方式配置社会资源。社会资源的配置方式通常有这样几种：第一，按暴力配

---

① ［德］西美尔：《货币哲学》，陈戎女等译，华夏出版社2002年版，第224页。
② 《马克思恩格斯选集》第1卷，人民出版社1995年版，第276页。

置社会资源，这是一种最简单最原始的资源配置方式，暴力最强大的人获得资源最多，暴力最弱的人获得的资源最少。基于暴力的资源配置方式由于没有明确的规则约束每一个人的行为，人们在斗争中相互削弱，不是增加人们的自由度，反而削弱了每一个人自由活动的能力。第二，按行政权力配置社会资源，就像在苏联、东欧和改革开放之前的中国所曾经实行的高度集中的计划经济体系那样，行政级别越高，配置的社会资源越多，行政级别越低，配置的社会资源越少。这种社会资源的配置模式根本不是基于资源而是基于行政等级关系，人们自由选择的空间同样很小。第三，基于家庭伦理关系和伦理秩序配置社会资源，如中国封建社会时期，按照年龄、辈分、性别、亲疏关系配置社会资源同样是基于强制和等级关系而不是基于自由选择，同样会形成一个固化的社会结构。第四，基于货币的配置资源方式，这是与市场经济相适应的资源配置方式，这种资源配置方式是根据货币拥有量配置社会资源，也就是说谁拥有的货币量大谁获取的社会资源就多，谁拥有的货币量小谁获取的社会资源就少。基于货币的资源配置模式是基于自愿而不是基于强制关系或暴力，它给每个人获得社会资源提供了一个公平的舞台，每个人都可以凭借自己的努力、运气、机遇尽可能地通过自由交换的方式获得社会资源。货币化不仅催生了现代文明，而且更加公平。

三、货币与现代自由的消解

在马克思看来，货币经济使个人从各种确定关系中解脱出来，使人与人的关系从内在维度向外在维度发生了转变，彰显了人性自由，但是这种自由却出现了问题，货币在促进自由的同时又消解了自由。货币与自由的悖论根源于货币自身的特性。首先，货币的量的属性成为货币最强有力的属性，追求货币量的经济自由成为自由的最重要形式，但这种自由只是形式的自由，陷入了虚幻，因为它受货币抽象物的统治。"货币作为一般财富的形式，作为独立化的交换价值，除了量上的运动，除了自身的增长外，不可能有其他的运动。"① 货币在生活世界的运动中把自身规定为量的存在物，就像它把社会中的任何存在物都归结为自身的抽象一样。由于量本身并没有一个到此为止的界限，所以，"无度和无节制成了货币的真正尺度"②。亚当·斯密在《国富论》中也曾经正确地指出，每一个人都是经济人，都是自私的，都力图在逐利动机的指引下追求财富的最大化。但是，现代性所确立的经济自由并没有真正摆脱依赖状态，它完全依赖于物，以商品、货币、资本形式出现的物，所以真正自由的根本不是个人，而是这些物，是这些物支配着引领着个人追求财富量的"自由活动"。货币经济所确立的个体自由虽然摆脱了前资本主义社会对共同体的依赖，但是个人却匍匐于抽象物之下，受抽象统治。就像马克思所说，在现代世界个人之间的外部关系并未排除依赖关系，这种依赖关系无非是与外表上自由的个人相对立的社会关系，个人在这种社会关系中并没有充分发挥自己的自由个性，反而使人觉得冷漠和陌生。个人现在受货币、资本等抽象的统治，是马克思对现代性最重要的价值——个体自由真实本性的根本诊断。

在货币量化的生活世界中，这种经济上的形式自由与古典自由主义具有深层关联。洛克把最重要的自由权利理解为财产权的自由，并通过劳动财产权理论进行了系统论证，洛克之后很多哲学家、政治学家和经济学家都借用他的劳动财产权理论对财产权进行解释和证明。在斯密的政治经济学体系中，洛克的劳动财产权被具体化为市场经济中理性人追求自我利益的经济自由，自由市场秩序是最合理的天然秩序，因为它既是经济自由得以实现的保障，又是经济自由不断实现的后果。无论是洛克的劳动财产权理论，还是斯密的自由市场理论无疑都植根于货币经济之中，是这一现实经济形态在观念上的论证。当代自由主义者福山在《历史的终结及最后之人》中把以个人自由为核心的西方自由民主制度看作人类历史发展的终点，并把这种自由民主制度在全世界的推广看作人性的发现和回归。诺齐克在《无政府、国家和乌托邦》中立足于自我所有对个人所有权理论进行

---

① 《马克思恩格斯全集》第31卷，人民出版社1998年版，第386页。
② 《马克思恩格斯全集》第3卷，人民出版社2002年版，第339页。

了系统论证，他把个人自由权利尤其是所有权看作康德"人是目的"这一道德绝对命令的核心。哈耶克在《通往奴役之路》中对以个人自由为核心价值的自由市场体制进行了坚决捍卫，反对计划经济，因为它会限制个人自由，导致极权主义，必定会走向一条通往奴役之路。这些都是立足于货币经济对个人自由当代合法性的典型论证，这种自由充其量是一种形式自由而不是实质自由，这种形式自由在货币经济中的运用必然会导致收入的巨大不平等，这种不平等已经严重影响了社会正义的实现。马克思反对把这种个人自由看作自由的最终形式，反对把它看作不可超越的绝对价值。在资本主义市民社会中，个人是受物限制的，个人从属于由他们创造但却不受他们控制的物的关系，真正的自由终成幻影。所以，自由主义把个人自由绝对化，并视之为终极价值，其根本目的是为资本主义自由市场秩序和民主制度进行辩护。

其次，货币正是由于它的"无特性"，具有了夷平一切的特性，它在给人带来自由的同时，也剥夺了生活中的固定对象和固定内容，人的自由解放失去了崇高的意义，淹没于汹涌的货币之流。传统生活中的固定对象和固定内容尽管不能用货币来衡量，但却能给人的生命以意义。就像马克思所言，一切坚固的东西都烟消云散了，一切神圣的东西都被亵渎了，人的尊严、道德、亲情都变成了赤裸裸的货币关系，用货币来衡量一切成为这个时代的典型特征。在西美尔看来，"金钱是'低俗'的，因为它是一切的等价物，任何东西的等价物。只有个别的才是高贵的；对许多人来说是相同的东西，即使对这些人中最低水平的人也一样，因此也把最高的东西拉到最低的水平上。这就是任何一种夷平过程的悲剧：这一过程直接导向了最低因素的位置"[①]。当千差万别的因素都还原到金钱这一最低要素时，事物自身的特有价值受到了损害，而同质化的自由就体现在这种还原上。自由不再具有丰富的体现，而是用一种一律的方式，也就是对事物自身的殊异不加区别的方式，去认知和感受一切。货币数量的无限增长就是黑格尔所说的"恶的无限"，因为它毫无实体内容，所以一定会带来自我

---

① ［德］西美尔：《金钱、性别、现代生活风格》，顾仁明译，华东师范大学出版社2010年版，第9页。

的萎缩和空虚的生命感觉。五彩缤纷的感性生活世界化约货币数量世界，量取代质成为现代世界非常重要的特征。在这样一个量支配的世界，自由是空虚的自由，其中没有任何真正的崇高可言，生命的意义总是与人们擦肩而过。在商品经济时代，人们通过货币展开自己的自由活动，但是货币的夷平功能却消解了自由个性的丰富多彩性，从而使人成为经济人和理性人，造成人性的异化和单面化。就像弗洛姆在《逃避自由》中所认为的那样，异化已成为整个时代大多数人的命运，并且人们越自由，就越是一个异化的存在者。

最后，在货币经济时代，具有价值通约性的货币作为交换价值的代表确立了对具体使用价值的绝对统治权，从而使价值秩序发生了颠倒。本来作为目的的人的生命却成为了手段，作为手段的货币却成为绝对目的。货币成为衡量一切包括人自身的价值标准，人在这个价值颠倒的世界中被彻底异化了，而异化就是不自由。"大多数的现代人在他们生命的大部分时间里都必须把赚钱当作首要的追求目标，由此他们产生了这样的想法，认为生活中的所有幸福和所有最终满足，都与拥有一定数量的金钱紧密地联系在一起。在内心中，货币从一种纯粹的手段和前提条件成长为最终的目的……金钱只是通向最终价值的桥梁，而人是无法栖居在桥上的。"[①] 货币被异化为世界上唯一的"真神"，其他人格神在它面前都被货币化从而降格为商品意义的存在。货币成为人的存在和实践的异化的本质，人以自我奴役的方式实现着这个本质。为了追求货币，每个人都互为手段，人与人之间的关系只不过是一种工具性的关系，在这种情况下每一个人的"自由个性"都被蜕化为单一的工具理性和计算理性，"丛林法则"支配了人与人之间的关系。因此，在货币经济的推动下，人类社会并没有走向理性状态，反而走向了野蛮和非理性，获得自由的人最终变成了"群氓"，正如霍克海默、阿多诺在《启蒙辩证法》所认为的那样。这样的人与马克思的理想相距甚远，人类社会的理想状态是自由个性的实现，而如何实现自由个性，马克思在《共产党宣言》中有这样一个构想："代替那存在着阶级

[①] ［德］西美尔：《金钱、性别、现代生活风格》，顾仁明译，华东师范大学出版社2010年版，第10页。

和阶级对立的资产阶级旧社会的，将是这样一个联合体，在那里，每个人的自由发展是一切人的自由发展的条件。"① 也就是说，在自由人联合体中，每个人都是自由的，同时每个人也都认识到他人同样是自由的，每一个人都是通过提高别人的自由来提高自己的自由的。在这里，马克思继承了康德"人是目的"的道德理想，每个人都互为目的而不再仅仅视为手段。这些个人自由地相互联系不再是出于对货币的需要，而是出于每一个人实现自己自由个性的需要，人们之间的自由交往不是以一切人都具有同一品质为前提的，而是以每一个人自由个性差异的全面发展为前提的。

在《德意志意识形态》《共产党宣言》《资本论》及其手稿中，马克思多次几乎用同样的语言表达了抽象的货币、资本对个人的统治，自由在实质上仅仅是抽象的自由、形式的自由、空虚的自由、冷漠的自由。资本主义社会恰恰把这种形式自由看作自由的终极样态，并用它掩盖实质性的依附，陷入自由的幻象。个人形式自由原则实质上是资产阶级的原则，它所代表的解放是非常狭隘的政治解放，广大无产阶级被排除在解放之外，以剥夺大多数人的自由为代价。在交换领域，尽管确立了形式自由，但是不拥有货币或者拥有很少货币的大多数人不可能获得实质自由，他们不得不出卖自己的劳动力以获得基本的生存资料。虽然资产者在经济上和政治上享有更多的自由，他们不必为了生存而出卖自己的劳动力，但同样受货币化社会结构的支配，从这方面来看每个人都是不自由的。在以追求货币量的无限制增长为目的的过程中，人与人相互隔绝，每一个人都被看作孤立的原子式个人，每个人都把他人的自由看作自己的限制，看作手段而不是自己自由的实现。

四、作为资本的货币与现代自由的深层悖论

根据马克思的观点，古典自由主义所建构的自由契约关系是通过对现

---

① 《马克思恩格斯选集》第 1 卷，人民出版社 1995 年版，第 294 页。

实生活中复杂的市场交换关系进行抽象化简单化之后理论升华的结果，但实际情况是，市场上的交换关系不可能是纯粹的，它必然受资本权力和逻辑的支配。因此，古典自由主义的自由观念具有深层悖论：它虽然在一定程度上通过制度设计抵御或者说限制了政治权力对个体自由的侵犯，但是却忽视了现实经济生活中资本这一支配一切的经济权力对自由侵蚀，资本所支配的市场关系恰恰是不自由的关系。古典自由主义不仅不能解释现实生活中诸多不自由、不平等、不正义的现象，反而立足于简单交换关系掩盖和粉饰这些不合理的现象，充当意识形态的工具。在资本逻辑的支配下，古典自由主义不可能兑现自己建立在想象的交换关系之上的自由权利的启蒙承诺。马克思非常明确地把货币区分为作为货币的货币和作为资本的货币，作为资本的货币更加使自由形式化、抽象化，使实质不自由的程度进一步加剧，自由悖论的深层社会根源是对作为资本的货币的依附。

资本与自由平等的悖论表现在：资本不断地催生出现代自由平等，但是又不断地使这种自由平等走向不自由不平等，资本逻辑的正常运行恰恰要求人与人经济生活中的不自由不平等。在资本统治的基础上，由商品交换所确立的个人自由"同时也是最彻底地取消任何个人自由，而使个性完全屈从于这样的社会条件，这些社会条件采取物的权力的形式，而且是极其强大的物，离开彼此发生关系的个人本身而独立的物"①。这个物在这里指的就是作为强大经济权力的资本。自由、平等这些古典自由主义的核心价值观念并没有获得自足性的意义，自由平等只是资本自我增殖的手段，仅仅具有工具性价值而不具有目的性价值，追求剩余价值才是社会的最高目的，因而自由平等的理念不可能深入贯彻下去。与前资本主义的直接人身支配模式不同，资本主义社会的支配模式是通过控制工人们活动的条件从而间接地控制他们活动的范围和方向。正如美国学者古尔德所认为的那样，"控制着生产条件的一个阶级通过否定另一个阶级的成员实现他们自身目的的条件从而剥夺了他们的积极自由"②。为了深入揭示资本与自由的

---

① 《马克思恩格斯全集》第 31 卷，人民出版社 1998 年版，第 43 页。
② [美] 古尔德：《马克思的社会本体论：马克思社会实在理论中的个性和共同体》，王虎学译，北京师范大学出版社 2009 年版，第 150 页。

悖论有哪些表现，下面我们具体分析一下资本的性质及其对自由的压制。

资本的本性是无限制地自我增殖，一旦资本失去了增殖的能力，它也就丧失了在市场博弈中生存的权利。从表面来看，资本增殖是资本家主观欲望的外在表现，实质上体现的是客观社会关系的强制力量。资本主义生产方式作为外在的强制力量支配着每一个资本家，它迫使每一位资本家要想在激烈的市场竞争中不被淘汰，必须尽可能多地把剩余价值转化为资本进行扩大再生产，如此循环往复，形成一个不断自我扩张的社会经济结构。每一个人都屈从于这一经济结构，都不得不充当资本自我扩张的工具，都隶属于由资本所编织的越来越密的社会大网，不仅工人是不自由的，资本家也是不自由的，真正自由的只有资本。当货币仅仅作为流通手段的时候，普通社会成员用它购买使用价值以供自己享用。但是，一旦货币转化为资本用作增殖的时候，货币所购买的使用价值就不是为了生活上的享用，而是把这些使用价值化作资本符号，成为扩张的社会经济系统的一个环节。用作资本的货币购买劳动力其目的并不是为了享用其所提供的各种服务，而是把工人的劳动力运用到生产过程中，从而生产更多数量的货币。

资本家拥有支配工人的权力并不是由于他的人格特征和身份地位，而是由于他仅仅是资本的所有者，拥有实际权力的是资本，资本家不过是资本行使权力的象征或符号。尽管在资本所营造的经济秩序中，资本家和工人都是不自由的，但是二者不自由的程度并不是同等的。尽管工人在名义上或法理上拥有对自己劳动能力的支配权，他可以自由地出售他的劳动力，也可以自由地把自己的劳动力出售给任何一位资本家，但是为了获取生存资料，他不能不自由地不出售自己的劳动力。为了出售劳动力，工人不得不依赖于外在的客观的交换制度和资本，这种自由在马克思看来就是虚假的自由或抽象的自由。如果工人不能成功出售自己的劳动力，对于工人来说是无法生存，对于资本家来说只是少了一个为自己创造剩余价值的劳动力，可见，资本家在交换过程中更加自由，工人处在经济上严重不对等的地位。在生产过程中，资本权力的行使更是发挥到淋漓尽致的程度，工人一旦从交换过程步入生产过程，表面上的自由和平等就消失了，立马会发生惊人的变故。工人不再能够自由地支配自己的劳动力，而是不得不屈从于客观的生产过程，不得不屈从于机器、分工和操作程序等资本增殖的工具。生产过程中工人自由的缺乏与交换过程中形式上的自由形成了鲜明对照，工人在生产过程中根本不是自由地实现自己的目的，而是被迫在资本的指挥和强制下去行动的。资本的扩张必然导致两极分化，"文明的一切进步……都不会使工人致富，而只会使资本致富；也就是只会使支配劳动的权力更加增大；只会使资本的生产力增长。因为资本是工人的对立面，所以文明的进步只会增大支配劳动的客体的权力。"① 资本在积累过程中逐渐扩大，从而使自身的客观权力逐渐增大，而工人在同一个过程中变得更加贫穷了，从而也变得更加依赖和服从。因而在这样一个两极日益分化的经济状态中，工人的自由度逐渐降低，资本的自由度逐渐提升。与尼采从生理学、心理学等视角通过权力意志解读现代人的生命意义不同，马克思则是从资本这一经济权力出发揭示人的本质的异化和现代社会的诸多矛盾，从人所处的具体经济环境中揭示自由的实现方式和不自由的根本原因，其理论更为深刻。

在资本逻辑的支配下，工人的劳动不是自由的有意识的劳动，它具有异化的特征，异化在实质上就是不自由。资本不断地催生出一无所有的自由劳动力，不断地强化以货币为中介的交换方式，其目的是为资本增殖提供充足的劳动力。资本只有不断地吮吸活劳动，才能不断地创造新的剩余价值，因为劳动力在劳动过程中的价值增殖和劳动力的价值是两个完全不同的量，二者的差额正是资本家购买劳动力的目的所在。在马克思看来，资本的本性决定着它总是试图以突破各种界限的方式实现增殖从而加剧异化劳动的程度。"资本由于无限度地盲目追逐剩余劳动，像狼一般地贪求剩余劳动，不仅突破了工作日的道德极限，而且突破了工作日的纯粹身体的极限。"② 从这里我们窥见了资本欲望的无限性，并看到了近代启蒙所宣扬的自由从实质上看是一个什么样的自由：工人的自由就是为了自己的生存而不断地出卖自己劳动力的自由，资本家的自由就是无限制地实现资本

---

① 《马克思恩格斯全集》第30卷，人民出版社1995年版，第267页。
② 马克思：《资本论》第1卷，人民出版社2004年版，第306页。

自我增殖的自由。

马克思并不像康德那样从脱离社会历史条件的纯粹理性出发看待自由，认为意志是完全自由的，他不是把自由看作人的先验本质，而是在特定的物质生产关系中谈论自由，把真正自由的实现看作一项社会历史的事业。马克思对资本的评价基于总体性的历史眼光，他不仅尖锐地批判了资本所引发的诸多社会矛盾，而且肯定了资本在一定历史时期的合理性和资产阶级在历史上所起的革命作用。这在自由上的体现是：资本主义社会本身蕴含着超越资本主义形式自由但实质不自由的一种新型自由的可能性。从交换过程中的形式自由发展为不受交换制度和资本逻辑控制的实质自由，从受制于资本增殖的作为手段的自由发展为以个性的自我实现为目的的自由，需要两个主要的先决条件："一是需要生产资料的优先发展；二是需要重新建立人对经济发展过程的控制，从而使人摆脱现代工业社会的经济奴役而获得自由或相对自由。"① 第一个先决条件说的是必须大力发展生产力，实现物质财富的极大丰富，从而不再为人的基本需要的满足而发愁，只有此时人才可能拥有充分的闲暇时间去发展自己多方面的才能，比如教育、科学、艺术、旅游等，以丰富自己的自由个性。资本作为一种截至目前为止效率最高的生产方式，它极大地缩短了人们从事物质生产劳动的时间，从而大大增加了整个社会的自由时间，这是建立自由王国的一个必要前提。第二个先决条件说的是联合起来的个人共同控制生产资料，从而共同控制生产过程，共享全体社会成员创造的社会财富，人彻底摆脱了经济的奴役。新社会的自由将不再是交换的自由、雇佣的自由、法权的自由、任性的自由、理性的自由、意志的自由，而是每一个个性全面发展的自由。

总体而言，在现代社会的兴起和发展过程中，货币与自由呈现出复杂的辩证关系。货币对传统社会的人身依附关系起到了瓦解作用，逐渐催生了现代社会的自由观念，打开了人们自由活动的空间，使人们获得了一种新型的资源配置方式，并使这种自由观念逐渐深入人心。但是，以货币经

---

① [法]洛克曼：《马克思主义之后的马克思》，杨学功、徐素华译，东方出版社2008年版，第245页。

济为现实根基的自由只是抽象的自由、形式的自由,其外在表现形式是追求货币数量无限制增长的经济自由,它剥掉了生活中固有的内容,人的自由失去了崇高的意义。当货币转化为资本时,更是加剧了作为资本的货币与自由的深层悖论,资本不断地催生出现代自由,但是又不断地使这种自由走向不自由。当然,我们指出货币、资本与自由的深层悖论,其目的并不是要彻底否定作为现代社会重要文明成果的现代个体自由,而是要打破对现代个体自由的盲目崇拜,看到现代个体自由的诸多弊端,从而为运用社会主义的力量限制货币制度和资本逻辑实现每一个人的自由个性提供哲学前提。

第五章　货币与平等

与商品、资本一样，货币作为社会存在的核心范畴，以其特有的性质和功能不仅在经济领域成为全球发展的"润滑剂"，而且在整个生活领域塑造了一种新的社会结构和社会关系，从而衍生出与其相应的价值观念和思维方式，深刻地影响了人们的生活。马克思对货币的深刻洞悉是《资本论》及其手稿中具有广阔延伸意义的篇章，在以交换价值为目的的商品经济社会里，货币无论是在资本主义社会还是社会主义社会都异常活跃，触及社会的每一个层面和每一个人，对人类生活的影响最全面和最深入。马克思对货币的分析超出了资本主义批判的视阈，具有更广阔的哲学意义。限于篇幅和聚焦主旨等原因，本章立足于《资本论》及其手稿，探讨货币与平等的辩证关系。一方面，从哲学的高度分析货币（交换价值）塑造了现代平等观念，这种平等超越了前现代的人身依附关系，构成了世界历史的巨大进步；另一方面，货币和货币经济塑造的平等只是形式的平等，由于其固有的矛盾结构，必然走向自身的反面，即不平等。这即是货币与平等的辩证法，它构成我们诊断资本主义平等及其悖论的重要突破口。

一、货币与现代平等的兴起

从历史发生上看，货币是商品交换发展的必然产物。为了能够使交换顺利地进行下去，需要一个特殊的等价物，它作为社会公认的等价形式能够衡量其他一切商品价值的大小，这个一般等价物即是货币。从逻辑上看，商品的本性内在地包含着使用价值和价值这对矛盾，为了解决这对矛盾，需要交易能够成功进行，而为了使交易成为可能，就需要商品价值采取货币这一独立的形式。货币在本质上不同于其他商品，它是其他一切商品的表现形式。其他一切商品的价值只有通过转换为货币才能够实现出来，货币的普遍交换性质显示了货币具有支配一切商品的特权。个人通过货币占有对象世界，货币的能力实际上转化为人自身的能力。货币把个人卷入与其他商品所有者的交换关系中，个人根据自己的个性特征是不可能进入到这种关系中的。"正如商品的一切质的差别在货币上消灭了一样，货币作为激进的平均主义者把一切差别都消灭了。"① 由于货币具有消灭一切差异和等级的能力，货币无固定的主人，相比封建地产的固定性，货币作为财富的新形式无疑意味着历史的一种巨大进步。货币关系的出现具有重要的历史进步意义，刚一出现就意味着生产关系和社会关系的变革。

在货币尚未获得统治权的社会中，人与人之间的关系表现在血缘关系、地缘关系、伦理关系等各种具体的固定的社会关系中，人们通过这些关系可以清楚地断定自己的位置和确定自己的特定身份。社会陷入无流动的等级关系中，每个人都隶属于等级链条的某个环节，人与人之间无平等可言。这些固定的社会关系使每个人都可以获得确定感和安全感，免受生活变迁和社会关系变革带来的不确定的影响，但也阻碍了人性进步和社会发展。社会变革被维持在最低限度，每个人都可以根据风俗习惯、伦理秩序和身份等级确定自己活动的范围和方向，预见自己的未来。伦理关系在人的社会生活中占据主导地位，它表现为个人对各类传统共同体的高度认同和崇拜，呈现出个人与共同体"和谐相融"的景象。人们之间的关系并未陷入疏离和冷漠，个人生活并没有现代人的焦虑感和虚无感。由于商品交换制度和货币关系不发达，传统社会主流的价值导向并不是无限制地追求货币，而是表现出对货币一定程度的拒斥，这种拒斥特别由于族长、贵人、君子等承托的重义轻利的意识形态而得到进一步的巩固和圣化。

---

① 马克思：《资本论》第 1 卷，人民出版社 2004 年版，第 155 页。

中国传统文化中的"浩然之气""无欲则刚""君子喻于义,小人喻于利"等都生动地诠释了这种价值导向和对道德人格的塑造。以柏拉图和亚里士多德为代表的古典政治哲学,把追求德性生活和人格完善作为根本目标,经济作为物质性前提并不具有绝对自足性意义,它从属于有德性的公共生活。可见,无论是东方还是西方,在传统社会都把崇高德性人格的塑造看作第一位的,都一定程度上表现了对货币的拒斥。所以,马克思指出:"稚气的古代世界显得较为崇高"[1]。而现代资本主义社会把追求货币作为自我满足和自我实现的根本途径,从这点看,它是鄙俗的和反崇高的。但是,资本主义发达的货币关系的出现使个人获得了较之以往对生活更大的控制权和更大的生活交往空间。古代社会存在着许多货币禁区,很多物品被赋予了特殊的伦理和政治意义,不能够自由地交换。一旦资本主义的交换制度瓦解了传统的伦理秩序,个人能够自由地购买到带有神圣光环的贵族才能享受的物品,人与人之间质的差别就被消融了,每个人都是生而平等的,只是拥有的货币量存在着差异。于是,一个靠着血统、宗教、等级、出身等先验的质的差异维系的等级制社会被由平等的独立个人构成的货币社会取代。

马克思考察了前资本主义社会的历史,发现货币和货币交换对传统人身依附关系的解体作用。马克思在《资本论》及其手稿多次指出,共同体之间的边界处最早孕育了商品交换关系,一旦以货币为媒介的商品交换关系出现在共同体的尽头,它们由于反作用,在共同体内部也将发挥颠覆固有的生产方式和社会关系的革命性意义。货币关系的出现一开始就表征着人的自身能力的扩展,通过货币的媒介作用在自我与他者或对象之间建立关系,从而扩大自身交往和活动的空间。商品交换的形成促进了货币的出现和发展,货币反过来又使商品交换关系向生活的其他领域扩展,从而使一切东西都具备转化为货币的潜能和趋势。正如马克思所说,一切东西不论能不能看作商品,都可以通过交换这个巨大的"社会蒸馏器"转化成货币,这种把一切东西都货币化的趋势势必会引起整个社会的巨大变革,颠覆传统的社会秩序。"因此,古代社会咒骂货币是自己的经济秩序和道德

---

[1]《马克思恩格斯文集》第8卷,人民出版社2009年版,第138页。

秩序的瓦解者。"① 在交换价值和货币关系尚未发达的社会形态中，个人之间的关系表现在特定的人格关系中，各种传统制度和伦理秩序支配着人们的生活，个人的选择和命运受制于各种宗教的、血缘的、政治的共同体，根本没有真正的自我意识。而在发达的交换制度和货币关系中，教养差别、血统差别、身份差别、等级差别等都被粉碎了，每个人都成为了平等的主体。

马克思在分析从劳动地租、产品地租向货币地租转化的历史变迁中，发现货币地租的出现意味着一种新的社会关系和生产关系的形成。"在实行货币地租时，占有并耕种一部分土地的隶属农民和土地所有者之间的传统的合乎习惯法的关系，必然转化为一种由契约规定的、按成文法的固定规则确定的纯粹的货币关系。"② 根据传统的习惯法形成的农民和土地所有者之间固定的社会关系，使农民牢牢地束缚在地主的土地上，成为依附于地主而生存的劳动者。一旦货币出现在实际从事劳动的农民和土地所有者之间，农民经济上对地主土地的依赖会逐渐解体，从而对地主的人身依附关系就会逐渐演变为契约关系和货币关系。一切从农村旧的生产方式中产生的社会关系就会土崩瓦解，个人逐渐从这些关系中解放出来成为独立的平等个人。黑格尔也曾深刻地指出，货币取代劳动和产品成为为国家尽义务的根本方式，意味着个人获得人格独立和主观自由。"金钱并不是其它财富以外的一种特殊的财富，而是可以作为实物存在于外界的所有这些财富的普遍物。只有在这种最外在的阶段上，义务才能有量的规定性，因而才能公平和均等。"③ 货币自身作为纯粹量的规定，消解了一切质的差异，对每一个人都一视同仁，从而能够更加有效地实现形式上的平等。

随着以货币为中介的商品交换关系的发展，货币关系逐渐深入到人们的日常生活之中，消解了传统社会的伦理秩序、价值观念和固定的依赖关系，个人开始享受人格的独立性，每个人在自然权利上都是平等的。立足于货币经济的人格独立性是指商品所有者从事一切经济行为时，人的个

---

① 马克思：《资本论》第1卷，人民出版社2004年版，第156页。
② 马克思：《资本论》第3卷，人民出版社2004年版，第902页。
③ [德] 黑格尔：《法哲学原理》，范扬、张企泰译，商务印书馆1961年版，第317页。

性、身份、等级、脸面等都不再起任何作用，每个人都以精于计算的商品所有者的身份出现，作为独立的个人他们平等地参与商品交换。为了能够使交换成功，人们只需平等地把对方当作商品的所有者，从而当作独立的人就行了，而不再考虑彼此的特定人格和身份因素，在交换过程中，平等关系占据支配地位。根据马克思的观点，现代的平等观念和权利实际上是发达的交换制度和货币关系的产物，或者说这种货币制度就是平等的实现，这与古代的平等观念是完全不同的。古代世界不以交换制度为基础，相反却随着交换的发展和货币关系的确立而毁灭，与现代社会相比，它产生了内容完全相反的平等，平等充其量是同一等级内的平等。

二、货币与现代平等的表现

在对以货币为媒介的交换过程的分析中，马克思揭示了现代平等产生的经济根源。在启蒙学者那里，平等被界定为一项自然权利、天赋权利，而马克思则从资本主义经济关系出发，揭示出现代平等绝不是一项自然权利，而是根植于资本主义特定的生产关系和交换关系的一种历史性法权，启蒙学者对平等权利的论证实际上以交换价值在经济关系中取得支配地位为前提。在古典社会，不平等恰恰构成了特定形式的社会规定，"人类分成为若干特定的动物种属，决定他们之间的联系的不是平等，而是不平等，法律所确定的不平等"[①]。随着货币经济的到来，个人才摆脱特定的人身依附关系和各种先天的人格规定，成为独立的个人，现代意义上的平等观念才获得实现。与启蒙学者的平等观相比，马克思不再抽象地谈论平等问题，而是立足于特定的社会经济关系揭露现代平等的特征及其悖论性表现。平等与货币和货币经济具有深层联系，以货币为媒介的交换经济的存续和发展客观上要求交换主体的平等、交换规则的平等和交换对象的平等，因而构成了消解不平等和特权的强大的世界历史趋势。

---

① 《马克思恩格斯全集》第1卷，人民出版社1995年版，第248页。

从交换主体看,每一个人在交换过程中都是作为纯粹的财产所有者而存在,交换具有天然的平等关系。"作为交换的主体,他们的关系是平等的关系。在他们之间看不出任何差别,更看不出对立,甚至连丝毫的差异也没有。"① 货币制度和交换关系使每个人都被抹去了个体的私人特征,统一给他们贴上了交换者这一毫无特征的纯粹抽象的标签。尽管交换者个人之间存在着自然差别,比如有的人天生劳动能力强、有的人能言善辩等,但这种自然差别与所承担的交换关系的职能毫不相干。只要把商品所有者之间的关系看作彼此之间交换价值的交换,只要个人借以互相发生的关系是这种经济上的形式关系,那么人与人之间的关系就是平等的关系,人与人之间的自然差别对这种关系不会产生丝毫影响。每个人只是交换关系的承担者和人格化,在交换规律面前,每个人承担的经济功能是一样的。交换者之间是相互平等的,也就是说,交换者 A 对交换者 B 发生的经济关系与交换者 B 对交换者 A 发生的关系完全相同。交换者不过是抽象的、无个性的人格存在,只是经济范畴的人格化。

从交换的媒介看,货币是天生的平等派,每个人在货币面前都是平等的。货币作为唯一的尺度使得所有产品变得可以量化和平等化,所交换的东西由此变得可以比较。若没有交换就不会构成社会,若没有平等就不会有交换,若没有货币这一衡量的尺度就不会有平等。交换者在交换行为中只有通过货币才能证明彼此是价值相等的人,且只有通过这种被承认为相等的交换,才能够证明彼此之间是平等的人。所以,马克思举例道,用 3 先令购买商品的国王在交换关系上和普通工人在职能上相同,在地位上完全平等。货币唯一的属性是量的属性,它是凌驾于一切具体使用价值之上的抽象价值,作为一般等价物并没有质的差异性,即西美尔所说的"非人格性和无色彩性"②。正是由于货币的这种特性,它具有夷平一切个性和特殊事物的作用,所有事物都被货币衡量,丧失自己本有的特殊意义。货币完全不考虑个性差异,提供了一个共同的方向,使整个社会结合的广度达

---

① 《马克思恩格斯全集》第 30 卷,人民出版社 1995 年版,第 195 页。
② [德] 西美尔:《金钱、性别、现代生活风格》,顾仁明译,华东师范大学出版社 2010 年版,第 3 页。

到自然经济时代不可能达到的水平。货币为每一个人平等地打开了一个特别广阔的活动空间，每个人都能够根据自己能力的大小获得一定的资源。在货币经济中，一切都将成为货币的等价物，都将在商品经济关系中确认自己的地位和价值。通过这种抽象的普遍性确立的平等观念势必会消解掉一切特殊性和实体性，通过货币建立的社会联系也必然消解掉一切公共善和崇高情感。

马克思立足于货币交换关系推导出现代平等，是通过从质到量的抽象来完成的，这涉及三重不同的抽象。第一重抽象是从使用价值到价值的抽象。使用价值是商品各自固有的自然性质，它们是分工劳动按照一定形式从自然中获取的产品，具有质的差异性，要用不同的尺度来衡量，根本无法通约和比较。为了能够实现产品的转让，交换者们必须找到使二者等同的东西。一旦劳动产品进入交换关系，劳动产品的自然性质（使用价值）就会被抛弃，人们以抽象的一般性的标准来衡量它们，这个普遍标准马克思称之为价值，其社会表现形式即是货币。作为价值的商品在质上等同，仅仅具有量的差异，因而都可以按照一定量的比例进行交换。价值这一概念蕴含着现代平等产生的内在机制，不论是带有什么自然性质的使用价值，不论是谁的劳动产品，一旦进入交换关系，都被作为价值同等看待。进入交换关系中的劳动产品犹如不存在自然性差异一样，通过交换者的抽象，在观念中消解掉了二者的差异性，因而具有可交换性和一般交换能力。"作为价值，商品按照一定的比例同时是其他一切商品的等价物。作为价值，商品是等价物；作为等价物，商品的一切自然属性都消失了。"[1]价值是一个纯经济存在，是一切具有自然存在的商品借以相互比较、计量和等同的社会形式，是商品的一般交换手段，因而对每一个交换者都是平等的。

第二重抽象是从具体劳动到抽象劳动的抽象。劳动是价值的实体，这种劳动不是形成使用价值的不可通约的具体劳动，而是把劳动的特殊的质抽象掉，化为仅仅具有量的差异的抽象劳动。犹如撇开使用价值的自然差

---

[1] 《马克思恩格斯全集》第30卷，人民出版社1995年版，第89页。

异一样，决定商品价值的劳动是一般人类劳动，它撇开了劳动的具体形式和特定性质，仅仅代表了人类劳动力的耗费，按照固定的量的比例进行交换。从本体论上讲，抽象劳动是唯一的实体，它是同质的、一般的、单一的，是无关任何具体经验的形式，不会出现复数的范畴。抽象劳动不是独立的行为，不能单独存在，只能展现在单个的具体劳动中。"各种劳动不再有什么差别，全都化为相同的人类劳动，抽象人类劳动。"[①] 抽象劳动是本质形式，为每个有差异的具体劳动所共有，因而抽象劳动是社会化的整合性原则。作为共同因素的凝结，抽象劳动无差别地把个体生产的具体行为整合起来，把它们平等地变成商品，变成无差别的劳动一般，它们的所有者则平等地表现为地位相同的经济功能的执行者，共同接受货币经济规律的支配和检验。

第三重抽象是从个别劳动时间到社会必要劳动时间的抽象。根据马克思的观点，我们面临的商品交换关系不是劳动本身的具体内容和特定的质，而是劳动的一个可比较、可等同的量。劳动的量用劳动时间来表示，这个劳动时间指的是生产某一产品的社会必要劳动时间，不是个别劳动者或单个企业生产某一具体产品的劳动时间，个别劳动时间通过价值规律和交换的社会化转化为社会必要劳动时间，其社会代表即是货币。马克思运用从具体到抽象的方法，将社会必要劳动时间引入到商品交换关系中，这意味着所有的商品生产者都要把时间标准作为从事一切生产行为的核心要素，都不能把自身置于劳动标准的时间化之外，从而凌驾于其他商品生产者的劳动之上。社会必要劳动时间同样蕴含着使商品生产者平等化的内在机制，它是个别劳动时间在市场经济中的纯粹抽象。一切个人的劳动要想转化为交换价值（货币），必须首先使自身特殊的劳动时间转化为一般劳动时间才有可能，也就是说首先要转化为社会的量和一般的量。

通过从具体到抽象的分析，马克思不仅发现了平等在商品生产和交换中的表现及其特质，而且揭示了平等产生的经济根源，即无差别的劳动一般。这种无差别的劳动一般消解了人与人之间的差异，从而使平等关系在

---

① 马克思：《资本论》第1卷，人民出版社2004年版，第51页。

商品生产者和交换者之间得以实现。但是这种平等只是抽象平等或形式平等，是从参与经济过程的所有个体的差异中抽象出来的一种平等，它建立在商品价值的抽象等价性和劳动的一般性的基础之上。货币经济与平等的内在关系塑造了西方近代启蒙学者对平等的规定与想象，抽象是现代平等最根本的特质，就像黑格尔所说，平等代表了理智的抽象同一性，它以抽象掉人自身的特殊性和固有的实体内容为代价。在这种抽象平等的视野中，通过抽象的普遍性忽略掉了贫富、天赋、出身、阶级等特殊性对平等造成的影响，但是这些具有内在差异的个别性和特殊性也可成为不平等产生的根源。形式上的平等与事实上的不平等同样根植于货币经济，作为一个悖论性现象表达了货币与平等的辩证关系。马克思通过对现实经济关系的微观分析，揭示了货币与平等的辩证法，即交换价值、抽象劳动、货币在形式层面塑造的平等由于经济关系固有的矛盾结构走向了不平等。

三、货币与现代平等的消解

作为交换价值和抽象劳动的社会形式，货币由于自身无人格的、客观的、同质的和抽象的特征在交换领域蕴含着使社会主体平等化的内在机制，现代平等观念诞生于以货币为媒介的交换经济。但是，在货币的使用过程中，随着货币的经济功能在社会领域的全面展开，货币塑造的平等却出现了悖论性的问题：货币在促进和发展平等的同时却又不断地消解平等。货币是社会联系的媒介，任何商品遇到货币，就会失去彼此的孤立性，整个社会因而结合起来。个人通过支付货币获得他人劳动产品的所有权，它给拥有者带来支配世界的权力。货币把个人的力量吸纳到自身中，个人的力量被异化为货币拥有的力量。"货币的力量多大，我的力量就多大。货币的特性就是我的——货币占有者的——特性和本质力量。"[①] 由于拥有货币量的不同，人与人之间呈现出事实上的不平等，意味着人们在经

---

① 《马克思恩格斯全集》第 3 卷，人民出版社 2002 年版，第 361—362 页。

济结构中的地位以及个人对于劳动和享乐的支配权呈现出质的差异。人们通过货币占有外化的力量，拥有的货币量大意味着能够支配更多的社会资源，享受优质的教育、医疗、住房和其他更多的社会服务，并因而被看作成功的标志，作为成功的符号代表了在社会生活中处于较高的等级。

由于货币作为社会权力的具体化身，就其本质而言，拥有把整个社会资源和经济系统置于其控制之下的力量。货币成为商品世界中的上帝，本来作为单纯交换手段的奴仆，却一跃成为整个社会系统的统治者，代表了对一切资源的控制和攫取。由于货币的这种物的性质，货币像神一样被视为万能，被异化为人的类生命和类本质。"相互的社会关系转变为一种固定的、压倒一切的、把每个个人都包括在内的社会关系，这一点首先就表现在货币中，而且是表现在最抽象的、因而是最无意义、最难捉摸的形式——扬弃了一切中介的形式中。"① 交换领域平等的社会关系转变为货币对个人的全面控制和支配，传统社会表现为人对人的直接统治，而现代社会则表现为以货币为中介的间接支配关系。随着社会分工、交换关系和生产社会化的发展，货币的社会权力也逐渐增长，经济关系逐渐转化为一种外在的异己的力量支配着市场参与的主体。最初作为促进人与人之间平等的东西，却成了对私有者来说完全异己的关系。产品的普遍交换已成为一切人的生存条件，这种全面的依赖和相互的关系表现在货币上，成为对任何人来说都无法摆脱的命运。通过货币进行交换，这似乎是再自然不过的了，但实际上人们没有别的选择，只能接受货币的普遍运用。任何人都逃脱不了货币编织起来的经济和社会结构，人们之间的平等在这里不过表现为平等地被货币经济规律支配，每个私有者都平等地成为货币操控的毫无个性的对象。

通过货币实现的消费同样蕴含着等级和不平等，区划了不同的阶层，列斐伏尔、德波和鲍德里亚都曾对消费引起的社会不平等问题进行了较为深入的思考。从表面上看起来，人们在消费商品的使用价值的过程中彼此可能是平等的，但是在把商品作为符号的消费化的生活结构面前却没有平

---

① 《马克思恩格斯全集》第 31 卷，人民出版社 1998 年版，第 377 页。

等可言。拥有货币量的差异转变为一种消费的差异，而消费的差异意味着符号和阶层的差异，今天的消费已经成为一个等级化的社会体系。"知道这一点非常重要，即这种个性化，这种对地位和名望的追求是建立在符号基础上的，也就是说，它不是建立在物品或财富本身之基础上而是建立在差异之基础上的。"① 在今天，消费并不是一个孤立的购买商品和使用商品的行为，不仅促进生产和社会流通，而且使人们进入一个全面的价值符号体系中。人们在消费中看中的往往不是商品的使用价值，而是把商品看作一个能够突出个人身份的符号，它能够使一个人进入理想的阶层，或者使自己长期保持在较高的阶层。金钱总是能够通过消费转化为等级特权、文化特权，人们之间的不平等通过消费固定化了，甚至被看作一种常态。高阶层的人们通过持续张扬的消费战略来对抗初来乍到者，以高消费维持自己阶层的优越性和特权。通过消费建立的符号系统与平等相反，明确地把差异、等级吸纳进自己的编码中。尽管鲍德里亚重消费轻生产的消费社会理论遭到一些马克思主义学者的批判，但是他对消费引起的不平等和差异等级的批判性分析不仅具有较强的时代感，而且具有较深的理论洞察力。

根据马克思的观点，从等价交换的表面现象来看，劳动者与资本家的交换是平等的，在市场经济条件下，没有任何法律制度会强迫劳动者接受不平等的劳动条件和工资水平。但事实上，即便在交换领域，劳动者与资本家的实际自由也是不平等的，劳动者的自由相比资本家而言逐渐减少，变得越来越微不足道。劳动者被迫接受自己可能并不愿意的低工资，因为对他们而言这是维持自己及其家庭成员生存的唯一途径。在马克思看来，机器的推广和使用，形成了大批的产业后备军，产业后备军使劳动力的供给大于需要，因而"使劳动力的价格降低到它的价值以下"②。这种不平等现象随着产业后备军规模的增长，得到了进一步的巩固和强化，劳动者处在越来越不利的地位。虽然劳动者和资本家都是商品的所有者，但是这并没有使二者处于起点平等上，经济权力上的不平等，经常使劳动者和资本家发生工资收入和劳动力价值的偏离。资本家购买到一个劳动力意味着

---

① ［法］鲍德里亚：《消费社会》，刘成富、全志钢译，南京大学出版社2014年版，第74页。
② 《马克思恩格斯文集》第5卷，人民出版社2009年版，第496页。

为资本主义扩大再生产提供了一个微不足道的构成单元,而对工人来说,劳动力的出卖与否意味着能否获得存续的基本生存条件。用黑格尔的话说,一个是作为财产权的有限的权利,一个是影响生命的无限的权利,所以二者关系并不对等。当然,资本家个人并没有行使不正义的交换行为,而是整个资本主义生产资料所有权制度导致的结果,为了获得作为自己生存必须条件的货币,劳动者不得不自愿地接受奴役。

古典经济学家牢牢抓住交换过程中的平等,为资本主义制度的永恒性进行论证,把交换关系看作社会生活中的主导性关系,甚至一些具有反对资本主义倾向的社会主义思想家也在交换关系的层面进行理论建构。但马克思认为交换关系只是社会生活的表层现象,它并未触及生活的本质层面。马克思超越了货币的简单规定,深入到货币的高级形式(资本)中窥探真实的社会关系,发现了不平等的实质。由货币、交换价值和抽象劳动展示出来的形式平等,在把以货币为起点和终点的交换现象一层层剥开之后,便不复存在了。马克思深入到资本主义扩大再生产的过程中,把资本主义生产关系的本质内涵揭示出来,从而发现了导致不平等的深层根源。

四、作为资本的货币与现代平等的深层悖论

对立足于交换过程的形式平等的反思,为马克思深入生产过程超越这种平等开辟了道路。扎根于货币经济的资本主义平等并不是一以贯之的,而是呈现出感性表象与内在实质既相互支撑又彼此冲突的悖论性结构。尽管形式平等相对于传统社会的等级和特权制度是世界历史的伟大进步,代表了资产阶级政治解放所取得的最高成就,但是它离马克思期望的平等还有很远的距离,是两个处于不同位阶的平等范式。不同于近代启蒙学者从抽象人性的角度谈论平等问题,马克思把现代平等问题放置到资本主义生产关系和扩大再生产的过程中进行矛盾分析,揭示了现代平等的历史局限性和平等的反平等实质,从而超越了古典经济学家和小资产阶级社会主义者以单纯的交换过程为支点论证平等问题的路径。

劳动力的商品化使简单规定的货币转化为作为资本的货币，意味着资本的无限增殖成为可能。劳动力作为商品进行交换的第一个后果是新型的不平等的社会关系在现代社会的形成，即资本家对工人的剥削关系。劳动力成为商品是从劳动同生产资料所有权之间的分离中得出的，一方面，劳动并不拥有生产资料的所有权，只拥有自身的劳动能力；另一方面，资本控制着生产资料的所有权。劳动者与资本家都是自由人，但劳动者却自由于生存手段的所有权之外，只好被迫出卖自己的劳动力给资本家。在商品市场上，资本家就像购买任何其他商品一样，购买对劳动力的支配权。劳动力是一件特殊的商品，他的使用价值能够创造价值和剩余价值。"资本家换来这样一种生产力，这种生产力使资本得以保存和倍增，从而变成了资本的生产力和再生产力，一种属于资本本身的力。"[①] 资本获得了一定时间内对工人劳动的支配权，与此同时获得了工人劳动创造的价值的所有权，而这部分价值超过了工人的工资即再生产他的劳动能力的成本。通过要求劳动者的劳动时间超出必要劳动时间的界限，资本家占有了工人的剩余劳动时间。剩余劳动时间创造的价值是资本在没有进行等价交换的情况下对工人劳动的无偿占有，他没有给予工人任何等价物作为回报，因此是不平等的。资本正是通过交换过程基于自由意志的等价交换的方式，使超出必要劳动的剩余劳动合法地被资本占有，从表面上看好像也是经过等价交换才由资本家获得的。

与交换过程中形式上的平等不同，在资本的再生产过程中，资本和劳动的关系是"一种非交互性社会关系，这是一种不自由的、不平等的以及我们将要看到的不公正的社会关系"[②]。资本凭借所占有的生产资料控制、组织、指挥着工人的劳动，而劳动却没有对等的权力控制资本运行的各种过程。尽管资本必须通过劳动才能实现自身的增殖，但是在占有剩余劳动的过程中，资本不断地通过劳动获取了日益增加的权力，而工人却没有在同一过程中获得自身利益同等程度的增加，反而越来越贫穷，越来越受制

---

① 《马克思恩格斯全集》第 30 卷，人民出版社 1995 年版，第 232 页。
② [美] 古尔德：《马克思的社会本体论：马克思社会实在理论中的个性和共同体》，王虎学译，北京师范大学出版社 2009 年版，第 140 页。

于资本编织起来的经济结构。在生产过程中，劳动和资本的关系并不是平等的，因为劳动者并没有同样的支配资本的客观条件和权力。劳动者在生产过程中并没有被看作与资本平起平坐的平等者，资本违背了在交换领域确立的平等原则，生产过程与交换过程形成了鲜明的对照。正是通过资本的再生产和增殖过程，资本对劳动的支配越来越强了，因为在这个过程中资本控制的生产条件的规模越来越大了。正如马克思所说，劳动本身越是客体化和对象化，作为同劳动相对立的资本世界就会越来越强大，资本对劳动因而表现出逐渐增强的统治权力。劳动与资本的雇佣关系，不仅生产了工人自身的贫穷和资本的财富，而且使二者的差距越来越大，相对贫困的程度逐渐加深。

为了获得更多的剩余价值，资本力图克服一切障碍无限度地扩大再生产，它是一场永不停息的增殖运动，在全球的空间范围内四处开发和到处落户，这一趋势不是资本的一个偶发现象，而是根植于资本的内在本性和资本主义生产关系的内在结构。"资本作为财富一般形式——货币——的代表，是力图超越自己界限的一种无限制的和无止境的欲望。任何一种界限都是而且必然是对资本的限制。"[①] 资本克服一切界限将相对剩余价值最大化的企图通过不断地压缩必要劳动时间表现出来，而这只有通过无限度地发展生产力才有可能。使用新的技术，采取新的生产方法，提高了劳动的生产效率，减少了生产工人生活资料的成本，从而使工人的劳动力价值降低，增加了工作日中生产剩余价值的劳动时间。在资本推动生产力以扩大再生产的过程中，出现了贫困积累和资本积累同时并存的现象，两极分化的现象随着劳动力成本的降低有逐渐扩大的趋势。由于对象化劳动累积的社会资源越来越多地由资本占有，劳动者在经济结构中处于越来越不利的地位，劳动者无法平等地占有和使用社会的整体资源，因而失去了教育和发展自身的机会。另外，这种资源占有的差异也使不平等从代际内向代际间传递，从国内向国际延伸，不平等在程度上进一步加深，在范围上进一步扩展。

---

① 《马克思恩格斯全集》第30卷，人民出版社1995年版，第297页。

总体而言，通过对资本主义经济结构的分析，马克思全面揭示了货币与平等的辩证关系。交换价值、抽象劳动、货币和货币经济对传统社会的等级和特权制度起到了瓦解作用，以之为根基催生了现代社会的平等观念。现代社会人与人之间在人格上是平等的，从经济哲学的角度看，这种平等是以货币为中介的，获得了独立性的个人不得不为了获取更多的货币而从事一些经济活动，人们从传统的人身依附关系中解脱出来转而受制于现代交换关系和货币制度。尽管货币作为等价物对每一个人来说都是平等的，但是货币作为社会权力却代表着对整个商品世界和劳动世界的支配权，并通过消费塑造着现代世界新的等级体系。当货币从简单形态转化为高级形态时，更是加剧了货币与平等的深层悖论，现代货币经济的发展不断地产生平等实现的社会土壤，但是资本运行的增殖逻辑又不断地使这种形式平等走向事实上的不平等。当然，我们指出货币与现代平等的悖论性关系，其目的不是要否定货币经济和平等在现代社会的文明作用，而是提醒我们在发展市场经济过程中要警惕货币的消极作用，坚守货币、交换价值的合理性边界，通过各种经济制度和法律制度的建设防止不平等的进一步蔓延。

第六章　货币与现代个体风格的塑造

在现代市场经济条件下，作为润滑剂和中介的货币已成为驱动全球经济增长的动力，西方流行的经济学已从实证的角度对此作了卓有成效的论证，但是货币问题并不仅仅是经济问题，而且还是一个深入的哲学和社会历史问题。货币的经济功能已经深入老百姓的日常生活和思维模式中，但这终归属于经济运行的外在表现，并没有触及货币的深层本质和社会文化意蕴。在现代社会，货币的经济功能塑造了异质于传统社会的新型价值观，改变了社会结构，塑造出与之相应的现代个体风格，这一点常常被我们忽视。马克思是第一位对货币本质、货币的哲学意蕴进行系统论述的哲学家，在劳动价值论和剩余价值论的基础上探讨了货币与社会结构变迁、与社会发展动力、与世界的价值祛魅、与个体风格塑造、与人的生存危机等重大社会问题的深层关联。限于篇幅和聚焦主旨等原因，本章以马克思经济哲学为核心，探寻货币与现代个体风格的深层关系，解读出货币在现代个体风格孕育方面的重要作用，以此凸显货币的社会功能和哲学意蕴。货币和货币化生存世界与现代个体风格的形成有深层关联。从马克思经济哲学出发，货币和货币经济孕育出了现代个体的以下风格：发达的货币关系是现代自由平等产生的现实土壤，它粉碎了人身依附关系和等级制度，确立了现代个体的自由平等风格；货币这一物的形式具有化约一切东西的神奇"魔力"，不可避免地产生了货币拜物教现象和现代个体的物化风格；量的属性是货币的基本属性，货币化世界是一个纯粹数量的世界，从而在日常经济生活中孕育了现代个体的量化风格；货币或资本成为"绝对存在"，个人生命完全丧失了丰富性和全面性沦为追求物欲的单向性存在，从而塑造了现代个体的虚无化风格。

一、货币与现代个体的自由平等风格

尽管货币可以表达一种社会经济关系,但并不是所有的社会经济关系都一定要通过货币来表达,货币能否或者在多大程度上代表一种社会经济关系还受到诸多因素的制约,比如伦理道德、交往水平、社会政治制度、风俗习惯等,传统社会尤其如此,可以说传统社会存在着许多货币禁区,货币作为一种交往媒介并没有像现代社会那样在诸多领域得到切实贯彻执行。尽管货币像人类文明一样古老,但是货币代替伦理、宗教、政治、赠与、掠夺等因素成为社会经济交往的主要媒介是伴随着资本文明的兴起才得以确立的。资本作为一种强大的生产方式在近代社会才逐渐确立起来,它使货币经济关系从伦理道德、等级制度中解脱出来,货币由此才摆脱了被支配地位,其经济功能和社会功能才获得了充分布展的空间。尽管资本作为一种高效的生产方式和资源配置方式,创造了辉煌灿烂的物质文明,极大地促进了人类社会的发展,但资本文明并不能取代货币文明,后者相比前者覆盖面更广,对人们的日常生活影响更大,与人们的交往更为密切,是一种更具始源性的人类存在方式。

马克思指出,在交换价值和货币制度尚未发达的时期,个人要想表现自己特定的人格,就必须在特定的人身依附关系中才可能,比如在封建主和臣仆之间、地主和农奴之间、种姓成员之间、等级成员之间所结成的特定社会关系,每个人都带有自己无法摆脱的人格规定。在人身依附关系依然是重要纽带的社会形态中,人们之间的交往只是建立在血缘、地缘基础上的有限的局部交往,人的生产能力只在孤立的地点上缓慢地发展着。而在发达的交换制度和货币关系中,"人的依赖纽带、血统差别、教养差别等等事实上被打破了,被粉碎了",确立了人格的独立性,各个人自由地交往,并在这种自由中相互交换。① 发达的货币关系是现代自由平等产生

---

① 《马克思恩格斯全集》第30卷,人民出版社1995年版,第113页。

的现实土壤，它粉碎了限制人的自由的各种人身依附关系，确立了现代个体的自由风格，使自由观念深入人心，每个人都是市场交换的平等主体，交换关系的确立必须建立在自愿的基础上，谁都不能用暴力占有他人财产。西美尔显然继承了马克思的部分观点，他从文化哲学的角度也得出了类似的结论，货币经济瓦解了自然经济时代的人身依附关系，一方面制造了渗透在所有经济活动的非人格依赖性，另一方面确立了个体人格的独立和自主，给予个体一种无与伦比的活动自由。建立在交换关系上的经济自由，反过来又促进了政治自由、法律自由、观念自由的产生，它们共同构成了现代个人自由体系，其中经济自由是根本。

货币是现代个体自由的载体，由货币所确立的个体自由风格主要体现在以下两个方面。其一，自由体现在对货币量的无止境追求中，谁拥有的货币量越大，谁拥有的自由度就越高。经济自由是现代自由最重要的形式，一方面，获得货币方式的不同，意味着自由类型的不同；另一方面，借助于货币，我们可以自由地享受任何商品和服务，拥有的货币越多，能够享受的商品和服务数量越多，档次越高。其二，由于货币自身的无人格性和客观性，它极大地拓展了个体自由布展的空间。吉登斯把现代社会的重要特征概括为"脱域"，"所谓脱域，我指的是社会关系从彼此互动的地域性关联中，从通过对不确定的时间的无限穿越而被重构的关联中'脱离出来'。"① 货币是最重要的脱域工具，扫除了活动的各种障碍，大大延伸了人们活动的空间，过去那种地域性的闭关自守和自给自足状态，被各民族之间的相互交往取代了。货币成为现代复杂社会关系网络的"润滑剂"，为个人生存空间的扩展提供了极大便利。按照西美尔的看法，在传统社会，个人在狭小孤立的人群中彼此依赖地生活，而在现代社会个人尽管依赖于一个更大的社会整体，但是并不依赖于任何一位确定的成员，这一成员对于我们的意义仅在于其劳动成就，而这一劳动成就可以轻而易举地由其他任何一个人完成，我们与他们任何人的联系都可以通过货币建构起来。现代人不依赖于任何一个确定的人，依赖的是为数众多互不相识的

---

① ［英］吉登斯：《现代性的后果》，田禾译，黄平校，译林出版社2011年版，第18页。

"第三者",这为每一个人在感觉上、心理上和实际生活上打开了一个无限大的活动空间。货币使现代人从各种财产、人身等确定的关系中解脱出来,无疑享受到前所未有的巨大自由,并且这种自由空间随着货币经济领域的扩展同步扩展。

现代个体的平等一直以来被古典自由主义者看作一项自然权利,而马克思则深入现代经济关系,指出平等绝不是一项自然权利,而是在货币经济关系中历史地形成的权利观念。"每一个主体都是交换者,也就是说,每一个主体和另一个主体发生的社会关系就是后者和前者发生的社会关系。因此,作为交换的主体,他们的关系是平等的关系。"① 可见,在以货币为媒介的交换关系中,交换主体是平等的,他们之间不具有任何差别,更不存在对立关系。在现代经济生活中,货币逐渐确立了现代个体的平等风格,这种平等仅仅是法人意义上的形式平等,离马克思所期望的实质平等还有很远的距离。货币是天生的平等派,没有质的差异,区别的只是拥有货币量的不同。由于货币的客观性、中立性和无人格性,每个人在货币面前都是平等的,每个人都能平等地用货币来获得资源、开拓活动空间。在马克思看来,现代货币经济使人们之间除了金钱联系之外,再也没有任何具有伦理意蕴的宗法、田园般的关系,它抹去一切职业的神圣色彩,一些令人敬畏的职业如诗人、医生、教士、律师等都变成了出钱雇佣的劳动者,人与人之间用来维系等级制的质的差别消融在货币夷平一切的特性中,货币将个人的一切特殊关系排除在外。"金钱仿佛在纯粹的易手和独立的化身中展现了交换活动的客观性这个特征,它摆脱了可交换的个别事物的所有特定品质,并因此从自身出发在同所有经济的主观因素之间的关系中都一视同仁。"② 货币面前永远平等,但拥有货币量的差异却导致了人与人之间质的区别,这种区别更具隐蔽性。尽管货币就其固有本质而言是天生的平等派,但由货币量所导致的质的差异所引起的社会不平等问题日趋严重。货币所确立的自由平等风格走向了自身的反面,或者说

---

① 《马克思恩格斯全集》第30卷,人民出版社1995年版,第195页。
② [德]西美尔:《金钱、性别、现代生活风格》,顾仁明译,华东师范大学出版社2010年版,第27页。

形式自由平等与实质不自由不平等在复杂的社会系统中作为一对矛盾相伴相生。

在马克思看来,货币是权力关系的实质性代表,任何个人行使支配社会财富或他人活动的权力,就在于他是货币的所有者而不在于身份上的差异,他衣袋里装着货币等于装着自己同社会的关系和自己的社会权力。从"作为货币的货币"这一简单意义的货币规定性中,现代社会一切内在的不自由和不平等现象在表面上都看不见了,古典政治经济学家以及资产阶级民主派都求助于这种简单的货币关系,来为现存的经济秩序辩护。从"作为资本的货币"这一发达意义的货币规定性中,货币被表现为生产关系,被规定为生产过程的基本要素,货币不仅是传统社会形式瓦解的条件,而且促进了社会形式的发展,是包括物质生产力和精神生产力在内的一切生产力的"主动轮"。如果从生产角度来考察货币,货币是社会不平等的等价物,它隐藏了一个实质内容,即生产领域的奴役和不平等,交换领域的自由和平等让位于生产领域的异化(不自由)和剥削(不平等)。鲍德里亚在《消费社会》中又从消费的角度探寻了人与人之间的不平等现象,人们在消费过程中面对商品的使用价值也许是平等的,但是商品作为符号却象征了人的不同等级,没有丝毫平等可言。"通过消费的方式,通过风格,他与众不同,独树一帜。从炫耀到审慎(过分炫耀),从量的炫耀到高雅出众,从金钱到文化,他绝对地维系着特权。"[1] 当代社会,人们几乎不消费物本身的使用价值,而是把商品当作能够突出个人的符号,通过符号来象征人们归属不同的团体和等级,人们也通过消费的提升实现向更高团体和等级的过渡。一旦进行消费,这绝不是孤立的行动,人们便由此进入地位和身份的有序编码的系统,这种编码同时就是不同阶层的区划。当然,这一切之所以成为可能,必须有一个中介货币,货币总是通过消费行为转化为文化、等级、权力特权。总体而言,货币是天生的平等派,但却走向了不平等,作为一对矛盾在社会整体结构中相伴相生。

---

[1] [法]鲍德里亚:《消费社会》,刘成富等译,南京大学出版社 2014 年版,第 34 页。

二、货币与现代个体的物化风格

现代社会是一个彻底的货币世界,在商品经济的运作中,商品交换的成功和商品价值的实现最终都以货币为起点和终点。"一切东西,不论是不是商品,都可以转化成货币。一切东西都可以买卖。流通成了巨大的社会蒸馏器,一切东西抛到里面去,再出来时都成为货币的结晶。连圣徒的遗骨也不能抗拒这种炼金术,更不用说那些人间交易范围之外的不那么粗陋的圣物了。"① 货币成为个人与社会连接的最重要的中介,是通向社会实现的最重要的道路,因此,货币成为人们顶礼膜拜和拼命追求的神是再自然不过的了。货币本质上是一种与任何具体劳动或具体使用价值无关的一般价值形式,它是抽象劳动的物化形式,货币是社会关系和社会交往真正的普遍的物化形式。以货币为媒介的商品交换关系与人的个性、人格和身份等毫无关系,它是一种纯粹的商品与商品、物与物的关系。在市场分工的前提下,毫不相干的个人之间发生了全面的相互依赖性,这种依赖性构成了每一个人的社会联系,这种社会联系凝结在货币这一媒介上。毫不相干的个人并不意味着彼此无欲无求,相互隔绝,老死不相往来,而是恰恰相反,他们相互依赖,彼此互为生存的条件,只不过彼此都不关心对方的人格、个性等,这些对于经济交往都无所谓。与传统的熟人社会不同,正是彼此漠不关心的陌生人,却相互依赖撑起了整个现代社会体系。或者反过来说,现代个人要想在市场经济条件下互相交往、互相联系和互相依赖就不能关心对方的人格性。所以,现代社会物化的社会关系把人仅仅理解为物,遮蔽了人的多种存在样态的可能性。人在实践活动的无限展开中,应该不断地展开自己,不断地证明自己是一个开放的多样性存在。但是,作为资产阶级意识形态的古典政治经济学从实证的角度把人理解为创造物质财富的劳动力,理解为像生产资料一样的物的要素,这实质上遮蔽了人

---

① 马克思:《资本论》第1卷,人民出版社2004年版,第155页。

的丰富性和多样性。马克思批判资本主义社会的物化现象,有一个很重要的原因在于人的人性的东西沉沦了,而物性的东西却得到了极度张扬。

不管人们的劳动产品呈现什么样的特性,也不管经济活动采取怎样的个性表现方式,经济活动和其产品都通过交换价值(货币)来表现,它们与人对立,对人来说表现为异己的东西。"活动和产品的普遍交换已成为每一单个人的生存条件,这种普遍交换,他们的相互联系,表现为对他们本身来说是异己的、独立的东西,表现为一种物。"① 每个人都以货币这一物的形式占有使用社会权力,或者说,物的社会关系取代了人的社会关系,人的能力被转化为物的能力。当工人所处的社会关系变为物的关系的时候,个人的存在必然在一定程度上变成物的存在,个人不可避免地物化了。个人的活动或产品必须首先转化为货币,才能通过这种物的形式获得自己的社会权力,这种权力的大小是与货币的拥有量成正比的,每个人都可以用货币的形式把自己的社会权力和社会交往随身装在自己的口袋里。货币是无个性的财产形式,社会联系、社会交往、社会权力等通过货币表现为外在的异己的东西,这同他的所有者的个性和人格没有任何关系。在传统社会,依赖关系表现为人格对人格的统治,而在现代社会则表现为物对人的普遍统治。从现象层面来看,货币是一种独立的支配社会和个人的力量,货币被看作财富的唯一形式和最高形式,被看作世界上的真神,其他一切神和它相比都黯然失色。"人们在这种时刻当作唯一财富渴求的'至善'[Summum bonum]就是货币,就是现金,而其他一切商品,正因为它们是使用价值,就在现金旁边表现为无用之物,表现为废物、玩具。"② 由于货币这一物的形式所具有的神奇"魔力",不可避免地产生了货币拜物教现象,也不可避免地产生了现代个体的物化风格,物化已超出经济领域深入到人们的日常生活中。

我们这里所说的现代个体的物化,并不是指人们在劳动中把自己的主观意识给对象化出来,而是指在现代货币经济条件下,不可避免地产生了物化现象和物化意识,即由人与人结成的社会获得了物的特性,物成为超

---

① 《马克思恩格斯全集》第 30 卷,人民出版社 1995 年版,第 107 页。
② 《马克思恩格斯全集》第 31 卷,人民出版社 1998 年版,第 541 页。

越个人的普遍力量。个人的意识和行为受这种物化逻辑的影响和渗透,也把社会和个人自身当作物来认知和处理,突出了个人在日常生活中所具有的物的特性和意识。现代社会个人所拥有的社会关系其丰富程度要远远超过传统社会,其推动力量就是以货币为媒介的交换关系,或者说,个人之所以要拓展自己的社会交往空间,并不是因为与他人要建立某种人性关系,而是他人所有的物具有十分重要的意义。所以,在现代社会,物的主人是谁无关紧要,具有重要意义的是物本身。人通过物建立了社会联系,并通过物获得了意义,人的存在以物的存在为前提,个人甚至成为物的表现。当物成为在社会生活中的支配因素时,个人的存在意义已不再重要,个人的个性被物的齐一性给抹杀了,个人成为了"常人"。物的拥有不仅没有给人们带来充实和幸福,反而给人带来了虚无和焦虑。卢卡奇继承了马克思的物化理论,他在揭示和批判资本主义社会的物化现象时指出,人屈从于经济关系,逐渐失去了自己的主体性,变成一种直观接受的态度,从而使自己的意志逐渐丧失,变得像钟摆一样。"人无论在客观上还是在他对劳动过程的态度上都不表现为是这个过程的真正的主人,而是作为机械化的一部分被结合到某一机械系统里去。他发现这一机械系统是现成的、完全不依赖于他而运行的,他不管愿意与否必须服从于它的规律。"[1]资本主义社会的经济体系与人性的东西格格不入,人只需要充分发挥物性的东西按照"机械规则"行为即可。就像钟摆成为机器运转的尺度一样,也成为工人劳动的精确尺度。作为量度的时间就是工人的一切,人自身根本不具有任何崇高意义,人至多只是时间的表现,成为在量上可测定的物。

在马克思看来,人的个性要想获得自我实现必须摆脱物化逻辑,在物化逻辑的控制下,个人丧失了自由,没有了个性。个人的全部生存条件尽管是由人创造的,但是现在却变成了对个人来说完全偶然的东西,个人是不可能加以控制的。人们创造的各种物化现象反过来成为奴役人的客观力量,在这种奴役中,人失去了自我实现、自我创造的多维可能性。面对现

---

[1] [匈]卢卡奇:《历史与阶级意识》,杜章智等译,商务印书馆1999年版,第153—154页。

代社会像自然规律一样的物化逻辑，马克思认为要想实现人的自由个性，必须超越物化逻辑，在一个更高位阶的真正人的逻辑上思考个性如何实现的问题。一个更为根本的问题是，实现从物化逻辑向人的自由个性的转变需要一种新的制度创制，马克思称之为"自由的联合"。也就是说联合起来的个人共同占有生产资料，共同支配生产，整个社会的物质条件变成了每一个人的个性实现的条件，因而超越了以私有财产为核心的物化逻辑。在这里发生了一个真实的根本转变，从人的物性向人的人性的升华。

三、货币与现代个体的量化风格

量的属性是货币的基本属性，货币化世界是一个纯粹数量的世界，是一个可以把各种经济关系和经济效益用纯粹数量表达的世界。"货币的量越来越成为货币的唯一强有力的属性；正像货币把任何存在物都归结为它的抽象一样，货币也在它自己的运动中把自身归结为量的存在物。"① 货币自身没有质的差异，即便是不同国家的货币也仅具有量的差异，不存在不可通约的质，它们能够在金融市场上相互兑换。货币发展为世界货币，货币成为超越一切民族、地域、宗教、政治的"世界语言"，从而发挥超越一切界限和束缚的世界主义力量。由于量是货币的根本属性，由于与货币相交换的是整个商品世界，甚至是整个对象世界，因而货币具有广泛的价值通约性。货币在现代社会被看作交换价值的测量标准和等量化手段，它是所有不同质的物品成为可以衡量和平等化的唯一尺度，没有这一尺度，千差万别的事物将不可能被衡量。由于货币的这一"神奇"属性，在货币展开自己力量的过程中，人们往往把货币视作客观对象的真正本质，而与之相交换的特定对象却成为货币的派生物，货币作为一个抽象量化的存在却被实体化了。

按照马克思·韦伯的看法，经济行为的合理性取决于在技术上用数学

---

① 《马克思恩格斯全集》第3卷，人民出版社2002年版，第339页。

计算的程度,而货币是最完善最重要的计算手段。一切商品的价值都表现为对象化的一般人类劳动,从而自身具备可通约的条件,所以一切商品都可以用一个共同的商品来衡量自己价值的大小,这个共同的价值尺度就是货币,作为价值尺度的货币是交换价值即商品必要劳动时间的表现方式。经济行为的开端和终结都是货币,货币运动没有止境,也只有在这种不断更新的运动中实现价值增殖。现代经济通过货币的形式正在展开强大的计算功能,经济行为的可能后果,企业成本和效益核算,都可通过货币加以预测。在货币面前,一切实体的和非实体的东西,一切劳动产品和非劳动产品,都可过滤掉殊异性,还原为一个抽象的符号,都可通过货币转化为一个确切的数字。货币又反过来成为衡量一个人行为的标准,行为的效率、水平因而获得一个比较客观的度量。货币体现了一种理性精神,体现了经济行为甚至是一切行为的抽象思维。只有通过货币抽象,经济行为才具有后果的可预测性,否则人们在杂乱无章的事实面前会茫然不知所措。商品的商品性质表现在商品的可计算形式中,通过使之转变为一种可理解的规律性,作为一种物化意识形态反过来又坚持和巩固这种表现形式,使之永久化。正像货币经济不断地在更高的形式上实现再生产自身一样,可计算的物化结构在货币经济的运行过程中越来越渗透在人的意识里,成为意识结构的一部分,融入人的生活深处。

在商品交换过程中,由于货币的价值通约性,五彩缤纷的不可通约的事物的效用价值被消解掉,各种事物之间质的差异被化约为单纯的货币数量世界。不仅事物的效用价值被消解,而且附着在事物上的伦理价值也被消解,同样转化为可以用数字计算的货币世界。这个过程被马克思·韦伯称作"祛魅",丰富多彩的不可通约的价值世界被通约了,带有"神圣"色彩的各种伦理关系被简化为可以用数量关系表示的货币世界。货币不仅掩盖了商品的使用价值,使一切经济行为都以货币量的增加为目的,而且由于货币普遍的量化品格,最终使一种纯粹数量的价值吞噬一切价值体系和尺度。数量价值使自身成为衡量一切社会行为的标尺,煅造出对世界理解的量化的心理坐标,从而使人们的一切行为都带有量化的特征,人生至高无上的目标被浓缩为单一量的积累和消费。经济关系的量化思维一旦形成和巩固,这种思维就会向其他领域扩展,从而影响整个社会生活。由于货币广泛的可计量性,它成为衡量现代社会各种价值乃至人自身价值的尺度,量化思维超越经济领域逐渐渗透到人的精神生活、文化生活,货币化生存世界与人的世界观、人生观、价值观密切联系在一起。

生命的量化使得人在现实生活中越来越缺乏个体性,个体才能被异化为单面的计算理性。"一种纯粹数量的价值,对纯粹计算多少的兴趣正在压倒品质的价值,尽管只有后者才能满足我们的需要。"① 事实上,个别事物与万能的交换手段等价,事物自身因而就会贬值,丧失了自身对世界更高的意义。货币经济从自身出发使日常生活中不间断的数学运算成为必要,许多人在生活中都对价值进行衡量、计算,把事物质的价值还原为量的价值,货币经济给我们的全部生活带来了可以用数字计算的模板。货币化生存世界煅造出人们高度精确的计算理性,从而迫使一种明确的数量性和界限性侵入日常生活。不仅生活中的经济关系日益精确,而且这些数字特征也日益扩展到生活的其他内容。在这种思维的背景下,容易产生这样一个认识理想:整个世界都可被化约为一个巨大的计算样本,用一个系统的数量关系就可以把握事物质的差异性和过程的复杂性。不仅物质世界可以用数量关系来加以征服,甚至人的生活价值本身都用数字来估算幸福和痛苦的量。甚至有些本身不是商品的东西,如名誉、信任、良心等,都可以被占有者出卖以换取货币,并通过它们在市场上的价格取得商品的形式。"社会关系最终成为一种物即货币同它自身的关系。"② 货币与个别事物相比,本应该是"低俗"的,因为它是任何事物的等价物,根本不具有自己的"个性"。按照西美尔的看法,只有个别的才是高贵的,用货币等价所有事物,实质上就是把最高的东西人为拉到最低的水平上。这样当生活世界中万千的事物都用货币来衡量时,事物自身特有的价值便被损害了。货币化生存世界最终使货币价值压倒其他一切质性的价值成为唯一有效的价值,那些经济上无法表达的生活意义在人们身边越来越多、越来

---

① [德]西美尔:《金钱、性别、现代生活风格》,顾仁明译,华东师范大学出版社 2010 年版,第 9 页。
② 马克思:《资本论》第 3 卷,人民出版社 2004 年版,第 441 页。

迅速地滑落。

由于货币的抽象性，当用货币衡量其他一切价值时，便扼杀了价值自身的丰富多彩性和不可通约性。但是，处于不同位阶的价值很难通约，货币并不是万能的。比如康德批判哲学把世界划分为现象界和本体界，现象界中的价值和本体界中的价值根本无法通约，现象界中的功利、效用等无法与本体界的信仰、自由、义务划等号。另外，货币不仅使社会关系变得平均化、齐一化，而且也使单个人变得抽象和同质化，成为经济人，逐渐丧失了自己的个性。当今时代，琳琅满目的商品并没有给人带来充实感，反而给人带了空虚和无聊，人丧失了崇高和超越的情感，陷入了虚无主义的困境。神圣和崇高在货币经济生活中荡然无存，通过货币可以占有一切，超验的"上帝"被经验的"上帝"即货币取代。

四、货币与现代个体的虚无化风格

作为资本的货币是现代社会最本源的驱动力量，它具有摧毁一切价值形态的虚无本性。在货币经济中，资本把一切价值都还原和等同为货币，结果事物自身固有的价值消失或隐退了。生命自身的一切丰富要素，社会生活中的真、善、美都被商品化了，如果物品不能被贴上价格标签，也就等于失去了存在的价值。作为资本的货币其根本目的是实现自身的无限增殖，这决定了只有不断地运动、破坏、扩张，才能够实现货币的不断积累。整个社会在货币和资本无限的自我膨胀过程中必然处在永恒的动荡不安之中，在此情势之下，"一切等级的和固定的东西都烟消云散了，一切神圣的东西都被亵渎了"[①]。超验性的价值信念都被动摇了，现代货币经济必然使稳定的价值秩序变得不确定。现代社会里的一切价值都被商品化、价格化、货币化和资本化，货币和资本必然导致神圣价值和终极目的的缺失。神圣和崇高在货币这一最普遍的价值代表面前逐渐隐退，因为在作为

---

① 《马克思恩格斯文集》第2卷，人民出版社2009年版，第34—35页。

价值代表的货币面前,一切价值都是可以计量的、可以让渡的、可以占有的。根据马克思的观点看,在货币面前,一切价值都可以用货币量来决断,根本没有绝对价值。在货币面前根本不存在不能核算、不能转让、不能交换、处在商业之外的神圣的东西,传统共同体社会所推崇的神圣与崇高必然在货币经济体系中被推翻。这是虚无主义的根本所在,正如马歇尔·伯曼所认为的那样,虚无主义的全部含义就是:只要付钱,任何事情都可以且能够行得通;任何行为方式,只要符合经济理性规则,在道德上就是可允许的。荡涤一切神圣和崇高的货币与资本必然使物化的现代人陷入虚无的境界,现代人在生活中必然表现为蔑视一切崇高和超感性的虚无化风格。正如海德格尔对虚无的理解那样,"'虚无'在此意味着:一个超感性的、约束性的世界的不在场"①。

货币或资本成为了"绝对存在",个人的意志丧失了选择的多样性,被其随意驱使。资本或货币具有吞噬一切的力量,逐渐成为一个"总体性的存在",在这一存在面前,个人生命完全丧失了丰富性和全面性沦为追求物欲的单向性存在。资本总是宣称自己所支配的社会是"历史的终结",是"千年王国"的完美实现。随着资本成为"非历史的自然存在",人的自我创造、自我超越、自我实现的本性被完全窒息了,人们在资本所营造的秩序面前变得毫无反抗之力,不得不顺应既定的社会经济秩序。具有丰富感性生命的个人失去了"个性",千篇一面的资本却获得了"个性",个人完全被货币、资本等抽象物统治。抽象物对人的统治意味着个体生命完全成为工具性的存在,真实的价值主体所要求的诸如理想、崇高和神圣等真实的品格不复存在了。当使个人成为真实价值主体的精神品格被完全剥夺之后,作为价值承担者或载体的个人同样会被消解掉。如果价值载体不复存在,一切"价值理想"或"价值诉求"必然是无根的,一切追寻价值的努力必然沦落为使价值"虚无化"的一次次运动。②从这个角度看,资本的逻辑就是虚无产生、发展的逻辑,是虚无主义产生的根源,或

---

① [德]海德格尔:《海德格尔选集》下卷,孙周兴选编,上海三联书店1996年版,第771页。
② 贺来:《寻求价值信念的真实主体——反思与克服价值虚无主义的基本前提》,载《社会科学战线》2012年第1期。

者说资本逻辑必然使生活其中的每个人在精神生活领域陷入虚无。海德格尔和尼采把虚无主义的根源归结为传统形而上学和基督教,这对我们理解现代价值危机具有重要启示。他们从观念逻辑层面谈论虚无主义的产生和克服,没有进一步深挖其经济根源,因而不可能根除每天都产生的虚无主义的物质基础,也无法改变现代个体生命作为资本增殖工具的现状和虚无化命运。马克思的革命性贡献在于,尽管他没有使用"虚无主义"这一词,但他最先在政治经济学批判的基础上通过对资本虚无力量的分析,发现了虚无主义产生的现实根源。

  在货币化和资本化的生存世界,现代人虽然消解了超验的神圣与崇高,但并不是推倒一切神,推倒的是超验的神,却致力于树立物神,一种经验的神圣。在柏拉图以来的西方传统形而上学中,人们相信超验的理念世界才是真实的世界和永恒的世界,而经验的世界是处于流变之中的,是虚假的世界和暂时的世界,超验世界是经验世界的根据、支撑和最终落脚点,人们总是锲而不舍地追寻超验世界的永恒存在,去发现终极真理和永恒价值。为价值、理论、实践奠定一劳永逸的基础,确立生活意义的阿基米德点,从而达至永恒的确定性。根据杜威的看法,对确定性的寻求是人的基本欲望,而要达至确定性,一个基本条件是确立一种解释一切的"统一的模式",在其中,过去、现在和未来都能纳入到一个统一的秩序中从而得到解释,而这一切都被无坚不摧的资本瓦解和推倒。与之相对,资本确立了经验的神圣与崇高。资本所确立的经验神圣与崇高本身就是一个悖论:明明世俗的不能再世俗,普通的不能再普通的物品,明明没有任何神秘性的物品,却借助于现代传播媒介、影像技术被不断地符号化、意义化、神秘化,成为超凡脱俗的神圣物品。[1] 物品的文化符号意义经由想象力的发挥和现代广告的传播与无限的理念和美好成功的人生建立了神秘的关联,从而赋予物品超出自然属性之外的社会文化意蕴,物品成为成功、地位、等级的象征。一旦某个物品与社会地位、成功、荣誉等连接起来,人们就会在广告的引导下借助货币通过购买物品一再获得这种连接,从而

---

[1] 刘森林:《物与无:物化逻辑与虚无主义》,江苏人民出版社2013年版,第194页。

获得他人的认同，实现人生价值。为了尽可能多地获得利润，资本绝不会允许物品在市场上存在太久，通过寻找新的替代品使其尽可能快地褪色，这些物自身所蕴含的符号意义将随之消退。由资本塑造的经验神圣相比超验神圣更加不确定，这种经验神圣物不过是由资本塑造的转瞬即逝的空架子。人们在经验和超验双重层面都被虚无化了，虚无不是一个偶然现象，根植于现代经济生活中。

资本借助货币使凌驾于自身之上的神圣的东西彻底虚无化，并通过虚无他者使自己成为绝对价值的存在。在现代货币经济中，物成为绝对存在，势必会导致人生意义的空虚。马克思之后西美尔在文化哲学的视域内继续探讨货币所带来的人生价值的虚无，他指出货币变成了所有价值的公分母，掏空了事物自身个性及其特有的价值。马克思并没有像西美尔那样走向悲观主义，而是看到了资本主义社会物质生产力的积极作用，资本在无意间通过虚无化一切他者为超越虚无主义，为实现自由个性，奠定了物质基础。对如何超越现代虚无和虚无主义的问题，尼采、海德格尔与马克思呈现出不同的思路。海德格尔从精神文化层面思考超越虚无和虚无主义的问题。海德格尔试图埋葬传统形而上学，实现从存在者向存在的回归，但最终把拯救的力量归结为天道和神秘，实质上并没有抓住问题的根本。在马克思看来，既然虚无主义的根源是现代经济结构，那么超越虚无和虚无主义必须超越现代经济结构，实现生产方式的彻底转变。这种生产方式超越了物化逻辑和私有财产制度，对生产资料共同占有，对生产实行民主决策和有计划的控制。社会生产的目的不再是为了获得越来越多的交换价值（货币）而是为了满足人的自我实现的使用价值，人的自由、个性、尊严取代货币和资本重新获得尊重，随之而来的神圣、崇高和理想将重新回归人的生活。

第七章　货币异化与货币文明

在现时代，货币作为商品交换媒介的经济功能已经内化于日常生活当中，无需专门的知识传授，就能够熟练地运用。但是，由货币所引发的世界观、价值观、人生观问题，以及货币的两面性对人的全面发展和社会进步的双重影响问题却需要自觉的学术关怀。在马克思早期著作，尤其是在《论犹太人问题》（以下简称《问题》）、《1844年经济学哲学手稿》（以下简称《手稿》）、《詹姆斯·穆勒〈政治经济学原理〉一书摘要》（以下简称《穆勒摘要》）中蕴含着丰富的货币思想，其中关于货币与人性进步、货币与社会发展的思想不仅是理解《资本论》及其手稿不可或缺的一环，而且对于现时代批判货币拜物教思潮，树立正确的货币世界观、货币价值观、货币人生观具有重要的实践意义。但是，笔者通过研究发现，马克思早期对货币的人本分析并未引起学术界的足够重视，鲜有关于这方面的论著。因此，探讨马克思早期的货币概念就成为了本章的当然主旨。本章主要从人学向度对以下三个方面的货币问题展开探讨。

一、货币：私有财产交换的中介

在《穆勒摘要》中，马克思高度评价了穆勒把货币看作交换中介的观点。一切私有财产都可通过交换转化为货币，并可通过货币而交换另外一切私有财产。在现代市民社会，货币作为一般财富的代表体现了私有财产对私有财产的抽象价值关系，它是排除了私有财产特殊个性的抽象形式，是私有财产的外化，是外化了的私有财产。那么，为什么非得通过货币转让私有财产呢？马克思继承了国民经济学的一般看法，认为这是由于贫困和需要。交换双方都是特定私有财产的合法占有者，对方拥有的物正是我需要的，没有它，我就无法生存或者我的本质就无法实现。使两个私有者发生以货币为中介的交换关系的是物的特殊性质，即物的使用价值。对于物的特殊性的需要，使每一个私有者意识到除了他对物的财产权关系以外，还有另外一种更为本质的关系，即他并不是退居在自己内在城堡中的特殊存在者，而是一个处于社会联系中的总体存在者，他的需要通过交换而与另一个劳动产品的所有者发生内在的财产权关系。交换双方为了满足需要不得不放弃自己的私有财产，每一个人通过货币把私有财产转让给别人。可见，私有财产权在法律上的确立是交换的必然前提，正如马克思所说："两个所有者都不得不放弃自己的私有财产，不过，是在确认私有权的同时放弃的，或者是在私有权关系的范围内放弃的。因此，每一个人转让给别人的是自己的私有财产的一部分。"①

其实，把货币看作交换的中介是国民经济学的一个常识性看法，马克思超越的地方就在于深刻地认识到了货币的本质，"货币的本质，首先不在于财产通过它转让，而在于人的产品赖以互相补充的中介活动或中介运动，人的、社会的行动异化了并成为在人之外的物质东西的属性，成为货币的属性"②。从这里我们可以看出，货币作为交换的中介仅仅表达了货币的经济学意义的社会功能，而货币的本质就在于"产品赖以互相补充的中介活动或中介运动"，在于"人的、社会的行动"，也就是说，货币的本质根源于人与人之间结成的社会联系的性质。马克思认为，当社会联系的中介外化为货币时，货币取代了人本身成为支配世界的力量，谁拥有货币，谁就拥有了支配世界的权力，权力的大小与拥有货币的数量成正比。这样，在现代市民社会中就发生了一种严重的颠倒：创造了社会历史本应作为人类主体的劳动者却变成了客体，作为中介关系定在的货币却取得了主体地位，资本家正是通过占有这种中介关系而获得了对工人的支配权。

---

① 马克思：《1844年经济学哲学手稿》，人民出版社2000年版，第173页。
② 马克思：《1844年经济学哲学手稿》，人民出版社2000年版，第164—165页。

私有财产的交换催生了货币，那么，私有财产是如何产生的呢？在《手稿》中，马克思批判了国民经济学家独断地把私有财产的存在看作是某种不言而喻的事实性存在，不需要研究私有财产的起源、前提，他指出私有财产是异化劳动的直接结果，异化劳动是确立私有财产的原因，二者的关系是原因与结果的关系，是第一性的东西和第二性的东西之间的关系，二者的关系不能发生颠倒，相反的结论无法成立。可见，私有财产是人类劳动的产物，但不是一般劳动的产物，否则私有财产就成为人类生存的永恒条件，而是特定历史时期的暂时产物，即仅仅是异化劳动的产物。当消灭了异化劳动，劳动变成自由劳动的时候，私有财产作为一种特定的财产形式就会被真正人的、社会的财产形式所取代，这时以货币为中介的私有财产之间的交换就丧失了存在的社会环境，人与人之间的联系就不需要货币的中介作用，而变为符合人的本性的类的联系。马克思与洛克、斯密等主流政治哲学家关于财产权的最大不同就在于：他们认为私有财产权是实现自由的最重要方式，是最重要的自然权利，私有财产神圣不可侵犯，而马克思首先关注的是财产权的政治压迫性，财产权是剥削工人的合法凭证，为了实现人的自由全面发展，必须废除财产权，重新建立个人所有制，以期使社会中的每一个人都能分享财产所带来的收益。正如汤姆·洛克曼所说，"马克思从来不主张保护一般制度上的财产权，也不主张保护特定经济观念上的财产权，它们都把一定历史时期内存在的私人财产权看作整个社会自由实现的必要条件"[①]。在马克思看来，私有财产权至多使少数财产所有者获得收益，它会拉大人与人之间的经济差距。

当私有财产通过异化劳动产生之后，私有财产又进一步加剧了劳动的异化，劳动在更高程度上的异化又使私有财产更大程度地积聚，二者从因果关系变成了相互作用关系，陷入了恶性循环。"尽管私有财产表现为外化劳动的根据和原因，但确切地说，它是外化劳动的后果，正像神原先不是人类理智迷误的原因，而是人类理智迷误的结果一样。后来，这种关系

---

① ［法］汤姆·洛克曼：《马克思主义之后的马克思》，杨学功、徐素华译，东方出版社2008年版，第237页。

就变成相互作用的关系。"① 在《手稿》中，马克思意识到了劳动创造财产权的悖谬：劳动创造的财产不归劳动者所有，反而归他者即资本家所有，也就是说劳动与财产权发生了分离。因此，被古典政治经济学家看作天然合法的财产权，在马克思看来却是非法的，它是不通过支付等价物就可获得他者劳动的权利。不具有任何财产的工人为了获得工资（货币）不得不屈从于资本的逻辑，不得不出卖自己的劳动力，去创造统治自己的客观力量，这种越来越大的不受人控制的客观力量在近代市民社会以货币的形式表现出来，货币成为统治人的上帝，本应作为手段的货币却变成了一切活动的目的，货币不可避免地发生了异化。

二、货币异化：货币异化为"真正的上帝"

货币作为社会经济活动的"润滑剂"和"牵线人"，极大地促进了以使用价值为目的的自然经济的瓦解和以交换价值为目的的商品经济的兴起，在历史发展中起到了"主动轮"的作用。由于对货币的这种社会历史作用的深刻洞悉，美国学者卡弗富有见地地指出："马克思在货币概念中对于整个社会概念结构的具体探索，构成了马克思政治经济学批判和资本主义经济模式批判的主题。理由是：马克思把货币看作是剩余产品交换发展的概念与实践，是资本的概念与实践前提。"② 具有购买一切东西特性的货币激起无数人为之发疯和着魔，人们对货币的渴求，就像鹿渴求清水一样，货币被当成万能之物，除了拥有货币的欲望之外，人没有任何其他一切欲望，货币成为市民社会"真正的上帝"。作为人的创造物的货币却成为人世间的主宰，人被他自己的创造物奴役，跪倒在自己的创造物面前，为了获取货币，人不惜牺牲生命和人性，这就是货币异化现象。可见，货币在市民社会中表现出了典型的两面性：既能促进社会发展，又导致了货

---

① 马克思：《1844年经济学哲学手稿》，人民出版社2000年版，第61页。
② ［美］卡弗：《政治性写作：后现代视野中的马克思形象》，张秀琴译，北京师范大学出版社2009年版，第41页。

币异化、货币拜物教现象的产生。但是，只要交换关系还存在，只要资本生产方式还是占统治地位的生产方式，货币功能的成熟度、货币形态的发达程度仍然是衡量社会进步的重要尺度。下面，我们首先来看货币异化及其现实表现。

马克思在《问题》中对货币的特性做了这样一个概括："金钱是以色列人的妒忌之神；在它面前，一切神都要退位。金钱贬低了人所崇奉的一切神，并把一切神都变成商品。金钱是一切事物的普遍的、独立自在的价值。因此它剥夺了整个世界——人的世界和自然界——固有的价值。金钱是人的劳动和人的存在的同人相异化的本质；这种异己的本质统治了人，而人则向它顶礼膜拜。"[①] 在这里，马克思把货币比作宗教中的神，在宗教中，神成为社会的主体，人处于依附地位，匍匐在神的脚下，而在日常生活中，货币取代了神在宗教中的地位成为社会的主体，人已经丧失了控制自己命运的能力，这种能力转移到了异己的货币之中。与《莱茵报》时期相比，马克思此时已不再把对物质利益的追逐看作是下流的唯物主义，而是从理论上开始正视这是现代市民社会的一个本质方面。在《问题》中，马克思指出，虽然在政治生活中，犹太人在名义上不享有政治权利，但是在现实生活中却掌握着巨大的政治权力，因为他们拥有支配世界的货币，在观念中政治权力凌驾于货币之上，而在实际生活中前者却是后者的奴隶。对经济问题的关注使马克思开始不自觉地思考这个问题：经济生活的异化是政治生活异化的基础。通过货币的引入，马克思已开始注意到之前对市民社会的批判缺乏经济学的视角，于是在赫斯《论货币的本质》和恩格斯的《国民经济学批判大纲》的影响下，开始投身于书籍的海洋，疯狂地研究政治经济学。而对货币本质的洞悉只有通过政治经济学的深入研究才有可能，与《问题》仅仅关注货币的消极作用相比，在《穆勒摘要》和《手稿》中，由于经济学研究的逐渐深入，马克思已经意识到货币是社会联系的"纽带"，是经济活动的"牵线人"，洞悉到了货币在现代市民社会中的不可或缺性，开始从社会关系中思考货币的本质。

---

① 《马克思恩格斯全集》第3卷，人民出版社2002年版，第194页。

货币具有占有一切对象的特性，它能使不同的事物，甚至是对立的事物之间具有可比较性和可交换性，这是货币的一个根本特性：价值通约性。由于货币具有价值通约性，它能够使对立的事物相互转化，这实质上扼杀了价值的丰富多彩性。众所周知，不同类型的价值之间很难进行通约，存在着许多用货币买不到的东西。借用康德的术语来表达，道德世界中的价值与现象界中的价值无法通约，人自身的道德、义务、信仰等价值无法用货币来衡量，这种衡量的一个直接后果就是对康德第二条绝对命令的背离：人不再被视为目的，而仅仅是获得货币的手段，人陷入货币的泥沼中无法自拔，其超越性的本体向度被遮蔽了。对文学经典具有浓厚兴趣的马克思在《手稿》中曾长篇引述莎士比亚的戏剧《雅典的泰门》对货币的价值通约性进行尖锐的讽刺：货币"只这一点点儿，就可以使黑的变成白的，丑的变成美的；错的变成对的，卑贱变成尊贵，老人变成少年，懦夫变成勇士……这黄色的奴隶可以使异教联盟，同宗分裂……它可以使鸡皮黄脸的寡妇重做新娘"①。可见，异化为上帝的货币具有"神奇的"颠倒黑白的力量，它能够使一切事物进行普遍的混淆和替换。

货币作为测量标准能够使不同的价值进行通约和划等号，这本身就暗含着向量的"无限性"进行扩张的必然性，货币的量随着市场经济的确立逐渐成为货币的最强有力的属性。"贮藏货币的欲望按其本性是没有止境的。货币在质的方面，或按其形式来说，是无限的，也就是说，是物质财富的一般代表，因为它能直接转化成任何商品。但是在量的方面，每一个现实的货币额又是有限的，因而只是作用有限的购买手段。"② 货币的这种质的无限性和量的有限性之间的矛盾，激发起人们的贪婪欲望，使用一切可利用的手段不断地去超越已经获得的有限趋向无限，这是永无止境的过程，货币的本性就是要不断地超出自己的界限。在这种意识形态的支配下，一切人为了追求货币都不讲道德。"只要私有财产和货币制度对人的统治一天不消除，道德始终就只能是装装样子的道德。它和经济之间的关

---

① 马克思：《1844年经济学哲学手稿》，人民出版社2000年版，第141页。
② 马克思：《资本论》第1卷，人民出版社2004年版，第156页。

系表现为外在的对抗性。"① 经济的高度发展以牺牲人的道德和尊严为代价，创造了高于以往历史财富总和的现代市民社会却把道德拉到了历史的最低点。

马克思认为，依靠货币的中介关系而对我存在的东西，即能够用异化为上帝的货币购买的东西是我本质力量的直接延伸。我拥有的货币数量有多少，我的力量就有多大，货币的特性和本质就是货币占有者的特性和本质。我能够做什么以及我是什么并不取决于我个人的特性，而是由货币决定的。由于货币的这种"万能"作用，追求货币的需要成为压倒和统摄了其他一切需要的唯一需要，泯灭了需要的丰富性，人成为了单向度的存在物。为此，马克思尖锐地批判了把货币看作唯一需要和真正需要的国民经济学。为了最大程度地赚取货币，国民经济学家把工人的需要标准仅仅维持在牲畜般维持最低肉体生活这一层次上，他把工人看作是没有需要的存在物，正如他把工人的活动看作是一切活动的纯粹抽象。国民经济学家"把工人的需要归结为维持最必需的、最悲惨的肉体生活，并把工人的活动归结为最抽象的机械运动；于是他说：人无论在活动方面还是在享受方面再没有别的需要了；因为他甚至都把这样的生活宣布为人的生活和人的存在"，它的基本信条是"自我克制，克制生活和克制人的一切需要"。② 因此，国民经济学仅仅把人当作工人——劳动的动物来考察，它只考察劳动时的工人，对于工人的其他一切不能赚取货币的多样性和丰富性任由资本的逻辑肆意摧残。可见，国民经济学只是发财致富的科学，货币是它的唯一追求。

工人为了获得被异化为上帝的用来购买基本生存资料的货币，不得不过度劳动，牺牲自己的时间和自由。在马克思的早期著作中，由于经济学研究尚未深入，并没有对时间作出更深入的分析。后来，在《资本论》及其手稿中，时间成为马克思政治经济学批判的一个核心命题，他把经济归结为时间的经济，把一切节约归结为时间的节约。他指出："时间是人类发展的空间。一个人如果没有自己处置的自由时间，一生中除睡眠饮食等

---

① 《孙伯鍨哲学文存》第 4 卷，江苏人民出版社 2010 年版，第 48 页。
② 马克思：《1844 年经济学哲学手稿》，人民出版社 2000 年版，第 122—123 页。

纯生理上必需的间断以外，都是替资本家服务，那么，他就还不如一头载重的牲畜。他不过是一架为别人生产财富的机器，身体垮了，心智也犷野了。"① 只有在可自由处置的时间中才超越了经济必然性的限制，才能体现发挥自己本性的自由本质，这就是马克思时间观的核心。马克思强烈反对资本对自由时间的占有，资本具有像狼一样的贪欲，尽可能地把工人的自由时间变成创造剩余价值的劳动时间，甚至连工人的吃饭时间也被克扣，尽量把吃饭时间整合进生产过程中。对于资本来说，工人的意义就在于一生都被看作用于资本增殖的劳动力。

三、货币文明：货币成为社会联系的纽带

由于继承并发展了黑格尔思辨的辩证方法，马克思在对任何现存事物的批判中都同时包含着对现存事物的肯定理解。货币当然亦是如此，马克思在对货币异化、货币幻象的批判中，同时包含着对货币文明的肯定性理解。而对马克思货币文明思想的研究，尤其是对早期马克思著作中货币文明思想的研究在国内学术界并未引起足够的重视。货币的文明作用主要表现在：货币作为社会联系的纽带和各民族的牵线人，它打破了前资本主义社会人对人的依赖关系，扩大了人的交往，促进了全球一体化和世界市场的形成，而人的解放程度是与交往程度一致的，人的交往程度越高，解放程度也就越高；当货币被用作创造剩余价值的资本时，货币表现出了强大的生产功能，推动了生产力的巨大发展。马克思对货币的思考是与实现人的自由解放这样一个宏伟目标结合在一起的，要实现人的自由解放就必须扬弃货币异化，吸收货币的文明要素。深受马克思货币哲学影响的齐美尔指出，货币在现代市民社会中的文明作用主要表现在两个方面：一方面通过货币的纽带作用"把最偏远的东西结合在一起，建立各种愈来愈广泛的社会的圈子"；另一方面，货币经济旨在强调个人独立，个人的自主性，

---

① 《马克思恩格斯选集》第 2 卷，人民出版社 1995 年版，第 90 页。

它"使个人人格有可能达到最高的保留、个体化和自由"①。齐美尔的这一思路显然受到了马克思货币文明理论的影响,但他又没有达到立足于人的解放研究货币问题的高度。

作为社会联系纽带的货币瓦解了前资本主义社会人对人的依赖关系,使这种关系演变为以货币为媒介的交换关系,促使了传统共同体的没落。在前资本主义社会,个人从属于一个较大的共同体,这个共同体最初表现为家庭,后来表现为由家庭组成的氏族中。个人的身份、地位、角色都是由共同体决定的,个人没有权利重新进行选择,因为整个人都被囊括在共同体稳定的结构之中,这种结构表现为以血缘、性别、等级为基础的自然关系。因此,在前资本主义社会,人的交往范围非常狭窄,只具有在血缘关系或地缘关系基础上的有限交往。与这种直接统一的共同体形式相反,货币促成人与人之间建立多种多样的联系,它使人与人之间的联合超出了地缘和血缘的限制,因而扩大了人与人之间的交往,并随着货币经济的发展,这种交往仍将继续扩大。作为交往中介和社会联系纽带的货币促使了历史由民族性、地域性逐渐向世界性转变,促使了世界市场和全球化的形成。过去那种各民族之间闭关自守、自给自足的相互隔绝状态由于货币这个牵线人变得相互依赖、相互影响。19世纪中叶,新的金矿的发现对世界交往的促进这一历史事实证明了马克思这种判断的正确性。货币促进了交往的扩大,也间接地促进了人的解放程度的提高。马克思认为,"每一个单个人的解放的程度是与历史完全转变为世界历史的程度一致的……只有这样,单个人才能摆脱种种民族局限和地域局限而同整个世界的生产(也同精神的生产)发生实际联系,才能获得利用全球的这种全面的生产(人们的创造)的能力"②。从这里可以看出,马克思对货币问题的思考始终是从人学向度出发的,与对人的研究密不可分地结合在一起。从这个意义上来说,马克思的货币哲学也就是从货币的视角研究人的哲学。

作为社会联系纽带的货币,其文明作用的另一个典型表现体现在货币

---

① [德]齐美尔:《社会是如何可能的》,林荣远编译,广西师范大学出版社2002年版,第72页。
② 《马克思恩格斯选集》第1卷,人民出版社1995年版,第89页。

可以转化为资本，资本作为历史上一种最有效的生产方式极大地促进了物质财富和自由时间的增长。对马克思货币哲学产生重要影响的赫斯在《论货币的本质》中指出，我们今天所处的世界就是个人利己主义占主导地位的"小商人世界"，货币是小商人世界的本质，犹如上帝是基督教天国的本质一样。① 可见，赫斯对货币以及货币与人的关系的理解始终没有超出流通流域，而马克思在根本上超越赫斯的地方就在于不仅把货币理解为交换关系，而且理解为其范围更为广阔、其内涵更为丰富的资本关系。资本从实质上来看是一种迄今为止最为发达的生产方式，它打败了家庭制、奴隶制、农奴制等建立在人的依赖关系基础上的一切旧的生产方式，瓦解了人格之间的相互依赖性，促使了个人意识、个人自主性的逐渐觉醒。作为一种最有效的生产方式不仅客观上扩大了人与人之间的联系，而且创造了巨大的物质财富，尽管这种创造不得不以异化的形式呈现出来。"资产阶级在它的不到一百年的阶级统治中所创造的生产力，比过去一切世代创造的全部生产力还要多，还要大。"② 而物质财富的巨大增长正是实现人的自由全面发展的前提条件之一。

总体而言，马克思把货币看作私有财产交换的中介，一切私有财产都可通过交换转化为货币，并可通过货币而交换另外一切私有财产。作为社会经济活动"润滑剂"和"牵线人"的货币具有典型的两面性：一方面，由于具有购买一切东西的特性货币被异化为现代市民社会真正的上帝，货币被当成万能之物，使得无数人为之发疯和着魔，人跪倒在货币的脚下，这就是货币异化现象；另一方面，货币作为社会联系的纽带和各民族的牵线人，它打破了前资本主义社会人对人的依赖关系，扩大了人的交往，促进了全球一体化和世界市场的形成，这体现了货币的文明作用。

在现代市民社会，大多数人为了生活得更好不得不在一生的大部分时间里都把挣钱作为首要目标，因此自然而然地产生了这样一种流俗看法：生活的整个幸福和人生的全部乐趣都与占有一定数量的货币息息相关，并

---

① ［德］赫斯：《赫斯精粹》，邓习议编译，方向红校译，南京大学出版社2010年版，第144页。
② 《马克思恩格斯选集》第1卷，人民出版社1995年版，第277页。

且占有得越多，幸福指数越高，货币从一种手段逐渐上升为最高目的。货币凝结为一个中心点，人们不断地工作就是为了得到这个中心点，因为在大多数人看来，只有凭借它才能获得生活的一切快乐。在这种观念的指导下，货币异化为现实世界真正的上帝就不足为奇了。但是，只要资本生产方式没有变化，只要交换价值还是生产的目的，就不可能取消货币。货币在现代世界中仍然扮演着重要的角色，货币功能的成熟程度、货币制度的发达程度仍然是衡量社会进步的重要尺度。我们当前的任务不是要取消货币，而是要树立正确的货币世界观、货币人生观、货币价值观，因此研究马克思货币哲学不仅对于理解马克思本人的思想具有理论意义，而且对于批判货币拜物教、警示货币幻象具有重要的实践意义。在本章中，笔者只是探讨了马克思早期货币异化和货币文明思想，这仅仅是货币哲学研究的一个侧面。对于《资本论》及其手稿中的货币与人性进步、货币与自由平等、货币与社会发展、货币的真实性与虚假性等思想的研究也是马克思货币哲学亟待深化的领域。

第八章　货币与三大社会形态的变迁

收录于《马克思恩格斯全集》第二版第30、31卷的《1857—1858年经济学手稿》（以下简称《手稿》）是马克思中年黄金时代写的一部最重要的手稿，也是《资本论》的第一手稿，又被称为《政治经济学批判大纲》。《手稿》是马克思思想的实验室，在其中，由于没有正式著作主题内容、写作体例、出版环境的限制，马克思的思想自由驰骋，从一个主题跳跃到另一个主题，得出了许多令人惊叹的结论。这部手稿在马克思生前并未发表，于1939和1941年第一次以德文原文发表在莫斯科，曾作为"二战"时苏联反对德国士兵的鼓动材料和战俘的学习材料。国内学者孙承叔、王东，国外学者麦克莱伦、洛克莫尔、默斯托等敏锐地发现了《手稿》的重要性，在各自的著作中高度肯定了这一手稿的历史地位，呼吁对这一著作要进行深入系统的研究。但是，目前国内关于这部手稿的研究还处于起步阶段，与其在马克思思想中的地位极不相称，其中宝藏尚有待进一步开发。在本章中，笔者在前辈的基础上以三大历史阶段为线索探讨《手稿》中的货币与社会进步的关系。在早期《论犹太人问题》《1844年经济学哲学手稿》等著作中马克思主要从负面对货币进行了尖锐的批判，而《手稿》第一次从正面高度肯定了货币的历史功绩。在古代本源共同体的瓦解和现代市民社会兴起的过程中，货币起到了历史发展的"主动轮"的作用，改变了长期以来把阶级斗争看作历史发展唯一动力的片面看法。

一、货币与本源共同体的瓦解

在《手稿》中，马克思在对货币历史作用的分析中，第一次从历史发展的主体维度得出了三大历史阶段理论。"人的依赖关系（起初完全是自然发生的），是最初的社会形式，在这种形式下，人的生产能力只是在狭小的范围内和孤立的地点上发展着。以物的依赖性为基础的人的独立性，是第二大形式，在这种形式下，才形成普遍的社会物质变换、全面的关系、多方面的需要以及全面的能力的体系。建立在个人全面发展和他们共同的、社会的生产能力成为从属于他们的社会财富这一基础上的自由个性，是第三个阶段。第二个阶段为第三个阶段创造条件。因此，家长制的、古代的（以及封建的）状态随着商业、奢侈、货币、交换价值的发展而没落下去，现代社会则随着这些东西同步发展起来。"[①] 在这段话中，马克思不仅划分了历史演进的三大阶段："人的依赖关系"阶段即本源共同体阶段、"以物的依赖性为基础的人的独立性"阶段即市民社会阶段、"自由个性"阶段即未来共同体（自由人联合体）阶段，而且以凝练的语言概括了从第一阶段过渡到第二阶段的原因即"商业、奢侈、货币、交换价值"促使了第一阶段的瓦解和第二阶段的兴起，这是对货币历史地位和作用的最高概括，离开货币我们将无法理解现代市民社会的起源。

马克思认为，货币作为商品的一般等价物，作为交换价值的物质符号是交换本身的产物。"正像国家一样，货币也不是通过协定产生的。货币是从交换中和在交换中自然产生的，是交换的产物。"[②] 坦率而言，这种观点并非马克思的首创，亚里士多德早就指出：物物交换的不便导致了货币的产生。交换本身经历了从简单到复杂的发展阶段，在《手稿》中，马克思赞同斯图亚特在《政治经济学原理研究》中把交换划分为三个阶段：

---

① 《马克思恩格斯全集》第30卷，人民出版社1995年版，第107—108页。
② 《马克思恩格斯全集》第30卷，人民出版社1995年版，第115页。

"（1）物物交换；（2）买卖；（3）商业"①。在"物物交换"阶段，货币还没有产生，但物物交换的局限性催生了作为一般等价物、一般购买力的货币的产生，众所周知，马克思在《资本论》对价值形式的考察中详细说明了货币产生的过程。在"买卖"阶段，货币成为交换的中介，交换的目的不是货币，而是为了获得满足需要的使用价值，是为了消费这种商品。这两种交换都隶属于人类历史的第一个阶段。在"商业"阶段，货币作为财富的一般代表成为交换的目的，只有在这一阶段，货币才显示出对人类存在和发展的意义。这一发达的以货币为中介的交换存在的前提就是：一方面，人从一切固定的人格依赖关系中解放出来并获得了独立性，私人利益完全隔离；另一方面，生产者之间全面依赖和社会分工。不仅单个人的生产依赖于其他一切人的生产，而且他的产品并不是如前两个交换阶段那样为了使用，所以为了获得生活资料自然地要进行交换。

在人类历史的第一个阶段，货币关系仅仅是补充性的局部关系，因为当时占统治地位的生产方式是自然经济，其生产的目的是满足共同体需要的使用价值，其典型表现方式就是自给自足，在血缘或地缘关系的基础上共同生产、共同消费，因此在共同体内部不存在以货币为中介的交换的必要性。但是，在《手稿》中，马克思多次谈到：在人类历史的第一个阶段，的确存在着附带的、并未触及整个共同体生活的交换，它仅仅发生于不同共同体之间，并且交换仅仅涉及共同体生产的剩余物，因此，交换对生产的作用以及对社会总的影响是完全次要的，绝没有征服以自然经济为主导的生产方式。以货币为中介的交换"最初不是出现在一个社会共同体的范围内，而是出现在它的尽头，它的边界上，它和别的共同体接触的少数地点上"②，并且交换的发生和消失都是偶然的，是由偶然的欲望、需要等决定的。因此，束缚于固定的人格依赖关系的货币关系对自给自足的共同体的瓦解作用非常有限。即便是在最文明的古希腊和罗马那里，由于自然经济的绝对统治地位，货币并没有表现出它的充分的力量。例如，在罗马帝国的最发达时期，实物地租仍然是基础，货币只是在军队中得到比较

---

① 《马克思恩格斯全集》第31卷，人民出版社1998年版，第273页。
② 《马克思恩格斯全集》第30卷，人民出版社1995年版，第179页。

充分的发展，根本没有掌握经济的整个领域。货币拥有的社会力量越小，货币同交换者的人格或直接需要之间的联系越密切，个人所归属的共同体的力量就越强大。尽管如此，在人类历史的第一个阶段，货币对本源共同体的瓦解作用仍不可忽视。"古代社会咒骂货币是换走了自己的经济秩序和道德秩序的辅币。"① 但是，这种解体从历史事实上来看，并没有直接导致工业的发展，而是导致了中世纪日耳曼世界乡村对城市的统治，佃农用货币买下租地权，成为相对独立的小生产者，开始交换满足自己需要之后的剩余产品。但是，中世纪日耳曼世界却蕴含着过渡到市民社会的历史条件，这就是以个体所有为实体的共同体组织形式，共同体采取比较松散的形式，个体只是为了战争等重大事件才以共同体的形式组织在一起，其他时间个体独立于共同体，可见，中世纪日耳曼世界蕴含着发达的个人主义因素。这就为分工和商品交换提供了历史前提，而本源共同体的瓦解和市民社会的兴起正是在这个基础上才逐渐完成的。

在发达的交换制度中，本来作为手段的货币却成为了商品世界的统治者。谁拥有货币，谁就拥有了支配他人活动和社会财富的权力，拥有多少货币就拥有多少权力，他同社会的联系凝结在衣袋里随身携带的货币之中。由于货币的普遍效用和适用关系，货币成了财富的一般代表。货币的伟大历史作用就表现在作为一般财富的代表它改变了人们对财富的传统看法，改变了人们的心理目标，代替劳动产品的使用价值成为财富的源泉。由此，马克思区分了积累欲和致富欲。在人类历史的第一个阶段，只有积累欲，没有致富欲，积累欲就是积累特殊财富即使用价值的欲望，一切积累欲都是自然发生的、有限的，因为一方面受需要的制约，另一方面受产品的自然属性的制约，例如产品的体积、是否易于运输、是否易于保存、储存的设备等。而作为财富的一般代表的货币却使人们避免了这些麻烦，货币是致富欲的唯一对象，它打开了人类真正的财富源泉，由于货币在市民社会中的地位和作用，致富欲成为了人类历史发展的一大杠杆。因为劳动的目的是获得无限的货币，而不是有限的特殊产品，所以，个人的勤劳

---

① 《马克思恩格斯全集》第23卷，人民出版社1972年版，第152页。

是永无止境的，它可以采取达到目的的任何形式。因此，货币成为了发展包括物质生产力和精神生产力在内的一切生产力的主动轮。以货币为目的的生产瓦解着以直接使用价值为目的的共同体的生产，生产的无限性代替了生产的有限性。其实，休谟早就指出了人对货币的渴望会加速每个人的辛勤劳动，但是马克思超越的地方就在于指出了货币欲与历史发展的关系。

正是由于货币欲或致富欲对历史的推动作用，才最终彻底瓦解了本源共同体，促使了人类历史由第一个阶段发展为第二个阶段，人类社会由地域史、民族史才逐渐发展为世界史。马克思认为，"货币欲或致富欲望必然导致古代共同体的没落。由此产生了对立物。货币本身就是共同体，它不能容忍任何其他共同体凌驾于它之上。但是，这要以交换价值的充分发展，从而以相应的社会组织的充分发展为前提"①。在这里我们需要注意的是，由于意识形态的原因，长期以来，我们一直把阶级斗争看作是历史发展的唯一动力，而忽略了货币、资本等对历史的推动作用，可是，我们的哲学原理教科书至今尚未对这个问题作出反思。正是伴随着货币对历史推动的"主动轮"作用，现代市民社会才逐渐兴起。

二、货币与现代市民社会的兴起

货币作为经济活动的"润滑剂"和"牵线人"，作为人类活动的对象，使人们为之着迷和疯狂，不断地刺激人们的占有欲，这极大地促进了现代市民社会的兴起。但是货币作为人类活动的产物，却成了市民社会唯一的"真神"，在它面前一切神都要退位，本来作为客体的货币却成了主体，而作为主体的人反而成为货币的客体，发生了主客体的颠倒，人被他自己创造的产物奴役、支配，这就是货币异化现象。因此，在现代市民社会中，货币表现出了典型的两面性。尽管如此，只要交换关系存在，货币

---

① 《马克思恩格斯全集》第30卷，人民出版社1995年版，第174—175页。

功能的成熟度仍然是衡量社会发展的重要标尺。在现代市民社会兴起的过程中，货币的促进作用主要表现在以下几个方面。

首先，以货币为媒介的交换促进了自由工人的形成，而自由的一无所有的工人正是现代市民社会的起点。正如马克思所说："就货币在历史上也起促进作用来说……只有当货币促使被剥夺光的、丧失客观条件的自由工人形成的时候，货币才起这种促进作用。但是，这当然不是由于货币为这些工人创造他们生存的客观条件，而是由于货币加速这些工人同这些条件的分离，——使工人丧失财产。"① 从这里可以看出，货币瓦解了个人对共同体的依赖关系，促进了自由工人的形成，而自由工人正是以资本生产方式为主导的市民社会兴起的起点，因为资本生产方式以雇佣劳动为基础，雇佣劳动又必须以摆脱人身依附关系的可以自由出卖劳动力的工人的存在为前提。可见，自由工人在双重意义上是自由的：他们摆脱旧的共同体的保护关系、奴隶依附关系、农奴徭役关系而自由了；他们丧失一切财产和任何生存的客观条件而自由了，可以说除了自己的劳动力以外，自由的一无所有，他们唯一的活路就是出卖自己的劳动力以获得工资。这样一来，大量的自由工人被抛到劳动市场，在货币欲的促使下，每一个工人的勤劳都是没有止境的，极大地促进了生产的发展。另外，身份被束缚的奴隶或农奴的强制劳动决不是生产性的，倒不如说是生产力的阻碍。"乍一看，或许认为奴隶劳动的成本便宜，也可以无限制使其强制劳动，所以比自由劳动更具生产性，但并非如此。有判断说自由劳动者如果努力工作，生活会变得安逸，以此为动力，而自发地劳动，其结果是比奴隶劳动生产率更高。"② 因而，在雇佣劳动存在的地方，货币在本质上是发达的生产要素。

其次，货币促进了人与人之间的世界性联系，培育了个人关系和个人能力的全面性和普遍性，扩大了人与人之间的交往。货币作为普遍的交换手段在各民族之间建立了密切的联系，把交换的范围扩展到全球，促进了

---

① 《马克思恩格斯全集》第30卷，人民出版社1995年版，第502页。
② ［日］内田弘：《新版〈政治经济学批判大纲〉的研究》，王青等译，北京师范大学出版社2011年版，第88—89页。

世界市场的建立，过去那种闭关自守的、自给自足的民族状态被各民族之间的相互依赖取代了。19世纪中叶，新的产金地的发现对世界交往的影响证明了马克思这种判断的正确性。各民族之间的商品在货币这个一般媒介的引领下日益成为世界主义的商品，商品日益超越了宗教、民族、政治、区域的限制，把遥远的大陆都卷进了以交换价值为目的的物质生产之中。在《手稿》中马克思引用了蒙塔纳里的话来表达了自己的观点："各民族之间的联系遍及全球，几乎可以说全世界变成了一座城，其中举行着一切商品的不散的集市，每个人坐在家里就可以用货币取得别处的土地、牲畜和人的勤劳所产生的一切来供享受。"① 因此，发达的货币关系必然导致本源共同体的瓦解和全球化的形成。在本源共同体阶段，每个人都无法摆脱自己特定的人格规定，每个人都受制于共同体，人的交往范围仅仅是在血缘关系基础上的有限交往，人的社会关系非常简单。在现代市民社会阶段，作为纽带的货币超越了局限于固定界限内的自给自足的满足，超越了对自然的崇拜，超越了民族界限和偏见，因而人与人之间的联系具有了世界性。可见，在马克思看来，全球化与世界市场乃是货币自发运动的必然结果，今天的现实已经证明马克思关于全球化的预见具有无法否认的先见之明。

再次，以货币为中介的交换确立了现代市民社会的平等和自由原则。马克思指出："交换，在所有方面确立了主体之间的平等，那么内容，即促使人们去进行交换的个人和物质材料，则确立了自由。可见，平等和自由不仅在以交换价值为基础的交换中受到尊重，而且交换价值的交换是一切平等和自由的生产的、现实的基础。作为纯粹观念，平等和自由仅仅是交换价值的交换的一种理想化的表现；作为在法律的、政治的、社会的关系上发展了的东西，平等和自由不过是另一次方上的这种基础而已。"② 可见，自由和平等仅仅发生在交换领域，每一个人都是平等的交换主体，每一个人都必须自觉自愿进行交易，任何人都不得无偿占有他人的劳动成果。但是，在生产领域，当工人让渡自己的劳动力之后，工人就不能自由

---

① 《马克思恩格斯全集》第31卷，人民出版社1998年版，第338页。
② 《马克思恩格斯全集》第30卷，人民出版社1995年版，第199页。

支配了，他转而受资本的控制，服从资本的指挥；在生产领域，来源于工人自己劳动的剩余价值却被资本家无偿占有了，因而产生了不平等现象。尽管如此，自由和平等原则的确立与古代社会的人身依附和强制劳动相比仍然是人的一次具有革命意义的解放，是一种历史的进步。受马克思货币哲学影响较大的西美尔也认为，货币的产生带来了一个平等自由的世界，它是历史进程产生的"最高尚、最值得尊敬的结果，即建立一个没有冲突、没有相互压迫的世界，不仅不必排挤他人就可以拥有并享受到价值，而且有成千上万次获得诸如此类的价值的机会"①。虽然，以货币为中介的交换改变了人们的生活、生产方式，确立了平等和自由的原则，但是马克思认为交换领域的平等和自由具有极大的片面性：交换双方对彼此的"人格性"漠不关心，他们只关心自己的价值能否得到实现，在这里每一个人都把另一个人当作手段相互利用，因此，马克思把交换领域的自由和平等称为"彼此漠不关心"的自由和平等。

最后，作为资本的货币创造了极大的物质财富和自由时间，货币转化为资本使货币具有了强大的生产功能。资本是能够带来剩余价值的价值，它表现为一种无止境的和无限制的欲望。资本打败了家庭制、奴隶制、农奴制等一切旧的生产方式，第一次使自然科学直接为生产服务，它调动了自然界、社会交往、社会结合的一切力量，因而创造了超过以往所有时代总和的物质财富，为自由王国的实现创造了必要的物质基础。另外，马克思认为资本作为最有效的生产方式极大地缩短了人们的劳动时间，"节约劳动时间等于增加自由时间，即增加使个人得到充分发展的时间"②，自由时间是人类生存和发展的空间，只有在自由时间中，个人在科学、艺术等方面才能得到发展，才能逐渐变成全面的个人。马克思在《资本论》中指出："自由王国只是在必要性和外在目的规定要做的劳动终止的地方才开始；因而按照事物的本性来说，它存在于真正物质生产领域的彼岸……在这个必然王国的彼岸，作为目的本身的人类能力的发挥，真正的自由王国，就开始了。但是，这个自由王国只有建立在必然王国的基础上，才能

---

① ［德］西美尔：《货币哲学》，陈戎女等译，华夏出版社2002年版，第218页。
② 《马克思恩格斯全集》第31卷，人民出版社1998年版，第107—108页。

繁荣起来。工作日的缩短是根本条件。"① 从这里可以看出，资本奠定了自由王国实现的两个前提：一是物质财富的极大丰富，二是自由时间的增加。

显然，伊格尔顿对于资本生产方式有点过于悲观了：资本主义在物质方面取得了巨大的进步，尽管它组织事务的方式已经在很长一段时期表明它有潜力满足人类的全面需求，但事实上它并不比之前的社会制度做得更出色。② 从以上我们论述的几点可以看出货币在现代市民社会中的文明作用，但是马克思的深刻之处就在于在对货币的肯定中理解中同时包含对货币的否定的理解，可以说马克思是第一位看到货币在市民社会中既具有压迫力量，又具有解放力量的思想家。其实，早在马克思之前，康德已经从道德哲学的角度对货币异化现象进行了尖锐的批判，但是却没有看到货币的解放力量。马克思指出由于货币在市民社会中所具有的购买一切东西的特性，使本来作为手段的货币却变成了主体，而人则变成了货币的客体，货币不可避免地发生了异化。货币异化以及货币拜物教的盛行导致了超越性的丧失，导致了精神生活的物化，追求自我解放的人迷失在非理性的快感体验之中。现代市民社会的种种异化现象表明它本身远非一个理想的社会，马克思对货币的警示性批判使我们意识到以交换价值为目的的生产的过渡性和有限性。马克思认为异化的产生与异化的扬弃走的是同一条道路，现代市民社会的内部产生了瓦解自身的条件，以货币为基础的现代市民社会产生出一些炸毁这个社会的生产关系和交往关系，但这种新型生产关系必须具有超越以往生产关系的先进性，否则一切炸毁的尝试都是堂吉诃德式的幻想，尽管这种炸毁的观念在头脑中演绎了千万次。

三、货币的取消与未来共同体的展望

从第一阶段到第二阶段的历史演进表明货币关系逐渐统摄了全部劳

---

① 马克思：《资本论》第 3 卷，人民出版社 2004 年版，第 928—929 页。
② Terry Eagleton, *Why Marx Was Right*, New Haven: Yale University Press, 2011, p. 10.

动,尚未实现的第三阶段扬弃了第二阶段以货币为中介的结合方式,正因如此,以个人自由全面发展为标志的第三阶段才表现出了向第一阶段的某种程度的回归,但实质上是更高历史层次的跃迁。这再一次显示了黑格尔三段论式的螺旋上升的思辨辩证法对马克思的强劲影响,尽管马克思在许多方面批判了黑格尔,可由于这一点使马克思一直对黑格尔保持深深的敬意。第三阶段继承了第二阶段在无意识中创造的主体和客体两方面的条件,因而与第一阶段断裂开来。在第一阶段,个人意识尚未觉醒,个人的身份、地位、角色都是由共同体决定的,他们作为非自由人相互依赖;在第三阶段,个人意识充分觉醒,个人关系和个人能力得到了全面发展,每一个人都是社会化了的自由个人,每一个人的自由和其他人的自由和谐共处,组成了自由人联合体,他们作为自由人相互依赖,被第二阶段遮蔽了的共同结合方式重见天日。每一个人都以主体的形式意识到自己是联合体的成员,自己是类的存在物,单个人的固有力量不再以非人的形式表现为异化的力量,而是表现为社会的力量,每一个体性都变现为扯掉了第二阶段异化外衣的共同存在性。人性以及人与人之间关系的这种变化蕴含在以交换价值为目的的生产中,第二阶段为第三阶段的出现做好了准备,这就是第二阶段的世界历史意义。马克思在《手稿》中多次表达了这一思想,其中下面这一段话表达得尤其清楚,"全面发展的个人——他们的社会关系作为他们自己的共同的关系,也是服从于他们自己的共同的控制的——不是自然的产物,而是历史的产物"①。

马克思预言在人类历史的第三个阶段货币制度将会消亡,由此结束了人类的史前史,开始了正史。但是,货币的取消必须建立在共同生产的基础上,因为共同生产不需要交换,每个人都可以根据自己的劳动时间取得其中的一份额。"共同生产,作为生产的基础的共同性是前提。单个人的劳动一开始就被设定为社会劳动。因此,不管他所创造的或协助创造的产品的特殊物质的形态如何,他用自己的劳动所购买的不是一定的特殊产品,而是共同生产中的一定份额。因此,他也不需要去交换特殊产品。他

---

① 《马克思恩格斯全集》第30卷,人民出版社1995年版,第112页。

的产品不是交换价值。这种产品无须先变成一种特殊形式,才对单个人具有一般性质。在这里,不存在交换价值的交换中必然产生的分工,而是某种以单个人参与共同消费为结果的劳动组织。"① 可见,在第三个阶段,共同生产以生产的共同性为前提,并不是以相互独立的个别劳动和劳动产品之间的交换为中介,劳动成为社会性的劳动,每一个人都可以用自己的劳动从社会总产品中获得自己应得的一份。因此,以交换价值为目的的资本生产被以使用价值为目的的共同生产所取代,那么作为交换中介的货币也就没有存在的必要了。正如日本市民社会派马克思主义者望月清司所认为的那样,在第三个阶段,"即使货币还会存在,但它已经失去了在私人所有=私人交换体系下那一作为社会联系凝结形式异化态的意义,即失去了作为'货币制度'的意义"②。

马克思展望了未来共同体阶段的劳动形式:扬弃了个别劳动的社会劳动是真正自由的"劳动",当然此时称劳动(labour)已不再合适,那么对于这种"劳动"究竟可能是什么,马克思提到了作曲。马克思反对"像傅立叶完全以一个浪漫女郎的方式极其天真地理解的那样",把劳动视为"一种娱乐,一种消遣"。他认为,"真正自由的劳动,例如作曲,同时也是非常严肃,极其紧张的事情"。③ 在这里马克思把"真正自由的劳动"视为像"作曲"活动那样,是一种艺术创造、艺术活动。当然,自由并不是毫无规则地为所欲为,马克思继承了康德的自由思想,认为真正的自由是自律,自己给自己立法,自己遵守自己所立的法则,而不再受制于人无法控制的力量。所以,单个人的自由劳动也不是随意的毫无规则的,他们之间有必须遵守的合作方式,只不过这种合作方式是由联合起来的生产者共同建立的,而不是由占统治地位的社会制度强加给他们的。在这种结合方式下,一方面,每一个人都自觉自愿地参加直接的生产过程,另一方面,每一个人由于是社会有机体的一个分支都参与整个社会的计划分配。

---

① 《马克思恩格斯全集》第30卷,人民出版社1995年版,第122页。
② [日] 望月清司:《马克思历史理论的研究》,韩立新译,北京师范大学出版社2009年版,第292页。
③ 《马克思恩格斯全集》第30卷,人民出版社1995年版,第616页。

可见，马克思对自由劳动的描述具有远远超越现实的理想性，因此，尽管马克思一生都把空想社会主义作为批判的靶子，力图与它们划清界限，但是仍有不少人批判马克思的自由人联合体为乌托邦，例如，阿伦特就曾指出马克思的无阶级无国家无劳动的理想社会具有乌托邦的性质。

当然，第三个阶段迄今尚未实现，我们还处在人类历史的第二个阶段。马克思认为，在以交换价值为目的的生产还占统治地位的时，取消货币或者是向第一阶段的倒退，或者是向第三阶段的跃迁。马克思指出："在发达的货币制度下，生产只是为了交换，或者生产只是由于交换。因此，如果取消货币，那么人们或者会倒退到生产的较低的阶段（和这一阶段相适应的，是起附带作用的物物交换），或者前进到更高的阶段，在这个阶段上，交换价值已经不再是商品的首要规定，因为以交换价值为代表的一般劳动，不再表现为只有通过中介才取得共同性的私人劳动。"① 因此，只要交换价值还是生产的目的，货币还是财富的一般代表，也就是说只要生产方式不变，那么仅仅在流通流域取消货币就只能是不切实际的幻想。"只要交换价值仍然是产品的社会形式，废除货币本身也是不可能的。必须清楚地了解这一点，才不致给自己提出无法解决的任务，才能认识到货币改革和流通革新可能造成生产关系和以生产关系为基础的社会关系的界限。"② 为此，马克思在《手稿》中对蒲鲁东主义者达里蒙货币改革的空想性进行了尖锐的批判：在不改变生产方式的情况下，仅仅在流通领域进行货币制度革新表明是不可能在经济层面上超越市民社会的，市民社会的弊病也不是通过建立合理的货币制度就能废除的。

---

① 《马克思恩格斯全集》第 30 卷，人民出版社 1995 年版，第 167 页。
② 《马克思恩格斯全集》第 30 卷，人民出版社 1995 年版，第 95 页。

第三论题

资本、个人与社会

第九章　从本源共同体到现代市民社会

马克思市民社会理论是近年来学术界的热点问题,但却鲜有关于市民社会如何产生问题的论著,而不了解市民社会的起因,在笔者看来将无法真正理解现代市民社会。其实,马克思在《1857—1858年经济学手稿》(以下简称《手稿》)的《资本主义生产以前的各种形态》(以下简称《各种形态》)中详细说明了人类历史的第一个阶段向市民社会过渡的历史条件,并在阐释三种本源共同体的内涵、特征之后间接地得出了这样一个结论,即只有日耳曼共同体才有可能实现向市民社会的过渡,其他两种共同体形态如果没有外力的作用不可能进入现代市民社会。但是,《各种形态》这一研究市民社会产生问题的经典文献并未引起足够重视,人们通常通过《资本论》第一卷第24章《所谓原始积累》才对这一问题有所了解。事实上,马克思关于市民社会产生的理论主要集中于《各种形态》而不是《资本论》第24章,因为在《资本论》中,马克思仅以英国为例展开论证,缺乏普遍性且一些根本性问题并未谈到,而在《各种形态》中,马克思不仅详细考察了本源共同体的三种形态:亚细亚、古典古代、日耳曼,而且论证全面、深入、缜密,充满哲理。

一、本源共同体的三种形态

在《手稿》中,马克思把人类历史划分为三大阶段:本源共同体、市民社会和未来共同体，它们分别代表人类的过去、现在和未来。为了开出市民社会的出生证明，马克思回到人类历史的第一个阶段，并根据对土地拥有所有权人数的多少把本源共同体划分为三种空间上异质的文明圈：一个人拥有土地所有权的亚细亚共同体（以中国、印度为代表的东方社会）、少数人拥有土地所有权的古典古代共同体（以古希腊、罗马为代表的地中海世界）、多数人拥有土地所有权的日耳曼共同体（以英国、法国、德国为代表的西欧世界）。对本源共同体的划分与其说是历史性的，倒不如说是逻辑性的，我们不能把马克思对本源共同体的分析看作本来意义上的历史叙述，甚至看作历史事实。马克思的本意不是把本源共同体的真实情况忠实完整地再现出来，而是以所有—分工的视角论证市民社会的产生，他对本源共同体的分析是在这一目的域中进行的，可以说为了达到这一目的对历史进行了一定的逻辑"重构"。

通过详细的论证，马克思间接得出了这样一个结论：只有日耳曼共同体才可能独自地走向现代市民社会，亚细亚和古典古代共同体如果没有外力的作用单凭自身无法过渡到现代市民社会。因为只有日耳曼才蕴含着现代市民社会产生的两个历史前提，即"自由劳动同实现自由劳动的客观条件相分离，即同劳动资料和劳动材料相分离"、"自由劳动以及这种自由劳动同货币相交换"①。在这两个前提中，最重要的因素显然是自由劳动，自由劳动就是自由的雇佣劳动，是指劳动者摆脱人格依赖关系具有自由身份能够自由地出卖自己的劳动力。而要想使劳动者摆脱人身依附关系获得自由身份，一个根本前提就是劳动者同劳动的客观条件相分离，也就是同土地相分离，因为只有不再束缚于所依赖的土地，他才能自由地劳动，自由地被雇佣。马克思认为，只有蕴含着这两个前提的共同体形态才是适合孕育市民社会的土壤，因为市民社会的根本特征就是个人摆脱本源共同体的人身依附关系，摆脱对土地的依赖，获得自由身份。

首先，我们跟随马克思来看共同体的第一种形态。在三种共同体中，亚细亚具有最复杂的层级结构，自上而下分为三个层次："总合的统一体"

---

① 《马克思恩格斯全集》第30卷，人民出版社1995年版，第465页。

"单个的共同体""单个的人"。在1853年第一次印度通信时,马克思延续了斯密、穆勒、黑格尔等人的东方社会观,认为全土王有。在《各种形态》中,马克思得出了君主只是法律上的所有者,共同体才是实际所有者的结论,把重心转移到了共同体上。"凌驾于所有这一切小的共同体之上的总合的统一体表现为更高的所有者或唯一的所有者"[1],但这个唯一的所有者只是观念上或法律上的所有者。事实上的土地所有者是单个的共同体,单个的共同体表现为生产的基本单位,它是作为亚细亚共同体的基础存在的,因此,在亚细亚,事实上的劳动所有与法律所有是分离的。相对于共同体而言,单个人并不是土地所有者,仅仅是占有者,因为土地是由专制君主以共同体为中介赐予他的。这种占有的实际过程越稳固,亚细亚共同体的所有制形态越持久,中国2000多年的封建历史无疑证明了马克思论断的正确性。从个人与共同体关系来看,共同体才是实体,个人"只不过是实体的偶然因素,或者是实体的纯粹自然形成的组成部分"[2]。个人与共同体牢牢地长在一起,不可能摆脱共同体的羁绊,与共同体处于一种自由的关系之中。可见,在亚细亚共同体中,个人不可能获得自由身份。

马克思认为,工业和农业相结合的生产结构使亚细亚共同体能够完全自给自足,在其内部包含着一切生产和扩大再生产的全部条件,因此不可能发生劳动与土地的分离,它必然保持得最顽强最持久。虽然亚细亚各国经常改朝换代,不断瓦解,不断重建,但亚洲的社会几千年来却没有任何实质性变化,它的历史似乎是一部自然史,只是一个个朝代不断征服的历史,像自然事件一样永恒往复。马克思认为其根源就在于亚细亚社会的自给自足性,"这种社会的基本经济要素的结构,不为政治领域中的风暴所触动"[3],它不可能凭自身在内部过渡到更高形态的生产方式。在亚细亚共同体中,城市和乡村是一种无差别的统一,没有发生分离,城市只是王公贵族的营垒,只是专制君主或地方总督花费自己收入的地方,只是以农业为基础的经济结构的赘疣。在城市和乡村没有发生分离的情况下,在没有

---

[1] 《马克思恩格斯全集》第30卷,人民出版社1995年版,第467页。
[2] 《马克思恩格斯全集》第30卷,人民出版社1995年版,第468页。
[3] 《马克思恩格斯全集》第44卷,人民出版社2001年版,第415页。

发生分工的地方，进入市民社会是绝无可能的，因为市民社会正是伴随着商业、分工、交换等才逐渐兴起的。

在亚细亚共同体中，劳动者不可能丧失劳动的客观条件（土地），从而获得自由身份。"在东方的形态中，如果不是由于纯粹外界的影响，这样的丧失几乎是不可能的，因为公社的单个成员对公社从来不处于可能会使他丧失他同公社的联系（客观的、经济的联系）的那种自由的关系之中。他是同公社牢牢地长在一起的。其原因也在于工业和农业的结合，城市（乡村）和土地的结合。"① 这也难怪，在第一次印度通信时期马克思对英国在印度的殖民统治进行道义上谴责的同时，也从世界历史演进的立场赞扬了英国先进的生产方式对印度古板的社会经济结构的瓦解。马克思认为，英国在印度的殖民统治具有双重使命：一是凭借商业资本、工业资本破坏亚细亚稳固的自给自足的共同体社会；二是在破坏的同时把印度建成一个西方社会，即现代市民社会。可见，如果没有英国这个外力作用，印度不可能从本源共同体进入到现代市民社会。因为与其他亚细亚共同体一样，在印度，劳动者被束缚于共同体的自给自足的超稳定结构之中，不可能自发地发生劳动者与其客观条件的分离，劳动者不可能获得自由身份，所以也就不可能发生从第一阶段向第二阶段的过渡。

从对土地的所有关系来看，古典古代共同体存在着共同体所有和从共同体所有中分离出来的个人所有两种形态。"公社财产——作为国有财产——即公有地，在这里是和私有财产分开的。在这里，单个人的财产不像在第一种情况下那样，本身直接就是公社财产，在第一种情况下，单个人的财产并不是同公社分开的个人的财产，相反，个人只不过是公社财产的占有者。"② 以罗马为例，一部分公有地由共同体支配，其成员没有支配的权利；另一部分土地被共同体分割，由单个的罗马人所有，其产品也归他们自己支配。与亚细亚单一的共同体所有不同，古典古代共同体还存在着个人所有，亚细亚共同体中的超稳定性质以及劳动的共同性质被稀释了，遗憾的是马克思在这里并未找到通向市民社会的道路。

---

① 《马克思恩格斯全集》第30卷，人民出版社1995年版，第487页。
② 《马克思恩格斯全集》第30卷，人民出版社1995年版，第469页。

对于个人所有与共同体所有之间的关系，马克思认为，"在这里，公社组织的基础，既在于它的成员是由劳动的土地所有者即拥有小块土地的农民所组成的，也在于拥有小块土地的农民的独立性是由他们作为公社成员的相互关系来维持的，是由确保公有地以满足共同的需要和共同的荣誉等等来维持的"①。可见，共同体与个人的关系是一种相互依赖关系，一方面，单个的土地所有者是共同体的基本组成单位，共同体表现为由他们组成的对抗外界的联合体；另一方面，拥有小块土地的个人独立性、个人劳动所有是由共同体的存在来保障的。虽然二者相互依赖，但并不处于对等关系之中。"共同体……表现为劳动主体把劳动的自然前提看作属于他所有这种关系的前提，但是，这种'属于'是由他作为国家成员的存在作中介的，是由国家的存在，因而也是由那被看作神授之类的前提作中介的。"② 共同体所有占主导地位，它是个人所有的前提和保障，个人所有仅仅是共同体所有的派生物。相对于亚细亚的个人占有，古典古代的个人所有虽具有一定的自由度，但还受到强大共同体的制约，不可能成为现代市民社会个人所有的源泉。正如日本马克思主义者望月清司所认为的那样，"马克思内心很失望。因为，在第二种形态中，他虽然发现了或许在谱系上与近代市民私人所有相连的'劳动的所有者的私人所有'，但是一仔细分析，它们原来只不过是共同体所有内在矛盾的产物……它不可能被视为市民社会所有的源泉。"③

由于存在着个人所有与共同体所有两种形态，劳动在古典古代被分为必要劳动和剩余劳动。必要劳动表现为个人在自己的土地上所进行的农业劳动，体现的是私人性；剩余劳动表现为对共同体本身的维持，采取的是服兵役等形式，它"带有非经济的、政治性、宗教性的色彩，被认为是对给予自己土地的伟大国家的感谢之情的流露"④，体现的是公共性。必要劳

---

① 《马克思恩格斯全集》第30卷，人民出版社1995年版，第470页。
② 《马克思恩格斯全集》第30卷，人民出版社1995年版，第470页。
③ [日] 望月清司：《马克思历史理论的研究》，韩立新译，北京师范大学出版社2009年版，第365—366页。
④ [日] 内田弘：《新版〈政治经济学批判大纲〉的研究》，王青等译，北京师范大学出版社2011年版，第224页。

动和剩余劳动并不是对等关系，个人必须服从共同体，并用自己的剩余劳动（军务）来捍卫自己的私有地不受其他共同体侵犯。剩余劳动总是处于上位的，对共同体成员具有压迫性，不可能成为自由的劳动。

相对于亚细亚个人作为最高统一体的奴隶而言，公有地和私有地二分的经济结构使古典古代的个人获得了有限的自由，这种自由主要表现为参与共同体事务的政治自由。作为共同体成员的个人不仅在安全上依附于强大的共同体，而且在心理上对共同体也具有极强的归属感，我们几乎看不到现代人所拥有的任何个人自由权利。在古典古代，个人的私人事务受到严密监视，个人的自由权利没有得到丝毫重视，个人的公共事务却被提升为必须效忠的使命。在公共事务中每个公民都被看作拥有实权的主权者，例如，每个公民都可以参与审判、参与决定战争与和平等。但在私人领域每个公民又都被看作没有权利的奴隶，他的个人行为受到共同体法则的严格限制，他本人也可能被共同体武断地处死。宗教信仰自由作为现代一项基本人权，在古代却被看作对神灵的亵渎。法律不仅干涉个人的信仰，而且现代社会生活中的私人空间被共同体事无巨细的法则侵占得损失殆尽，以赛亚·伯林所罗列的自由清单被一项一项地撕扯下来。

因此，在古典古代，个人对共同体具有极强的依附性，虽然与亚细亚相比获得了有限的参与公共事务的自由，但并不具有自由身份，个人自由是不完全的，因此，不可能直接过渡到现代市民社会。其实，个人所拥有的参与公共事务的自由与其说是一种权利，倒不如说是一种被共同体强加的必须履行的职责。正如贡斯当所言，"古代人没有个人自由的概念。可以这样说，人仅仅是机器，它的齿轮与传动装置由法律来规制。同样的服从情形亦可见于罗马共和国的黄金时代。那里，个人以某种方式被国家所吞没，公民被城邦所吞没"①。

与亚细亚、古典古代共同体相比，日耳曼共同体采取了较为松散的形式，尽管其成员在语言、历史、亲缘关系上存在着内在的共性，但共同性、稳定性大大减弱，蕴含着较强的个人主义因素，正是日耳曼共同体的

---

① ［法］邦雅曼·贡斯当：《古代人的自由与现代人的自由》，阎克文、刘满贵译，冯克利校，上海人民出版社2003年版，第48页。

这一典型特征使马克思从中发现了孕育市民社会的可能性。马克思指出："在日耳曼人那里，各个家长住在森林之中，彼此相隔很远的距离，即使从外表来看，公社也只有通过公社成员的每次集会才存在……公社便表现为一种联合而不是联合体，表现为以土地所有者为独立主体的一种统一，而不是表现为统一体。因此公社事实上不是像在古代民族那里那样，作为国家、作为国家组织而存在，为了使公社具有现实的存在，自由的土地所有者必须举行集会。"① 被森林分割开来的各个家庭采取散居的生活方式，他们独立地进行农业生产以满足自己的生存需要，过着自给自足的生活。与亚细亚和古典古代相比，在日耳曼，共同体并不是先在的，共同体只是在为了个人共同利益的联合行为中才出现，个人及其行为是共同体存在的前提、基础，而不是相反。但是，共同体绝非可有可无，它是散居的个人及其家庭的保障，它把散居的家庭以集会的形式联合起来，共同抵御外敌，解决诉讼，举行宗教活动等。

从对土地的所有关系来看，和古典古代一样，日耳曼共同体也存在着个人所有与共同体所有两种形态。但是，在古典古代，个人所有以共同体所有为中介和前提，个人所有是共同体所有的补充物；在日耳曼二者的关系发生了翻转：共同体所有是个人所有的补充物，它以个人所有为中介。"个人土地财产既不表现为同公社土地财产相对立的形态，也不表现为以公社为中介，而是相反，公社只存在于这些个人土地所有者本身的相互关系中。公社财产本身只表现为各个个人的部落住地和所占有土地的公共附属物。"② 在日耳曼共同体中，不仅个人劳动及其产品归自己支配，而且劳动也基本上都是为自己支出的，这与亚细亚共同体中个人劳动形成强烈反差，在亚细亚大部分劳动都是被迫献给共同体的。在日耳曼，单个的家庭构成一个独立的生产中心，表现为一个经济整体，即使没有共同体的援助在经济上也能自给自足。公有地（猎场、牧场、采樵地等）可以被每一个私有者以私有者身份使用，而不是像古典古代那样以国家代表的身份使用。个体的私人所有为日耳曼共同体成员获得自由身份奠定

---

① 《马克思恩格斯全集》第30卷，人民出版社1995年版，第474页。
② 《马克思恩格斯全集》第30卷，人民出版社1995年版，第475页。

了物质基础，因为个体拥有独立的财产，能够自给自足，受共同体的约束较小。

当马克思看到在日耳曼个人所有已经几乎达到了从共同体的强制力量中解脱出来的程度时，他肯定一改在分析古典古代时的失望情绪而变得欢欣鼓舞。因为个人所有构成本源共同体解体的原因，个人所有力量的增强逐渐削弱着共同体。马克思在《给维·伊·查苏利奇的复信》中对此有直接的说明："各个家庭单独占有房屋和园地、小土地经济和私人占有产品，促进了个人的发展，而这种发展同较原始的公社机体是不相容的……就是这种二重性也可能逐渐成为公社解体的萌芽……土地私有制已经通过房屋及农作园地的私有渗入公社内部，这就可能变为从那里准备对公有土地进攻的堡垒。"① 个人所有是从内部瓦解共同体的动因，它作为异质的因素引起了共同体内部各种利益的冲突，这种冲突会逐渐破坏耕地、森林、牧场的公有制。但是，马克思在《各种形态》中并没有仅仅局限于个人所有对日耳曼共同体的瓦解，而是在个人所有的基础上从商品生产、交换、分工等货币经济现象来探讨共同体的解体和市民社会的兴起。

行文至此，我们按照马克思本人的行文顺序考察了本源共同体的三种形态，其核心是个人所有和共同体所有在三者中的力量对比关系。具体来看，从亚细亚、古典古代到日耳曼，共同体所有的力量越来越小，个人所有的力量越来越大，终于到日耳曼出现了真正的个人所有。马克思十分重视日耳曼共同体中的个人主义因素，如前所述，个人所有的出现改变了共同体的性质，预示着本源共同体的瓦解已为时不远。虽然三种共同体形态存在着结构上的差异，但同属于人类历史的第一个阶段，三者不可避免地存在着内在的一致性，这就是劳动与土地的天然统一，劳动者对土地具有极大依赖性，劳动被束缚在土地上。因此，在三种共同体中，劳动者都不可能具有自由身份，也就是不可能自由地被雇佣。

---

① 《马克思恩格斯全集》第 25 卷，人民出版社 2001 年版，第 478 页。

二、本源共同体的瓦解与市民社会的兴起

在日耳曼共同体中所产生的个人所有为分工和交换提供了前提,马克思由此看到了市民社会产生的曙光。首先,个人所有是瓦解共同体的内部力量,它为摆脱共同体的约束获得自由身份提供了必要的物质前提。其次,当个人劳动出现剩余的时候,个人拥有这些产品的所有权,这为商品交换提供了可能性。再次,家庭是日耳曼生产的基本单位,家庭是一个独立的经济整体,这有利于分工和交换的形成,因为单个家庭不可能生产所需要的全部产品,要想生存下去,必须依赖于分工和交换。再次,在日耳曼共同体中,农业和手工业的分工并不局限于共同体内部,当手工业出现之后,遭到了农业的排挤,这促使手工业逐渐在农业共同体之外建立一个不同的组织,后来这些组织逐渐演化为现代城市。日耳曼共同体的这种建立在个人所有基础上的分工、生产与交换的方式为劳动和客观条件(土地)的分离提供了可能性,进而为劳动者获得完全的自由身份奠定基础。[①]本源共同体的瓦解和市民社会的兴起最早发生在14世纪日耳曼世界的典型代表英国,那时,英国发生了在个人所有基础上的分工、交换等瓦解共同体的现象。为此,共同体成员留下了感伤的泪,因为他们不得不离开给自己以安全保障和精神慰藉的共同体,而抛入到自由的、陌生的、无助的城市,他们不得不凭借自己的劳动来维持生存和繁衍后代。但是,共同体的解体为市民社会的发展提供了自由的劳动者,促进了市民社会的兴起。

马克思在《手稿》中详细论证了以交换、分工为核心的货币经济在本源共同体瓦解和现代市民社会兴起的过程中所起的巨大推动作用。作为社会联系纽带和经济活动润滑剂的货币瓦解了本源共同体中的人格依赖关系,使这种关系逐渐演变为平等的自由交换关系,从而逐渐导致传统共同体的没落。在日耳曼共同体中,人的交往范围非常狭窄,只是局限在地缘

---

① 参见韩立新:《中国的"日耳曼"式发展道路(上)——马克思〈资本主义生产以前的各种形态〉的研究》,载《教学与研究》2011年第1期。

关系或血缘关系基础上的有限交往。作为交换手段的货币促使人们之间的联系摆脱了地缘或血缘的限制，建立广泛的社会联系。马克思在《手稿》中引用了蒙塔纳里的话表达了货币的这种作用："各民族之间的联系遍及全球，几乎可以说全世界变成了一座城，其中举行着一切商品的不散的集市，每个人坐在家里就可以用货币取得别处的土地、牲畜和人的勤劳所产生的一切来供享受。"① 传统共同体在货币经济的瓦解下逐渐没落，市民社会逐渐产生和兴起。

作为交换媒介的货币由于具有购买其他一切东西的特性，谁拥有货币，谁就拥有支配世界的权力，拥有的货币越多，这种权力就越大。为了说明货币对共同体的瓦解作用，马克思区分了积累欲和货币欲。积累欲就是积累特殊使用价值的欲望，由于受产品的体积、性质、储藏条件等制约，所以仅仅是一种有限的欲望，而当货币被看作财富的一般代表之后，它使人们避免了这些麻烦。货币打开了财富的真正之门，成为历史发展的一大杠杆。人们从事劳动的目的是获得无限的货币，而非有限的使用价值，所以，人们的勤劳是无限的，货币成了发展一切生产包括物质生产和精神生产的主动轮。以货币为目的的生产逐渐瓦解着本源共同体以使用价值为目的的生产，生产的无限性代替了生产的有限性。所以，马克思认为，"货币欲或致富欲望必然导致古代共同体的没落"②。我们需要反省的是，由于意识形态的原因，我们的哲学原理教科书长期以来把阶级斗争看作历史发展的唯一动力，忽略了货币对历史的推动作用。

从本源共同体进入市民社会体现了历史的进步，但市民社会随着历史的发展，暴露出了诸多危机。我们知道，商品经济是现代社会的主流经济形态，其价值取向是功利主义，其特征表现为为交换价值生产而不是为人本身生产，它在促进物质财富迅速增长的同时，却遗忘了人类生存的形上维度。马克思的自由人联合体作为人类历史的第三个阶段，它使人们意识到现代市民社会是一个充满矛盾的远非理想的社会，它给全人类树立了一个超越的形上之维，借此反观和批判现实，从而提升人们的生存质量。

---

① 《马克思恩格斯全集》第 31 卷，人民出版社 1998 年版，第 338 页。
② 《马克思恩格斯全集》第 30 卷，人民出版社 1995 年版，第 174—175 页。

三、马克思共同体思想的希腊元素

马克思在古希腊哲学、政治、历史等方面受过广泛训练,他从中汲取了大量的思想营养。将马克思置于古典政治哲学传统中来看,古典政治哲学为马克思政治哲学提供了重要的思想洞见。然而,从古典政治哲学视角研究和建构马克思政治哲学尚未成为学术界的中心主题。马克思关于资本主义现代性批判、个人自由、共同体和未来经济形态的思考都蕴含着古典政治哲学的思想元素。由于立足于不同的社会形态,马克思政治哲学与古典政治哲学在某些重大问题上又表现出根本的异质性。

以柏拉图和亚里士多德为代表的古典政治哲学虽然对城邦政治体制的具体看法存在着不一致,甚至形成相互对立的派别,但是它们却共享着一些基本的价值理念,形成了古典政治哲学范式,表现出共通性的基本特质。首先,古典政治哲学的根本目标是探寻最佳政制,即现实政治共同体的最佳政治秩序。在古典政治哲学那里,政制具有多样性,如君主制、贵族制、民主制、混合制等。每种政制在社会生活的重大问题上都会提出自己的主张,而且可能超出既定政制的范围,不同政制之间会不可避免地陷入冲突。正是政制的多样性及其冲突引导着古典政治哲学思考哪种政制是最佳政制。最佳政制所倡导的正义、荣誉、智慧等德性价值具有内在性和自足性,不能还原为实现个人利益的外在工具。最佳政制虽然优越于所有实际存在的政制,但却缺乏现实性,其根本原因在于人的双重本性:人介于天使与魔鬼之间。尽管最佳政制在现实生活中无法完全实现,但是却可以衡量一种既定的政制是否属于好的。

其次,古典政治哲学建构的城邦共同体具有严密的等级性,是一种机械的僵化的统一体。城邦共同体一般由自由公民、保卫者和生产者组成。自由公民是城邦共同体的真正统治者,无论城邦是哪种类型,它的最高统治权都属于公民团体。占人口绝大多数的生产者从事物质生产劳动,满足生存需要,支配这个领域的法则是生命必然性法则,无任何自由可言,其意义在于为自由公民的政治活动提供必要准备。广大生产者没有资格参与城邦公共生活，一直被排斥在公共事务之外。城邦共同体为每一个人提供了一个确定的身份和位置，任何人都不得随意更换。正义的城邦在于每个人都只做属于城邦且符合自己本性的工作，三个部分各司且只司其职，相互不得跨越。

最后，在古典政治哲学看来，城邦共同体是人们引以为傲的最有价值的财富，是最高之善，个人只有在共同体中才能获得真正的自我实现。公共生活和私人生活是内在统一的，个人埋没于共同体之中，人之所以为人就在于人的公共性品格，这是一种无条件为城邦献身的品格。古典政治哲学强调共同体优先于个体，义务优先于权利，提高共性压制个性，抹杀了个人的主体性和特殊性。为了维持城邦的公共生活和公共精神，柏拉图在他的国家理念的设计中废除了一切与主观自由原则相联系的一切规定，取消了家庭和私有财产，甚至把子女及其教育都纳入到城邦公共体系的维持和建构之中。在古希腊根本没有个人自由的观念，个人被城邦共同体吞没，个人参与公共事务并不是理性选择和自觉意识的结果，而是由自己的身份和在城邦中的位置决定的。

古希腊的公共精神和以使用价值为导向的公共经济为马克思政治哲学构建自由人联合体提供了一幅古典理想图景，为超越资本主义社会的私人分裂状态提供了大量的思想洞见。古典政治哲学的基本理念和实践对马克思政治哲学的影响主要表现在：一是古希腊的家庭经济对马克思批判资本主义交换经济和展望未来共产主义经济形态提供了重要的理论参照。古典政治哲学塑造了一种异质于资本主义交换经济的家庭经济，这种经济形态致力于实现经济之外的更高目标。古典家庭经济的基本精神使马克思反观到资本主义交换经济的利己主义特征，它以追求利润为宗旨，违背了人的自由本质，隔断了人与人之间的伦理联系，生活世界的统一性遭到瓦解。古典家庭经济只具有手段价值，为善的生活、德性的实现和共同体的稳固提供必要的物质产品，经济活动并未成为个人幸福生活的关键。古典家庭经济为马克思提供了一幅以使用价值为目的的非交换经济的图像，这种经济形态不是致力于利润的无限度增长，而是为了满足共同体的需要，实现共同善。在马克思对共产主义经济的展望中，以使用价值为原则的共同占有和共同控制生产的经济形态致力于实现经济之外的目标即个人的自我实现，从而在某种程度上表现出向古典家庭经济的回归。

二是人的生存和发展离不开共同体，共同体是实现个人价值的空间和载体，只有在共同体中，个人才能获得真正的自我实现。马克思政治哲学致力于建构实现每一个人的自由个性的自由人联合体，古希腊共同体的公共美德、直接民主和平等精神为马克思超越资本主义社会私人分裂的困境，展望未来社会形态提供了一个异质于近代西方主流政治哲学的伦理典范和价值观念。马克思倡导的未来社会生活与古典政治哲学倡导的共同生活理想具有某种程度的"家族相似性"，马克思政治哲学同样致力于实现私人生活与公共生活、个人存在与共同体存在的和谐统一。但是，个人与共同体的关系在两种政治哲学中具有根本的异质性，在古典政治哲学那里，共同体的利益具有压倒一切的优越地位，效忠共同体成为个人最高的价值原则；而在马克思政治哲学中，个人具有本体论的优先地位，共同体不是一个高居于个人之上的总体，而是处于平等的社会关系中的个人本身。

在古典政治哲学与马克思政治哲学之间存在着重要的思想史关联，重返古典政治哲学是理解和建构马克思政治哲学的一个重要切入点，然而，我们需要注意的是这种重返的限度，二者具有不可通约的异质性。资本主义市民社会是个人私利和需要的体系，是由交换经济形成的人类生活模式，是马克思政治哲学产生的根基和土壤。马克思政治哲学所面临的首要任务是通过政治经济学批判对资本主义市民社会及其生产方式进行病理学诊断，发现资本主义剥削的秘密，揭开资本主义自由和平等的假象，从而为在资本主义经济成就的基础上实现自由人联合体开辟道路。古典政治哲学的根基是自然经济，农业、地产和小手工业构成了自然经济秩序的基础，生产的目的是为了共同体的自给自足，交换只是发生在共同体之间的边界处，从而形成一个相对静止的稳定实体。古典政治哲学建构城邦政治秩序，实现共同体的稳定性，实际上是自然经济的内在要求。

就马克思政治哲学与古典政治哲学的根本宗旨而言，二者同样具有根本的异质性。古典政治哲学的宗旨是探寻最佳政治秩序，是为了实现共同体的内在稳定性，从而保证生活世界的统一性。因而古典政治哲学推行的必然是支配社会生活一切领域的共同体的价值原则，根本没有个体的主观理性和自由选择意识成长的空间。个人被束缚在一套稳固的社会关系中，他"只是作为具有某种规定性的个人"而存在。而马克思政治哲学的宗旨是为了实现每一个人的真正自由，这一自由完全超出作为西方主流政治哲学理论基石的权利自由，代表了人类社会的发展理想，与古典政治哲学倡导的德性、智慧、荣誉等同样具有超越性的价值倾向。然而，与古典政治哲学相比，马克思政治哲学的自由理想处于更高位阶，他把古希腊的自由公民理想扩展到每一个人。在自由人联合体中，不存在支配和奴役关系，人与人之间的关系是平等的交互性关系。自由人联合体的每一位成员都认为其他人是自由的，不再彼此互为手段，而是通过提高他人的自由来实现自己的自由。

第十章　资本逻辑批判与科学社会主义

科学社会主义的产生不仅使社会主义从空想变成了科学，而且是整个人类思想史上的伟大变革。"科学社会主义"这个名称之所以被采用，有两个层面的原因：一是在与空想社会主义相区分、相对立的意义上使用"科学社会主义"这个名称；二是由于历史唯物主义和剩余价值学说的创立，使社会主义变成了真正的科学。作为科学社会主义两大理论基石的历史唯物主义和剩余价值学说都共同指向了现代社会的本质与灵魂——资本。无论是对资本主义社会的历史唯物主义考察还是致力于发现剩余价值的政治经济学批判，马克思都聚焦在"资本"这一关键词上，对资本逻辑的分析与批判构成了科学社会主义科学性的理论基础。马克思在《资本论》及其手稿中反复论证资本的历史性、暂时性，反对古典经济学把资本看作永恒的，从中为超越资本逻辑提供可能性。只有超越资本逻辑，才能实现科学社会主义的理想，否则我们只能生活在由资本逻辑限定的框架之中。发展中国特色社会主义不是要取消资本，而是要在充分利用资本文明面的基础上，限制资本、引导资本、驯服资本，在利用资本与限制资本之间保持合理的张力。历史唯物主义之所以优越于西方其他思想，就在于既揭示了支撑资本主义社会经济发展的逻辑架构——资本逻辑在推动生产力增长、培育人的社会关系的全面性和丰富性、创造自由时间等方面的巨大文明作用，又揭示了资本逻辑所导致的人的发展悖论、生态悖论、两极悖论、精神异化、消费危机等资本主义社会所根本无法解决的问题，从而论证了资本主义社会的历史正当性和历史暂时性，以及被共产主义所取代的历史必然性；马克思通过政治经济学批判创立的剩余价值学说发现了资本剥削劳动的秘密，从而科学地揭示了无产阶级与资产阶级对立的经济根源以及二者关系的实质非正义性，阐明了无产阶级的历史使命和历史主体地位。可见，科学社会主义的两大理论基石有一个共同的理论和现实指向，这就是资本。因此，阐释资本逻辑与科学社会主义的关系，以及科学社会主义的最新发展——中国特色社会主义应如何看待资本，便顺理成章地成为了本章的主旨。

一、资本逻辑的透彻分析：科学社会主义科学性的理论基础

无论是对资本主义社会的历史唯物主义考察还是致力于发现剩余价值的政治经济学批判，马克思都聚焦在"资本"这一关键词上，因此，对资本逻辑的分析与批判构成了科学社会主义产生的理论基础。资本是资本主义社会的灵魂、本质、原则，是支配一切的经济权力，是解开资本主义社会秘密的一把钥匙。用马克思自己的话来说，资本是资本主义社会的"以太""普照的光"。资本主义社会的一切都被纳入到资本增殖的逻辑之中，一切都要在资本面前为自己存在的合理性进行辩护，都要接受资本的审判，否则就会被社会淘汰。资本的自我增殖本性必然冲破地域和民族的界限，形成世界性的生产体系、世界性的消费体系、世界性的市场体系，从而使全球各个民族都被纳入到资本逻辑之中。"不断扩大产品销路的需要，驱使资产阶级奔走于全球各地。它必须到处落户，到处开发，到处建立联系。"① 资本把自身的效用原则和增殖原则贯彻到地球的各个角落，打破了民族的壁垒，将孤立的地域和分散的人群整合进统一的由其主导的世界体系，从而确立对世界的普遍统治，资本按照自己的面貌创造了一个新世界。马克思之后的许多思想家，例如，马克思·韦伯从新教伦理、涂尔干

---

① 《马克思恩格斯文集》第 2 卷，人民出版社 2009 年版，第 35 页。

从科技理性、西美尔从货币试图把握资本主义社会的本质和起源,实际上并没有抓住问题的核心,尽管他们把握的这些因素包含着资本主义社会的萌芽,但是传统社会超稳定的等级结构遮蔽了这些因素。正是在资本的推动下,这些沉睡的因素才获得了激发,从而在以资本为轴心的世界史的演进中迸发出巨大的推动力量。

所谓资本逻辑就是以自我增殖为目的,以竞争为手段,占统治地位的生产关系和交换体系,它遵循的是霍布斯的丛林法则。在马克思看来,资本不是静态的观察对象,而是无限制地自我增殖、自我膨胀的运动。根据资本的无限运动本性,资本逻辑具有以下三个方面的内涵:首先,永不停息的运动逻辑。永不停息的资本运动使整个世界变得动荡不安。"生产的不断变革,一切社会状况不停的动荡,永远的不安定和变动,这就是资产阶级时代不同于过去一切时代的地方。一切固定的僵化的关系以及与之相适应的素被尊崇的观念和见解都被消除了,一切新形成的关系等不到固定下来就陈旧了。"① 马歇尔·伯曼继承了马克思的这个观点,也指出:"在这个世界上,稳定只能意味着熵,意味着缓慢的死亡。"② 资本逻辑之所以导致现代社会的动荡不安,其根本原因在于资本只有通过不断运动才能生存下去,不断运动是资本的生存方式。其次,同一性逻辑。资本主义社会中的一切都围绕着资本旋转,一切异质性的东西都被资本的生产关系和交换体系磨平,它使世界上的一切都还原为交换价值,使人的一切关系都变成极其简单的金钱关系。"它使人和人之间除了赤裸裸的利害关系,除了冷酷无情的'现金交易',就再也没有任何别的联系了。"③ 再次,竞争逻辑。工人在生产过程中创造的剩余价值只有通过资本之间的激烈竞争才能实现,这种竞争在马克思看来不过是全社会不同形态的资本分割全社会剩余价值的竞争。资本之间的竞争势必转化为对工人的压榨,为了节约成本,使工人维持在极低的生存条件上。最后,意识形态逻辑。资本的利润

---

① 《马克思恩格斯选集》第 1 卷,人民出版社 1995 年版,第 275 页。
② [美] 马歇尔·伯曼:《一切坚固的东西都烟消云散了》,徐大建、张辑译,商务印书馆 2003 年版,第 123 页。
③ 《马克思恩格斯选集》第 1 卷,人民出版社 1995 年版,第 275 页。

最大化原则成为了资本主义社会的最高原则，引导和支配着人们的思维方式和行为方式，资本成为了新的"上帝"，资本逻辑成为了占主导地位的意识形态逻辑。

资本是对剩余价值的无限追求，按其本性，它是野蛮的和不文明的，但是资本逻辑在资本主义社会的展开却显现了它的巨大文明作用，而资本的文明作用为共产主义社会的实现提供了可能性。资本的文明面表现在，"它榨取这种剩余劳动的方式和条件，同以前的奴隶制、农奴制等形式相比，都更有利于生产力的发展，有利于社会关系的发展，有利于更高级的新形态的各种要素的创造"①。从这句话我们可以直接看出资本的文明面表现在三个方面：资本的文明面之一是，较之于以往社会，它促进了生产力的巨大发展。在激烈的市场竞争中，资本通过把自然科学、发达的机器体系、高效的管理技术等并入生产过程，从而极大地提高了劳动生产率，为科学社会主义的实现创造了物质基础，而未来共产主义社会的一个基本前提就是物质财富的极大丰富。资本的文明面之二是，较之于以往社会，它极大地促进了社会关系的发展。资本"创造了这样一个社会阶段，与这个社会阶段相比，一切以前的社会阶段都只表现为人类的地方性发展和对自然的崇拜。因此，只有资本才创造出资产阶级社会，并创造出社会成员对自然界和社会联系本身的普遍占有"②。可见，资本不仅推动了生产力的巨大发展，而且还促进了人的社会关系的全面性和丰富性，通过资本的全球化运动，它使整个世界变成了相互联系的整体，提高了人的社会化和国际化程度，使每一个人的生活通过世界市场与整个世界联系在一起。资本创造出人的个性在生产、消费、需要等方面的全面性和丰富性，从而为科学社会主义的实现和人的自由全面发展提供了人性基础。资本的文明面之三是，它"有利于更高级的新形态的各种要素的创造"。对于这一点，马克思并没有给予直接说明，通过阅读《资本论》及其手稿，"新形态的各种要素"主要包括以下几个方面：资本创造了大量的自由时间，为人的自由全面发展提供了空间；资本的充分发展，为共产主义的实现创造一支庞大

---

① 马克思：《资本论》第3卷，人民出版社2004年版，第927—928页。
② 《马克思恩格斯全集》第30卷，人民出版社1995年版，第390页。

的无产阶级队伍；无产阶级在自身发展过程中，培育了大量的知识分子、科学家、管理人才等，为共产主义社会的实现提供了人才基础；等等。

在马克思看来，资本开创的历史具有解放与压迫、文明与野蛮、自由与奴役等双重特征。资本在促进社会文明化的过程中，由于其内在本性的限制又出现了多种悖论：首先，生态悖论。资本的增殖原则，决定着资本对自然界的掠夺和向自然界投放垃圾是无止境的，资本在本性上具有反生态性，但是自然资源是有限的，地球维持生态系统平衡的能力也是有限的，因此资本势必导致全球性的生态危机。20世纪70年代专门研究环境问题的罗马俱乐部撰写了一份报告《增长的极限》，以实证和数学的分析指出了地球的有限性，她不可能承担起资本主义社会的高生产、高消费和高排放。其次，两极悖论。也就是说，资本逻辑的展开必然导致收入的两极分化，且无法从根本上解决贫困问题。在马克思看来，资本集中更有利于经济发展，但是工人的收入并没有相对提高。"实际上工人得到的是产品中最小的、没有就不行的部分，也就是说，只得到他不是作为人而是作为工人生存所必要的那一部分，只得到不是为繁衍人类而是为繁衍工人这个奴隶阶级所必要的那一部分。"① 在资本逻辑的统治下，工人创造的价值越多，和他对立的资本的力量也就越强大，归他所有的东西也就越少。再次，存在与发展悖论。资本逻辑的无限展开，势必会造成人的存在与发展悖论，典型地表现在人创造的物不归人支配，反而支配人，人跪倒在自己的创造物面前，是自己创造物的奴隶，人的尊严被通约为用货币来衡量的交换价值。在资本逻辑的统摄下，不是为了自我实现，而是为了利润把人的潜能充分发挥出来充当生产力的有机构成部分，人成为机器式、动物式、贫困的"单向度的人"。最后，自由与平等悖论。以资本为核心原则与基本建制的资本主义社会，商品交换过程中所确立的自由与平等仅仅具有形式性的意义，一旦深入到生产过程或者工人的生存环境，我们发现只有资本才具有自由，而工人甚至是资本家都受资本逻辑的支配。平等只是法律意义上的形式平等，资本家无偿剥夺了工人创造的剩余价值，因而发

---

① 《马克思恩格斯全集》第3卷，人民出版社2002年版，第230页。

生了实质上的不平等现象。

在对资本逻辑的透彻分析中，马克思创立了历史唯物主义和剩余价值这两大科学社会主义的理论基石，由此才与空想社会主义区别开来，使科学社会主义具有了真正的科学性。在对资本的巨大文明作用以及所引发的多重悖论的深刻理解中，马克思一方面看到了资本的历史进步性和历史正当性，它为科学社会主义理想的实现创造了必要的物质基础、社会关系基础、阶级基础、人才基础等；另一方面，马克思通过对资本逻辑所导致的四个悖论的分析，看到了资本的历史性、暂时性，以一种必然灭亡的态度看待资本主义社会，从而论证了科学社会主义理想实现的历史必然性。可见，资本主义并不是以毁灭的方式走向历史的终结，而是人类历史自我扬弃的螺旋式上升过程，资本以异化的方式创造了巨大的解放潜能。但是，只要资本还在这个世界上占据支配地位，科学社会主义的理想就不可能实现。在对资本逻辑进行理论分析与实证考察的过程中，马克思认为实现科学社会主义的理想必须超越资本逻辑，从而揭露了在不改变生产方式的前提下通过"补救办法"改造资本主义的空想社会主义的空想性质，为科学社会主义的发展指明了前进的道路。

二、超越资本逻辑：
实现科学社会主义理想的必然要求

由以上分析我们可知，要把科学社会主义从理想变为现实，必须超越资本逻辑。只有超越资本逻辑，才能超越以交换价值为目的的生产及其所引发的多种悖论，从而使生产真正以人的需要和自由全面发展为目的，否则我们只能拜倒在我们自己的创造物面前，丧失独立性与自由，人的存在只能是悖论性的存在。马克思在《资本论》及其手稿中反复论证资本的历史性、暂时性，反对古典经济学把资本看作永恒的，从中为超越资本逻辑提供可能性。以亚当·斯密为代表的古典经济学力图证明资本的自然性、永恒性，为资本主义制度进行辩护，他们固执地认为："生产关系本身具有不变的、从人类本性产生出来的、因而与一切历史发展无关的性质。相反,对资本主义生产方式的科学分析却证明:资本主义生产方式是一种特殊的、具有独特历史规定性的生产方式……同这种独特的、历史地规定的生产方式相适应的生产关系,——即人们在他们的社会生活过程中、在他们的社会生活的生产中所处的各种关系,——具有一种独特的、历史的和暂时的性质;最后,分配关系本质上和这些生产关系是同一的,是生产关系的反面,所以二者共有同样的历史的暂时的性质。"① 对此,阿尔都塞曾经深刻地指出:"马克思从《哲学的贫困》到《资本论》对古典经济学提出的根本的责难,是指古典经济学对资本主义经济范畴的非历史的、永恒的、固定不变的和抽象的概念。马克思认为,只有赋予这些范畴以历史的性质才能说明和理解它们的相对性和暂时性。他说,古典经济学家把资本主义生产的条件变成了一切生产的永恒的条件,他们没有看到这些范畴是由历史决定的,因而是历史的和暂时的。"② 古典经济学把资本理解为能够增殖的静态的"物",没有理解为历史性的关系,确立了资本与劳动剥削关系的自然性,这实际上是一种狭隘的实证主义的非历史态度。货币、资本这些经济范畴同它们所表现的生产方式与生产关系一样都是历史的暂时的产物,绝不是非历史的永恒存在。

资本逻辑的历史性、暂时性、悖论性决定了超越资本逻辑的可能性,唯有超越资本逻辑才有可能实现科学社会主义。对于如何超越资本逻辑,吉林大学白刚教授认为,大致可分为两条路径:理论超越与实践超越。所谓理论超越就是把理论看作高于实践的,强调理论的优先地位,主张通过思想领域的革命克服资本主义社会的弊病,以思辨地复活被资本逻辑所消解的个人,也就是把理论当作拯救现实的有效途径。对于资本逻辑的理论超越,其典型表现是与马克思同时代的青年黑格尔派,他们认为:"观念、思想、概念,总之,被他们变为某种独立东西的意识的一切产物,是人们的真正枷锁……那么不言而喻,青年黑格尔派只要同意识的这些幻想进行

---

① 马克思:《资本论》第3卷,人民出版社2004年版,第994页。
② [法]阿尔都塞:《读〈资本论〉》,李其庆、冯文光译,中央编译出版社2008年版,第79页。

斗争就行了。"① 由于青年黑格尔派认为"观念、思想、概念"是"人们的真正枷锁",是支配现实世界的决定力量,因而他们在纯粹思想领域内发动了反对这个世界的概念斗争。在马克思看来,这种斗争由于缺乏历史唯物主义和经济学的视角,没有深刻认识到资本的本性,因而对这个世界的批判显得苍白无力。与青年黑格尔派不同的是,马克思确立的是超越资本逻辑的实践之路。

实践观点是马克思哲学的根本观点和首要观点。与旧唯物主义对世界的"直观"地理解和唯心主义对世界的"抽象"地理解不同,马克思哲学的革命体现在从实践出发理解人与世界的关系。由于实践本身的革命性、否定性、历史性的特质,所以马克思把人与世界的统一看作否定性的统一。马克思实践观点的确立为把资本主义社会看作历史性、暂时性奠定了世界观基础,这个社会随着共产主义实践的推进,终将被超越。"共产主义对我们来说不是应当确立的状况,不是现实应当与之相适应的理想。我们所称为共产主义的是那种消灭现存状况的现实的运动。"② 共产主义运动要消灭的"现存状况"最根本的就是要消灭处于支配地位的资本逻辑。马克思对资本逻辑的实践超越是"内在超越"而不是"外在修正",是在批判旧世界中发现新世界,"新思潮的优点就恰恰在于我们不想教条式地预料未来,而只是希望在批判旧世界中发现新世界。……如果我们的任务不是推断未来和宣布一些适合将来任何时候的一劳永逸的决定,那末我们便会更明确地知道,我们现在应该做些什么,我指的就是要对现存的一切进行无情的批判。"③ 与一切形而上学的思维方式根据一个理想的正义标准或永恒的道德原则裁量现实社会不同,马克思从"实践""感性活动"出发理解现实世界的一切。马克思眼中的现实世界是受商品、货币、资本等客观力量所控制的物化和奴役的世界,这是马克思实践超越的出发点。马克思通过对资本主义社会内在矛盾和悖论的深刻洞察,揭露了这一社会形态的陈腐与过时,从中发现了资本在旧世界所孕育的产生新世界的种种可

---

① 《马克思恩格斯选集》第1卷,人民出版社1995年版,第65页。
② 《马克思恩格斯选集》第1卷,人民出版社1995年版,第87页。
③ 《马克思恩格斯全集》第1卷,人民出版社1956年版,第416页。

能性,并通过共产主义的实践活动超越旧世界,是在旧世界的基础上逐渐地生出新世界。因此,对旧世界的批判和新世界的发现二者共同生成于对资本逻辑的实践超越这一过程之中。由于资本逻辑的顽固以及根据新境况所做的自我调适,对资本逻辑的超越并不是一下子完成的,它必定需要一个长期的历史过程。正如詹姆逊所认为的那样,今天的资本主义并没有实质性变化,仍然处在资本逻辑的统治之中。马克思所开创的超越资本逻辑的实践之路,对资本主义社会的病理学诊断仍然没有过时,马克思的历史唯物主义和剩余价值学说仍是我们这个时代的最强音。

对于如何解决资本的疯狂、贪婪以及所引发的经济危机、人的异化等现代性的深层矛盾,或者要避免海德格尔所说的人的自身生产所导致的自我毁灭的危险,唯有通过超越资本主义的私有制,实行对生产资料的共同占有才有可能。因为只有这样才能控制资本的疯狂,才能超越资本逻辑,进而使所有人共享人类文明的一切成果,而马克思科学社会主义学说的实质就在于寻求超越资本逻辑的现实道路。马克思用一种新的生产关系取代以资本为核心的经济关系:"从资本主义生产方式产生的资本主义占有方式,从而资本主义的私有制,是对个人的、以自己劳动为基础的私有制的第一个否定。但资本主义生产由于自然过程的必然性,造成了对自身的否定。这是否定的否定。这种否定不是重新建立私有制,而是在资本主义时代的成就的基础上,也就是说,在协作和对土地及靠劳动本身生产的生产资料的共同占有的基础上,重新建立个人所有制。"① 这实质上是在社会所有制的基础上把个人通过劳动创造的财产重新归还给个人,而不是作为资本的红利归资本家所有,只有这样才能把资本的权力还给人本身。正如国际著名马克思学者洛克曼指出:"从《巴黎手稿》到《资本论》,马克思始终坚持认为在整个社会发展过程中,财产权的利益是每个社会成员都能感受到的,并有可能在将来的某一天能够使所有的人在他们生活的各个部门摆脱经济规律的控制。"② 在马克思对未来共产主义社会的说明中,马克

---

① 马克思:《资本论》第1卷,人民出版社2004年版,第874页。
② [法] 汤姆·洛克曼:《马克思主义之后的马克思》,杨学功、徐素华译,东方出版社2008年版,第238页。

思一直强调要消灭私有制，消灭私有财产，生产资料由联合起来的生产者共同占有，通过控制一些人活动的客观条件而控制他们自由的社会被扬弃。由于每一个人都是"自由人联合体"的平等成员，所以每一个人和生产资料的关系同其他任何人都是一样的，而不是像阶级社会那样，一个阶级控制着另一个阶级活动的客观条件。马克思把康德普遍主义道德哲学的自我意识的平等，把洛克、卢梭等近代政治哲学的权利平等推进到社会经济领域，并由此看到了前者平等的形式性、虚假性、意识形态性，为平等的真正实现奠定了经济基础。马克思开辟了超越资本逻辑的实践之路，这是马克思的重大历史功绩。与马克思同时代的社会主义者由于缺乏历史唯物主义和政治经济学批判的实践视角，没有清晰地意识到资本的本性，把无产阶级的异化和贫困仅仅归结为作为流通媒介的"货币"，他们主张通过在流通流域废除货币建立公正的交换制度就可以治疗资本主义的弊病，实现"共产主义"，其典型代表是法国小资产阶级社会主义者蒲鲁东。马克思在《资本论》及其手稿中对这种观点进行了坚决彻底的批判，在不改变资本生产方式和生产关系的前提下，妄图通过流通领域的货币改革根除资本主义的弊病只能是一种虔诚的愿望，这充其量是在维持资本生产关系永恒存在的前提下的改良，他们从未想过要废除这种生产关系，在根本上并未超越资产阶级古典经济学家的立场。

　　正如梅扎罗斯所言，当代世界仍然是资本支配的世界，当今人类生活在一个被资本所控制的世界中，资本以各种变幻的形式不断地向全球渗透。作为一种最有效的资源配置方式和生产机制，它正在发挥着马克思所说的巨大文明作用，取消资本显然是不可能的，也是不应该的，这也是中国特色社会主义充分发展各种形态的资本的理论基础。所以，超越资本逻辑，实现科学社会主义还有很长的道路要走。因为"无论哪一个社会形态，在它所能容纳的全部生产力发挥出来以前，是决不会灭亡的；而新的更高的生产关系，在它的物质存在条件在旧社会的胎胞里成熟以前，是决不会出现的"[①]。马克思提出的超越资本逻辑实现科学社会主义的实践之

---

① 《马克思恩格斯选集》第2卷，人民出版社1995年版，第33页。

路，他对资本逻辑内在矛盾的透彻分析，并没有过时，他为在建设中国特色社会主义过程中如何认识资本、如何反省人类生存困境提供了最为深刻的思想资源。科学社会主义关于人类自由解放的理想，为反思和批判当代社会现实提供了一个先验的形上维度，犹如一盏灯塔为中国特色社会主义指明了前进的方向。

三、利用与限制：建设和发展中国特色社会主义对待资本的态度

中国特色社会主义是科学社会主义的基本原理与当代中国现实相结合的产物，可以说它既坚持了科学社会主义的基本原理，又具有鲜明的中国特色，是引导中国走向富强、民主、文明、和谐的科学原理。改革开放以来，我国不断推进市场导向的经济体制改革，确立了社会主义市场经济，实质上是主动地进入资本所主导的全球化之中，主动地迎接国际资本的流入，因为资本还具备马克思所说的巨大文明作用。在中国，资本同样一半是"天使"，一半是"魔鬼"。正当全世界对资本欢欣鼓舞、盲目追逐的时候，我们在建设有中国特色社会主义事业的过程中，必须对资本保持清醒的头脑和谨慎的态度。把社会主义与市场经济结合起来，是中国特色社会主义的重大创举。社会主义市场经济具有得天独厚的优势，一方面具有市场经济的一般特征，我们可以充分利用市场经济和资本的普遍优点，另一方面又能够运用社会主义的力量，限制资本，避免市场经济的弊端。发展中国特色社会主义不是要取消资本，而是要在充分利用资本文明面的基础上，限制资本、引导资本、驯服资本，在利用资本与限制资本之间保持合理的张力。马克思曾经指出："资产阶级的生产关系和交换关系，资产阶级的所有制关系，这个曾经仿佛用法术创造了如此庞大的生产资料和交换手段的现代资产阶级社会，现在像一个魔法师一样不能再支配自己用法术呼唤出来的魔鬼了。"① 既然资本主义已经无法支配资本这一"魔鬼"

---

① 《马克思恩格斯选集》第1卷，人民出版社1995年版，第277—278页。

了，我们只有运用社会主义的力量驯服资本了。

在历史上，苏联、东欧、中国等社会主义国家都曾实行过高度集中的计划经济体制，把社会主义看作是与资本水火不容的。这种高度集中的计划经济通过政府权力有计划、按比例配置资源进行生产，而不是通过资本市场由价值规律来配置资源。高度集中的计划经济体制是为克服资本主义社会的弊病而提出的制度设想，它通过政府权力消除私人资本的盲目竞争，使生产由于理性的设计而变得井然有序；通过按劳分配消灭剥削，消除两极分化，实现人与人之间的实质平等。这种设想的制度优越性从历史上来看并未真正实现，但却为此付出了巨大代价。首先，缺乏激励，劳动者动力严重不足。当政府成为组织生产与产品分配的主体时，各位生产者没有发挥自己特长的空间，只须听从政府的安排即可，因而缺乏动力。其次，经济结构固化，产品数量单一，缺乏消费对经济的刺激，社会经济停滞不前，一直处于物质产品的匮乏状态，人民生活水平几乎没有提高。再次，技术创新严重不足。技术创新需要知识分子有一个自由的学术环境，需要有可供自由支配的资金，更重要的是缺乏资本之间市场竞争的压力，计划经济体制根本不存在这些要素。计划经济体制在鲁品越教授看来属于模仿型经济体制，而不是经济创新体制，它是对业已成熟的技术体系的直接模仿。最后，按劳分配导致了马克思所尖锐批判的平均主义分配模式，挫伤了劳动的积极性。在实际操作中，不论是按劳动者对社会的贡献，还是按劳动者的实际有效付出进行分配都是不可能的，因此只能采用按劳动时间进行分配的平均主义模式。①

改革开放之后，把资本运行机制不仅纳入经济领域，而且推广到社会生活的各个领域。"计划多一点还是市场多一点，不是社会主义与资本主义的本质区别。计划经济不等于社会主义，资本主义也有计划；市场经济不等于资本主义，社会主义也有市场。计划和市场都是经济手段。"② 邓小平的这段话为我们破除对资本的流俗理解提供了指针。第一，社会主义与市场，进而与资本并不是截然对立的，资本不是资本主义的专利，社会主

---

① 鲁品越：《社会主义对资本的力量：驾驭与导控》，重庆出版社2008年版，第24—25页。
② 《邓小平文选》第三卷，人民出版社1993年版，第373页。

义也可以充分利用资本的文明作用发展自己。第二，计划和市场都是发展经济的手段。人类历史上进行扩大再生产的手段大致可分为两种：一是通过政府权力进行资源配置和扩大再生产；二是通过资本市场按照价值规律进行扩大再生产。邓小平扯掉了笼罩在资本上的意识形态面纱，建设和发展社会主义必须同时充分利用计划和市场。邓小平关于计划经济与市场经济关系的理论为中国的改革开放奠定了理论基础。在邓小平理论的指导下，不仅引入国际资本为建设中国特色社会主义服务，而且使国内资本走出国门，融入全球经济体系，参与国际合作与竞争。不仅大力发展非国有资本解决就业，增加国内生产总值，而且把国有资产资本化，通过上市大量吸收非国有资本，从而增强国有资本在关键领域的控制力。因此，资本已经成为建设和发展中国特色社会主义不可或缺的组成部分，已经从对资本的直接排斥转变为利用与限制相结合的态度。

资本已经渗入到社会生活的各个领域，为中国特色社会主义事业作出了重大贡献。资本的文明作用和积极意义我们无须强调，关键是如何限制资本、驾驭资本，避免它的负面作用。吉登斯深刻地看到了驾驭资本的难度，把驾驭资本的现代社会比喻为"驾驭猛兽"，同时他又看到了驾驭资本的希望："面对所有这些设想，我认为应该驾驭那头猛兽（juggernaut）：一个马力巨大又失控的引擎，作为人类集体我们能够在某种程度上驾驭它，虽然它咆哮着试图摆脱我们的控制，而且能够把自己也撕得粉碎。这头猛兽压碎那些敢于抵抗它的人，而且，虽然它有时似乎也有固定的路径，但当它突然掉转头来时，我们就不能预测它飘忽不定的方向。驾驭它决不是完全令人扫兴和毫无益处的，这个过程经常令人兴奋异常，而且还充满了希望。"[①] 可见，驾驭资本是困难与希望并存，且"驾驭猛兽"的比喻也深刻地意味着现代社会对资本的驾驭已经成了生死攸关的问题。这一问题在中国表现得尤为突出，必须发挥社会主义制度优势，运用社会主义的力量驾驭与导控私人资本。

具体来看，第一，要运用国家政权的力量限制资本。通过国家的宏观

[①] ［英］吉登斯：《现代性的后果》，田禾译，黄平校，译林出版社2011年版，第122页。

调控抑制资本的肆虐，防止资本向道德和政治领域渗透，通过累进税的征收，防止资本与劳动的两极分化，等等。在国家与市场博弈的过程中，黑格尔作为伦理实体的国家具有重要的借鉴意义：国家高于市民社会、高于市场、高于资本。因而要用国家的力量与资本抗衡，在资本全球化的时代，也有且只有国家才能与资本抗衡。第二，要发展壮大公共资本和国有资本限制私人资本。国有资本是国家政权稳定性的保障，它不应该遵循利润最大化原则，而应该以国家稳定和服务民生为目的，从而驾驭和导控市场上其他形态的资本。"多搞点'三资'企业，不要怕。只要我们头脑清醒，就不怕。我们有优势，有国营大中型企业，有乡镇企业，更重要的是政权在我们手里。"① 邓小平之所以非常自信地吸引国际资本，其根本原因在于国家政权和国有资本力量的强大，他们能够对国际资本形成强有力的制约。第三，限制资本必须完善相关政治—法律制度。当下资本与生态、资本与分配正义的矛盾最为突出，因此，要制定严格的排放标准，坚决关闭污染严重产出低的企业，对于违背环境政策的企业坚决处罚，等等；另外，当代中国建构限制资本的政治—法律制度必须坚持以人为本的原则，充分尊重每一个人的人性和保障每一个人的基本权利，通过对公民基本权利的保障，从而间接地对资本形成监督与制约，防止资本侵害劳动者的合法权益。第四，建设限制资本的精神—文化体系。中国的市场经济改革已经在物质方面取得了让世界为之瞩目的"经济奇迹"，但是精神领域的建设却并没有与之匹配，在吴晓明教授看来，存在着一个"普遍而深刻的精神缺失"。因此，建设一个符合时代精神和民族精神的精神—文化体系成为当前的一个重要任务，而这个精神—文化体系的核心就是与社会主义市场经济体制相匹配的起到限制资本作用的伦理道德规范。

当前我们不能盲目地利用资本，任由资本无限扩张，也不能完全地取消资本，因为发展经济，解决贫困，提高人民的生活水平还需要各种形态的资本，国有资本、集体资本、民营资本、外国资本、个体资本等都是发展市场经济合理的形态。我们对待资本的态度应该是限制与利用并存，在

---

① 《邓小平文选》第三卷，人民出版社1993年版，第372—373页。

限制与利用之间保持必要的张力。除此之外，根据马克思关于资本的透彻分析，我们也应该清醒地意识到：我们采取各种措施限制资本，不可能改变资本的本性，应该对资本保持警醒的态度；由于资本所引起的矛盾和悖论，资本迟早有一天在中国建设社会主义过程中被超越，我们要在利用资本的同时，逐渐超越资本，不能等到资本的合理性耗尽之时才来超越资本；社会主义的胜利和资本主义的灭亡是不可避免的，这是由马克思科学社会主义的基本原理所反复论证的，它建立在唯物史观和剩余价值原理的基础之上，我们要树立共产主义的远大理想，作为一个灯塔指引着中国特色社会主义事业的胜利前进。

四、资本逻辑与生态危机

资本逻辑是以经济利润为目的，以自由竞争为手段，以市场经济为平台，占支配地位的经济运行体系。生态马克思主义继承了马克思对资本的理解，它认为资本不是静态的物，而是一种历史性的社会生产关系。资本逻辑的内涵主要包括以下四个方面：首先，永不停息的自我扩张逻辑。资本逻辑之所以成为导致现代社会动荡不安的根本原因，就在于资本唯有通过生生不息地扩张才能持续存在下去，一旦资本不能实现自我增殖，它也就失去了存在的权利。其次，同一性逻辑。资本具有统摄一切的力量，一切异质的社会关系都被资本磨平了，世界上的一切都被还原为赤裸裸的金钱关系。再次，自由竞争逻辑。市场经济是资本活动的舞台，而市场经济从形式上看是自由平等的，也就是说每个人都可以自由地参与竞争，自由地在市场中为了自己的利益进行博弈。人与人之间这种残酷的自由竞争所带来的压力必然转移到对自然界的掠夺上。最后，意识形态逻辑。利润最大化原则成为资本的最高原则，它支配和引导着人们的行为方式和思维方式，资本逻辑成为占支配地位的意识形态逻辑。在资本逻辑的上述内涵中，资本的自我扩张逻辑是基础与核心，它决定着其他三个方面。

生态马克思主义认为资本逻辑是造成生态危机的根本原因，资本的无限扩张和有限的生态系统之间必然会发生矛盾。只要资本逻辑还在当代世界占据统治地位，就不可能从根本上消除经济危机，资本和生态是截然对立的，它具有反生态的本性。资本以积累财富和利润增长为社会的最高目的，在这一目的的指引下，资本的运行必然贯穿着扩张主义逻辑，不惜任何代价追求经济的无限制增长。生态马克思主义的代表福斯特认为，资本主义的核心特征是一个自我扩张的价值体系，由于掠夺性的开发和市场自由竞争法则赋予的压力，剩余价值积累的规模必然越来越大。这种迅猛增长必然意味着要消耗更多的原材料和能源，同时向自然界排放越来越多的废水、废气、废渣，导致环境恶化，因而生态危机的产生具有必然性。在资本逻辑的统摄下，自然存在的合法性在于它能够充当资本增殖的工具，自然成为了服务于人类的奴仆。在福斯特来，传统经济学自命为研究稀有物品的有效利用的科学，但是这里所说的稀有物品被狭隘地界定为商品，经济发展所造成的生态环境恶化根本不在传统经济学的考虑范围之内。大多数经济学家都把经济看作一个孤立的存在，而不是一个生物圈里的子系统，很少研究经济规模的持续扩大会给环境带来什么影响。与单纯追求经济增长的这些主流经济学家不同，生态马克思主义者注重的是生态文明的当代建构。

在生态马克思主义的著作中，我们经常看到科学技术的使用如何造成生态危机的论断，但是它们并不认为科学技术的作用完全是消极的，也不认为生态危机是由科学技术造成的，科学技术和生态危机之间并没有必然关联。他们强调导致生态危机的不是科学技术，而是对科学技术的资本主义使用。资本主义在利润最大化这一原则的指引下，必然运用科学技术加大对自然界的开发，从而使大自然屈从于人类的经济行为，迫使自然商品化和资本化，从而隔断人与自然之间的生态平衡联系，造成生态危机。生态马克思主义反对西方绿色思潮中的技术乐观主义和技术悲观主义。技术乐观主义认为，凭借科学技术的进步和革新能够解决当下的生态危机，不断革新的科学技术既能阻止环境继续恶化，同时又能促进经济增长。技术悲观主义认为，科学技术的进步加剧了人对自然的掠夺，造成了人与自然关系的紧张，科学技术是导致生态危机的罪魁祸首，解决生态危机的路径在于回到前技术的浪漫主义时代。在生态马克思主义看来，二者从表面来看在观点上是对立的，但实质上都过于夸大了科学技术的作用，回避了从资本主义生产方式这一层面来谈论生态问题。

生态马克思主义者莱斯认为，科学技术控制自然仅仅是一个表面现象，后现代主义者和技术中心主义者的错误就在于把现象当作根源，没有认清科学技术所依赖的特殊社会环境，仅仅从技术操作层面谈论人与自然的关系。而在莱斯看来，科学技术充其量只是支配和压迫自然的工具，在背后起主导作用的是资本主义制度及其控制自然的意识形态。为了走出生态危机，高兹把技术区分为两类：一类是资本主义的技术，一类是后工业的温和技术。资本主义技术意味着对自然的合理控制，建立在自然是人类增进财富的奴仆这一观念之上；后工业技术抛弃对自然的控制，强调人与自然的有机统一。高兹区分两类技术，其目的是告诉我们不能一概地否定技术或肯定技术，消除生态危机主要在于如何选择技术，而不在于为了生态环境取消经济发展。科学技术本身在生态马克思主义看来根本不具有价值属性，关键在于利用科学技术的方式决定着它的社会后果。

在生态马克思主义看来，资本若要保持利润的持续增长，必然鼓吹一种消费主义价值观。这种价值观的基本特点在于，把消费看作是人们所有活动的中心，把消费而不是生产看作是人的生存方式和成功的标志。在消费主义价值观的支配下，人们的消费成为异化消费、虚假消费、炫耀性消费。这类消费与人的真实需要是异质的，它建立在被无孔不入的广告所诱发的病态需要的基础上。消费的主要目的不再是通过获得使用价值满足真实需要，而是拥有商品所代表的特定符号，把这种符号性消费等同于人自身的幸福。以消费为目的的生存方式势必要求不断扩大生产规模，必然会造成对大自然疯狂的掠夺和向大自然倾倒过多的垃圾，从而导致日益严重的生态危机。消费主义价值观和资本主义生产方式内在勾连一起，一方面，起到一种意识形态的职能强化着资本主义的生产方式；另一方面，资本主义生产方式为了维护自己的统治地位势必会在全球推行消费主义价值观。

阿格尔指出，现代社会危机的趋势已经实现了从生产领域向消费领域的转移，生态危机取代了经济危机成为危机的最重要形式。现代化的机器体系使人们在生产领域发生了严重异化，缺乏自我实现的自由，人们转而在消费领域中寻求自我实现。过度生产的商品其目的是为了补偿生产领域中劳动的痛苦感，而这一点是和生态系统的有限性是相悖的。资本主义社会要想证明自己的合法性必须源源不断地生产过剩的商品并引导劳动者把生产以外的时间都花在消费上，把人的满足完全等同于消费。阿格尔设想了一种超越消费主义生活方式的新的生活方式，即建立在以民主的形式组织起来的小规模生产基础上的激进生活方式。在这种生活方式中，人们不再从以广告为媒介的消费中获得快乐，人们开始重新思考商品与需要的关系，真正的幸福在于把自我实现的劳动和理性的消费结合起来。阿格尔的这个解决方案在资本逻辑全球化的今天显然具有乌托邦色彩，他表达的不过是马克思早已批判过的小资产阶级的情怀。

生态马克思主义抓住了造成生态危机的根本原因是资本逻辑，抓住了生态问题的实质，看到了资本的反生态本性，并对当代中国在建构生态文明过程中如何看待科学技术、消费主义价值观提供重要启示。当然，生态马克思主义对有些问题的论述还不够全面、清晰。比如，生态马克思主义忽略了马克思主义最根本的目标即人的自由全面发展；生态马克思主义主张社会主义取代资本主义以解决生态问题，但是它并未对社会主义的本质以及如何实现社会主义作出清晰的论证，因而让人感到具有乌托邦色彩；在全球化的今天，如何限制资本和利用资本，如何使生态和资本保持一个必要的张力，生态马克思主义尚缺乏建构性的思考。

五、生活世界的发现与马克思主义哲学中国化

中国传统哲学、西方哲学和马克思主义哲学的对话、会通与融合，其根本目的是建构中华民族自己的哲学理论，对于大多数学者来说，这已成为一个基本的共识。与"哲学知识"层面的对话相比较而言，生命价值层

面的对话是中西马哲学对话的深层维度。批判传统哲学的泛伦理主义倾向所带来的虚假生活和资本逻辑对多样异质生活的同化，追求平凡真实的生活是中西马哲学对话和马克思主义哲学中国化的现实维度。

自从 20 世纪初期西方哲学与马克思主义哲学传入中国以来，中国哲学、西方哲学、马克思主义哲学之间的对话便已经开始了。但是，中西马哲学的对话是在中华民族内忧外患的特定历史境遇下被迫进行的，在这样的历史境遇下对话的目的是为了寻求救国救民的真理，是为中国的未来寻找新的出路。在与西方哲学、中国传统哲学的对话中，产生于 19 世纪中期对现代性问题进行反省并在此基础上发展起来的马克思主义哲学最终成为了中华民族追求自由解放的指导思想。但是，反观一个世纪以来中西马哲学对话的历史，这种对话主要集中在"哲学知识"层面上。

在"哲学知识"层面上，自从马克思主义哲学与西方哲学传入中国以来，这一层面的对话就一直在进行。西方哲学自从古希腊产生以来，就存在着哲学知识论的取向。从古希腊哲学家亚里士多德"寻取最高原因的基本原理"，到德国古典哲学家费希特寻求"全部知识学的基础"，都表现出了西方哲学的"立知"取向。自从具有知识论取向的西方哲学传入中国以来，再加上中华民族在争取民族独立的过程中对作为指导思想的普遍规律的寻求，那么"哲学知识"层面对话的产生并持续至今就不足为奇了。在马克思主义哲学的研究中，西方哲学的发展逻辑、概念范畴、研究方法（如逻辑分析的方法、现象学方法、解释学方法等）以及不同哲学流派和哲学家的思想观点已构成马克思主义哲学经典文本研究和马克思主义哲学中国化的不可缺少的参照系。与西方哲学追求超验概念王国和真理王国的"立知"取向和马克思主义哲学以追求全人类的自由解放为使命不同，中国哲学以"立人"为己任。尽管中西马哲学在思维方式、价值取向上存在着重大差异，但是自从西方哲学和马克思主义哲学传入中国以来，它们所提供的研究范式和概念框架在理解中国传统哲学时起过重要的作用。同样，在西方哲学的研究中，马克思主义哲学的概念范畴和基本原理也曾经扮演过重要的角色。

在"哲学知识"层面上，中西马哲学的对话一直未曾间断，在这一层面上并没有强调中西马哲学对话的必要性,但是为什么我们现在仍然呼吁中西马哲学的对话?在超越"知识层面"对话的基础上,中西马哲学对话的深层根据又是什么呢?这种呼吁是在全球化视野下以更深入的方式、更宽容的心态对中西马哲学生命价值信念层面对话的呼吁。

尽管中西马哲学在表现形态、思维方式、价值取向上表现各异,但作为人的自我意识理论的哲学,它们都以"理性"的方式表达了对人的生命价值的反思与觉解。中国哲学以"立人"为价值取向,它关注的是生命的内在价值。儒家强调,人作为人,要按照君子和圣人的要求,践行作为绝对道德律的仁义法则,济世利民,仁爱万物,体现的是一种"入世"的态度;道家强调"无为"、人的活动要顺乎自然,其目的是要追求"无待"的独立人格,体现的是一种"超世"的态度;佛家强调"来世",追求的是"涅槃"境界,把生命引向永恒的超脱境遇,体现的是一种"出世"的态度。尽管儒释道三家对生命的态度、立场不同,但表征的都是对生命本性和价值的反思与觉解。虽然西方哲学存在着"立知"的知识论的取向,但是对生命价值的反思与觉解可以追溯到古希腊哲学家苏格拉底的"认识你自己"和"未经反思的生活是不值得过的生活"。现代西方存在主义哲学认为,苏格拉底之后的柏拉图主义哲学一直在追问"人的本质是什么",因而都属于"本质主义哲学"。而存在主义哲学认为人的存在先于其他一切存在,人总是不断策划、不断选择、不断超越,人不是其所是而是其所不是。人的存在是"存在先于本质",而人以外的任何一种存在都是"本质先于存在",他们都具有本质前定的性质,即所谓"种瓜得瓜,种豆得豆"。关于人类自由与解放的马克思主义哲学对生命价值的反思与觉解集中体现在"自由人的联合体"的思想之中,"自由"是对人的本质异化的彻底扬弃,是对人的本质的真正占有。在此意义上,中西马哲学虽然形态各异,但都是立足于民族历史文化对生活意义、生命价值和本性的自我反省与觉解,正是这一点构成了中西马哲学的相通性,因而中西马哲学对话才具有可能性。

生命价值层面的对话是中西马哲学对话的深层维度,同时也是最困难、最复杂的维度。这是由哲学的特殊性质决定的。任何一种真正的哲学,"都是形成于哲学家以时代性的内容、民族性的形式和个体性的风格去求索人类性问题的某种'聚焦点'上"。① 这就是说,无论是中国哲学、西方哲学还是马克思主义哲学在对生命价值和生活样式的反思与觉解中,都凝聚着"民族性的形式"和"个体性的风格",都与民族的历史文化、生存境遇不可分割地联系在一起。因此不同的哲学形态所表达的生命价值信念便具有了各自独立的"哲学个性"。因而中西马哲学都具有排斥生命价值层面对话的天然倾向。反观中国20世纪以来中西马哲学对话的历史,在生命价值价值层面上与其说是对话倒不如说是冲突。这种冲突主要表现在:把马克思主义哲学所表达的生命价值信念置于价值层面的最高等级,以此来褒贬和裁剪西方哲学与中国哲学。用划分哲学派别的标准,把哲学划分为"唯物主义"与"唯心主义"、"辩证法"与"形而上学"。认为凡是"唯物主义"的都是"进步"的、"先进阶级的哲学";凡是"唯心主义"的都是"反动"的、"腐朽没落阶级的哲学"。这样做的后果无疑是把马克思主义哲学与中国哲学和西方哲学割裂开来,把马克思主义哲学看作中国哲学与西方哲学的"法官",把马克思主义哲学形而上学化,使其丧失了自由、批判与超越的形上维度。

现代社会是一个"理性多元论"的社会,与前现代社会相比,中国人的生存境遇和生活方式从单一性、同质性过渡到多样性和异质性。在此情况下,如果在坚执一种价值信念的话,势必会导致对生命价值的"单向度"理解。因此"理性多元论"的现代社会需要中西马哲学在生命价值层面的对话、会通与融合,并以此来推动中华民族对生命存在的自我理解和中华民族哲学自我的建构。

回顾哲学史,我们会发现无论是中国哲学、西方哲学还是马克思主义哲学都蕴含着丰富的关于日常生活世界的思想。冯友兰先生认为,中国哲学并不注重为知识而求知识,中国哲学的主流是追求理想的生活。他认为理想的生活,对于一般人的日常生活,可以说是不即不离,亦即最现实的生活。回归生活世界,是20世纪西方哲学的一个重要转向。胡塞尔的生

---

① 孙正聿:《哲学通论》,复旦大学出版社2005年版,第15页。

活世界理论,海德格尔对"此在"的关注以及后期维特根斯坦对日常语言的关注都有一个共同的取向,即对生活世界的关注。胡塞尔在《欧洲科学危机和超验现象学》一书中指出,自然科学在改善人类生活的同时,却陷入了深刻的危机。自然科学只注重定量的分析,把客观和主观分裂,导致了客观性对人的统治,忽视了人生的意义和价值。胡塞尔指出:"最为重要的值得重视的世界,是早在伽利略那里就以数学的方式构成的理念存有的世界开始偷偷摸摸地取代了作为唯一实在的,通过知觉实际地被给予的、被经验到并能被经验到的世界,即我们的日常生活世界。"① 胡塞尔认为,要摆脱科学危机,必须回归被科学世界所遗忘并取代的生活世界。哲学"从思想世界降到现实世界",哲学找回了自己的家园——现实的生活。而在马克思看来,现实的生活即资本主义的生活是异化的生活,他揭露了异化生活的根源:现存的一切都受资本逻辑的统治。资本如同"普照的光",把一切其它存在的色彩都隐没其中,它"至大无外","至小无内",决定着其他一切存在的存在方式,它按照自己的面貌为自己创造出一个世界。它把现实生活的一切内容还原和蒸馏为冷冰冰的"交换价值",因而人类的现实生活变得同一化和均质化。马克思对现实生活的关怀是一种超越现实的现实关怀,是在对现实生活的批判中,为我们创造一种理想的自由生活。

一个多世纪以来的中国历史,从哲学上来讲,就是中西马哲学不断对话、会通与融合的历史。我们研究西方哲学,反思中国传统哲学,其根本目的是在马克思主义哲学指导下,构建反映时代精神的中华民族自己的哲学理论,即创造中华民族的"思想自我"。不同民族的哲学总是呈现出不同的"民族个性",法国哲学与英国哲学、德国哲学与美国哲学、印度哲学与俄罗斯哲学等,都创造了反映本国实际情况的具有"民族个性"的哲学理论。在世界的民族之林中,中华民族有着特殊的历史文化、传统观念和发展前景,因而我们需要创造具有我们民族个性的哲学理论。正如高清海先生所言:"中华民族的生命历程、生存命运和生存境遇具有我们的特殊性,我们的苦难和希望、伤痛和追求、挫折和梦想只有我们自己体会得

---

① [德]胡塞尔:《欧洲科学危机和超验现象学》,张庆熊译,上海译文出版社1988年版,第58页。

最深，它是西方人难以领会的。我们以马克思的哲学为指导，对于这类具体问题也仍然需要有我们自己的理论去回答和解决。"① 改革开放40年来，我们对中国传统哲学、西方哲学和马克思主义哲学研究取得了重要进展，我们的学术积累、思想积累以及哲学视野都达到了前所未有的深度和广度。这为我们批判地吸取各派哲学理论、创造我们中华民族自己的哲学理论提供了信心和希望。

面对新时代中国特色社会主义实践，马克思主义哲学中国化的实质就是在中西马哲学对话与会通的基础上建构一种符合中国现实的新的哲学形态，从而给现代性问题以当代中国式解答。马克思主义哲学中国化不是单一的历史现象和文化传播，它的理论创新需要在把握马克思主义哲学本真精神的前提下正确处理以下三个层面的关系。

一是马克思主义哲学中国化应该正确处理现实与理想的关系。

马克思主义哲学中国化应该正确处理现实与理想、实然与应然、经验与超验的关系问题。面对当代社会存在的一系列现实问题，如生态危机、两极分化、精神缺失、人性异化、消费主义的肆虐等，马克思主义哲学应该作出自己的独特回应。扎根现实，立足现实，这被很多学者看作是马克思主义哲学的根本特质。对这个现实的理解，国内学者通常是从黑格尔现实观出发，把马克思的现实理解为实体，现实不是经验性的东西，不是通过感官直接给予我们的，而是本质和实存的统一。马克思主义哲学中国化，就是要把握中国现实问题中的实体性存在。哲学所把握的实体性存在其实就是现实背后那种精神性的存在，用哲学知识形态去看社会现实，它就是范畴、实体，而不是经验性的社会现象。

按照马克思的思路，资本主义的弊端不在于它创造了巨大的社会存在，而是这个社会存在脱离了人本身，是一个异化的存在。把这个异化的存在归还人本身，实现每一个人的自由个性，这是马克思在批判资本主义现实的基础上建构的共产主义理想。马克思主义哲学具备现实性和理想性双重维度，尤其是在我们今天，当人们的基本生活需要已经满足的时候，

---

① 高清海：《中华民族的未来发展需要有自己的哲学理论》，载《吉林大学社会科学学报》2004年第2期。

如何树立远大理想弥补崇高精神的缺失作为一个突出问题摆在了我们面前。市场经济实现了人的独立性，个人的主体意识增强了，但生命中更为宽阔的崇高和理想的视野消失了。如何在技术逻辑和工具理性的时代激发出人的理想性维度，如何塑造和引导新的时代精神成为马克思主义哲学的根本任务。理想作为人们的奋斗目标，它构成人们的精神家园，赋予人生以某种特殊意义，给人以安身立命之本。马克思主义哲学中国化在人们的理想观问题上应该作出回应，建构有中国特色的理想观是其重要的一个理论任务。这种理想观应该植根于中国文化土壤，并且应该体现出与西方文化传统视野下的理想观的根本异质性。

马克思主义哲学中国化一方面要扎根于中国现实问题，对之作出批判性回应，为理想性维度提供理论根基；另一方面要在批判现实的基础上塑造和引导新的时代精神，为现实性维度提供价值标准，二者缺一不可。如果仅仅从现实性维度理解马克思主义哲学中国化的理论要求和基本特质，就有可能导致马克思主义哲学的经验化、实证化倾向，从而失去价值理性和价值理想的维度，这既会疏离马克思主义哲学的超越性品格，也难以为批判和引领现实生活提供一个理想坐标。

二是马克思主义哲学中国化应该正确处理中国视野与西方视野的关系。

马克思主义哲学中国化必须拓展视野，主动与西方各种哲学流派展开对话、争论、融合与交流。现代性作为世界潮流正在席卷全球，中国与西方面临着许多共同问题，这其中最重要的是资本所引发的一系列问题。资本以一种不断变化的形式深入到人们的生产、分配、交换、消费领域，塑造了一种新的生活方式和价值观念。如何回应资本的虚无化力量，如何回应资本对传统精神和文化的消解，如何给资本划定界限，如何正确处理资本与政府的关系，是马克思主义哲学中国化不得不回应的问题。对于类似的问题，西方学者给出了自己的思考，马克思主义哲学中国化应该积极地融入世界文化潮流，借鉴西方学者的理论贡献，对具有世界性的时代问题作出自己的回应，才能在世界文化潮流中占有一席之地。需要注意的是，在与西方哲学的对话互动中，应该保持中国化马克思主义哲学的独特品格和气质。从实践维度看,这是由于中国化马克思主义哲学要面临中国问题,要回应中国现实,要以中国的市场化改革和现代化建设所形成的问题域为主导内容;从理论维度看,要建构对时代问题作出中国式回答的马克思主义哲学中国化的新的学术形态,这个学术形态只有与中国优秀传统文化有机结合起来,融合中国人特有的心理经验、思维方式、价值观念、精神人格,才能够具备中国风格、中国气派、中国特色。

改革开放40年来,已经塑造了一个新的时代,这个时代的崛起过程与西方现代化的过程有着根本差别,我们是从关起门来进行共产主义建设的计划经济时代逐步进入市场经济的,西方是在中世纪封建等级共同体的瓦解过程中逐渐进行以资本逻辑为导向的现代化的。尽管中国与西方都在实行市场经济,尽管市场经济都以人的形式上的独立、自由、平等为前提,但是,中国特殊的文化土壤孕育了独特的中国人格,这与西方的原子式个人具有根本差异,按照吴晓明教授的说法,中国不仅过去没有而且将来也不会出现原子式个人,这是中国与西方的根本差异。西方哲学以西方人特有的生命经验和生存形态为立足点,它的理论形态和反思方式是围绕西方人特有的生存经验展开的,我们不能指望西方哲学能够解决中华民族的时代问题,也不能指望西方哲学反思中国人当下特有的生存方式和价值观念。因此,马克思主义哲学必然要中国化,其中国化的根本宗旨是构建中华民族自己的哲学理论,以反思中国人自己的生命历程和生存境遇。高清海先生曾指出,一个民族站起来不仅仅要在经济上和政治上站起来,而且还要在哲学思想上站立起来。马克思主义哲学中国化实质上就是创建哲学的新形态,以反思和表征我们这个时代的存在经验和精神形态。

在马克思主义哲学中国化过程中,一方面,我们可以借鉴西方哲学的论证方式和反思方法,吸收一切有价值的思想资源,使中国化的马克思主义哲学具有人类性和世界性;另一方面,我们不能盲从西方哲学,在建构中国化马克思主义哲学的过程中杜绝唯西方是从的学术风气,立足中国模式、中国经验、中国现实、中国文化,构建表征时代精神的哲学新形态。

三是马克思主义哲学中国化应该正确处理研究范式与研究领域的关系。

马克思主义哲学中国化的根本宗旨在于构建中华民族自己的哲学理论，这就要求我们把马克思主义哲学中国化看作中国马克思主义哲学甚至整个哲学的研究范式而不仅仅是一个研究领域。所谓研究范式是一个研究共同体共同遵守的价值规范、思维方式、评价标准等，是一个共同的学术研究纲领和模式；而研究领域指的是由研究范式决定的有待研究的问题、方向、范围等。如果仅仅把马克思主义哲学中国化看作中国马克思主义哲学的一个研究领域，那么这个研究领域实质上与国外马克思主义哲学研究、马克思主义哲学史研究、马克思主义哲学流派研究、马克思主义经典著作研究等并无实质差异，它们处在并列地位，属于不同的研究方向，各有自己关注的研究对象和遵循的研究逻辑。这显然与以面向中国现实、中国问题为宗旨的马克思主义哲学中国化的地位不相称，马克思主义哲学中国化的根本要义是表征和引领新的时代精神，因此应该作为一个研究范式指导中国的马克思主义哲学研究。作为研究范式的马克思主义哲学中国化不仅意味着马克思主义哲学史研究、马克思主义经典著作研究等都要以马克思主义哲学中国化为致思取向，都要围绕马克思主义哲学中国化这一任务来展开，而且还意味着以马克思主义哲学中国化为宗旨审视当代中国西方马克思主义哲学和西方哲学的研究，使它们作为建构中国化马克思主义哲学新形态的思想要素。

自从改革开放以来，我们开始引进和研究西方马克思主义哲学，研究范围、研究深度、研究人员规模都呈现出欣欣向荣的发展趋势。卢卡奇、柯尔施、葛兰西、法兰克福学派的诸位领军人物，我们早已耳熟能详，生态马克思主义、后马克思主义也逐渐传入中国，并引起学术界重要的理论反响。但是，我国的西方马克思主义哲学研究却呈现出越来越学院化的趋势，很难与马克思主义哲学中国化进行有效的对话，缺乏融入和促进马克思主义哲学中国化的自觉意识，难以成为马克思主义哲学中国化的思想资源。把马克思主义哲学中国化作为研究范式突出了其引领地位和目标导向，西方马克思主义哲学研究，甚至整个西方哲学研究都应该以建构有时代内涵和民族特色的中国化马克思主义哲学为导向。

批判传统哲学的泛伦理主义倾向所带来的虚假生活，批判资本逻辑对多样异质生活的同化，是为了我们自己的平凡真实的生活。产生于前现代社会的中国传统哲学，在西方哲学与马克思主义哲学传入中国以来，一直是中华民族占主导地位的哲学形态，它表达的是中华民族对生命价值和生活意义的自我反思与觉解。100多年来，中国社会发生了从自然经济向市场经济的过渡，从传统社会向现代社会的转型，面对现代化所带来的巨大变化，中国传统哲学却无力作出积极的回应，中国传统哲学失去了自己的生活基础和社会制度的根据。中国传统哲学陷入了空前的危机，建构中华民族的新哲学是哲学界的不懈追求，是时代赋予每一个哲学工作者的使命，也是中西马哲学对话的根本目的。

产生于不同民族的中西马哲学都蕴含着对生活意义和生命价值的反思与觉解，为我们构建表征着具有时代内涵和民族个性的哲学提供了宽广的哲学视野和理论资源。但为了能够真实的生活，我们仍需要批判传统哲学的泛伦理化倾向，它把人的日常生活都赋予了伦理意义，人的一颦一笑、一言一行都被赋予了伦理的标准和尺度，以至于人们在日常生活中被赋予了不堪忍受之重的伦理使命，陷入了虚假的崇高的生活。西方哲学植根于西方人特有的生命历程中，我们也不能期望西方哲学能够为我们追求的真实生活提供现成的答案，不能仰仗西方哲学解决中国现实的问题。因此，以马克思主义哲学为指导，批判地吸取中外哲学智慧，构建中华民族自己的哲学理论是每一个哲学工作者的使命。

高清海教授曾言："'哲学'是民族之魂。哲学标志着一个民族对它自身自觉意识所达到的高度和深度，体现着它的心智发育和成熟的水准。从这一意义说，创造'当代中国哲学'，实质就是要创造中华民族的'思想自我'。一个社会和民族要站起来，当然经济上的实力是必要的基础，然而这并不是关键，关键在于首先要从思想上站立起来。"[①] 当今中国社会正处在转型的关键时期，中国的政治、经济、文化正在以前所未有的速度向前发展，它内在地要求我们以哲学的方式表征和引导新的时代精神。

---

① 高清海：《中华民族的未来发展需要有自己的哲学理论》，载《吉林大学社会科学学报》2004年第2期。

第十一章　市民社会批判与人的解放

写于 1843 年 10—12 月的《论犹太人问题》对现代市民社会进行了尖锐的批判。在本章中，马克思把对市民社会的批判与人的解放联系在一起，较写于同年 3—9 月的《黑格尔法哲学批判》具有更为重要的意义，因为人的自由解放是马克思一生为之奋斗的主题。马克思在这篇文章中区分了政治解放与人的解放，政治解放实质上是市民社会的解放，但它并不是完全彻底的解放，因为人还受私人利己主义和实际欲望的支配。因此，批判市民社会，超越政治解放，实现人的解放，就成为了《论犹太人问题》的主旨。资产阶级政治解放使市民社会与国家发生了二元分离，这是马克思批判市民社会的时代背景。在市民社会中，人过着天国的生活和尘世的生活相互割裂的双重生活，分别对应着政治共同体中的神圣生活和市民社会中的世俗生活。市民社会的本质精神是犹太精神，而犹太精神即是商业精神、对金钱的崇拜精神。马克思批判市民社会的根本目的是为了变革市民社会，以超越政治解放，实现人的解放。

一、市民社会与国家的分裂：
马克思市民社会批判的时代背景

在现代世界，资产阶级的政治解放使市民社会与国家发生了分离，消解掉了市民社会的政治性质，市民社会从国家中解放出来并获得了实体性的意义，市民社会与国家分属两个不同的各自独立的领域，具有不同的经验特征和精神原则。这就是政治解放的伟大功绩，它凸显了市民社会中个人的独立性，私人利益、特殊性、个人的主体性获得了前所未有的尊重，由此历史迎来了一个个人主义的时代，但同时人的普遍性、公共性空间却被特殊性、私人性挤压得越来越小。马克思认为，在中世纪，市民社会与国家浑然一体，市民社会中的私人等级作为政治等级而存在，人们的私人生活和国家生活是同一的。"在这里，政治国家作为政治国家是市民的生活和意志的真正的唯一的内容"①，这与现代市民社会形成巨大反差，追求私人利益的经济目的和经济秩序取代了私人等级的政治目的和政治秩序，政治差别不再是私人等级之间的根本差别，取而代之的是个人经济生活之间的差别，国家与市民社会发生了完全分离。因此，现代国家同私人和国家之间存在着直接统一的中世纪政治国家的区别就在于它具有与市民社会中的私人生活并行不悖的特殊实在性。市民社会的主体和国家的主体虽然是同一个主体，但是本质上却具有不同的规定，发生了不可避免的二元性，是一种双重的主体。

马克思继承了黑格尔市民社会与国家的二分法理论，但并不赞同黑格尔把市民社会的私人等级看作是具有政治功能的等级。黑格尔对市民社会下了一个经典的定义："市民社会，这是各个成员作为独立的单个人的联合，因而也就是在形式普遍性中的联合，这种联合是通过成员的需要，通过保障人身和财产的法律制度，和通过维护他们特殊利益和公共利益的外部秩序而建立起来的。"② 从这个定义可以看出，市民社会是由个人利益、需要、私人财产以及保护个人合法权益的各种政治制度组成的单个人的联合。在市民社会中，每个人都把自身看作目的，都把别人看作实现自己利益的手段，因此市民社会成了一切人反对一切人的战场，在其中一切禀赋、一切癖性、一切偶然性都自由地为了实现自己的价值而活跃着。马克思对黑格尔上述市民社会的定义似乎没有太多异议，这在《黑格尔法哲学批判》中对黑格尔式市民社会特征的肯定性描述中便能看出。黑格尔把市民社会的等级看作是具有政治功能的等级，其实质上是通过向中世纪等级

---

① 《马克思恩格斯全集》第3卷，人民出版社2002年版，第43页。
② ［德］黑格尔：《法哲学原理》，范扬、张企泰译，商务印书馆1961年版，第174页。

制度的倒退，以一种妥协的方式对现代市民社会的私人利己主义进行治疗。黑格尔认为，人作为伦理性的实体除了私人利益之外，还有必要过一种普遍性的生活，而市民社会本身通过等级的存在使单个人获得了一定程度的普遍性意识。而在中世纪封建社会中，虽然个人依附的等级包含着普遍性因素，但是却以泯灭个人的独立性为代价，且在由于等级制度使人们相互分属不同的等级而相互分裂这一点上，表明它并不是一个合理的普遍性世界。马克思认为，在现代市民社会中，私人等级本身不再具有政治意义，因为政治解放已经把公共、政治生活和私人、经济生活保持一体的中世纪等级制度彻底打破，人的公共生活和私人生活被分裂为两个不同的领域。在马克思看来，市民社会的"本质活动不包含那种以普遍东西为目的的规定；或者说，它的本质活动不是普遍东西的规定，不是普遍的规定。私人等级是同国家相对立的市民社会等级。市民社会的等级不是政治等级"①。可见，与黑格尔相比，马克思认为市民社会与国家分裂得更彻底。

在黑格尔这里，与市民社会一样，国家也是客观精神的一个环节，但国家是一个更高的伦理实体，它是市民社会危机的解决方案，只有在国家中才能超越市民社会的私人利己主义，只有在国家中人才能实现自己的自由本质。对于黑格尔来说，国家作为扬弃市民社会普遍性和特殊性分裂的伦理体而存在，特殊性和普遍性在国家中相互渗透。在国家理性中，个人克服了随意放纵的原子式自由，在融合了主观自由和客观自由的具体自由中恢复了人的本真面目。而对于马克思来说，国家是利益冲突的产物，是维护阶级统治的工具，是保护市民社会中各种异化关系的政治力量，是实现个人自由的障碍，是终将被历史所推翻的东西。由于市民社会与国家的分裂，人作为双重的主体即市民社会的成员和政治公民不得不过一种双重的分裂生活。在亚当·斯密等古典政治经济学家那里，私人生活和类生活相互和谐统一，私人生活必然促进类生活的最优化，马克思从市民社会中工人生存的事实出发批判了古典政治经济学的这种乐观态度，把它看作是一种发财致富的科学。社会实践证明私人生活并不必然促进类生活，私人

---

① 《马克思恩格斯全集》第 3 卷，人民出版社 2002 年版，第 95 页。

生活与类生活在现代市民社会中以分裂的方式存在于人的双重身份之中。类生活在现代市民社会中采取了一种虚幻的共同体形式，例如国家。黑格尔在《法哲学原理》中曾把国家看作是普遍性的实现形式，但马克思在《德意志意识形态》中指出国家所代表的普遍性并不是真正的普遍性，它仅仅是统治阶级利益的代表。

二、市民社会中人的双重生活：天国的生活与尘世的生活

政治解放一方面将人还原为市民社会的成员，另一方面还原为政治公民，人被分裂为双重人格。作为本质的一面即公民人格体现了人的公共性、社会性、普遍性的一面，但却以一种不真实的方式存在于国家制度的建构和论证之中，以一种法律的方式确证了每一个人的公民身份，每一个人在平等的政治权利中获得了非现实的抽象普遍性；而在市民社会的日常真实生活中，人作为市民是一个孤立的原子式的个体，支配他的是私人利己主义和实际欲望，陷入了一切人反对一切人的经济战争，每个人都把别人当作获得财富的工具，同时也把自己降为工具。康德始终把人当作目的而不仅仅是手段的彰显人的尊严的绝对命令在市民社会中被利己主义、功利主义挂在嘴上、踩在脚下。"在政治国家真正形成的地方，人不仅在思想中，在意识中，而且在现实中，在生活中，都过着双重的生活——天国的生活和尘世的生活。前一种是政治共同体中的生活，在这个共同体中，人把自己看作社会存在物；后一种是市民社会中的生活，在这个社会中，人作为私人进行活动，把他人看作工具，把自己也降为工具，并成为异己力量的玩物。"[①] 从这里可以看出，现代市民社会已不包含任何具有实体内容的公共性，或者说公共性变成了私人性的一种集合，公共性沦为形式上的公共性，其目的是为了保证私人利益的实现和安全。支配市民社会的是

---

① 《马克思恩格斯全集》第3卷，人民出版社2002年版，第173页。

私人需要、货币、私有财产、劳动等，人的公共性以与私人性分裂的方式存在于政治国家之中。

与政治生活只是一种外观相比，马克思认为人的真实生活是市民社会中的私人生活，政治生活只是违反市民社会经济生活本质和通则的一种偶然现象。市民社会与政治国家的二元分裂，造成了人的私人本性与公民身份的二重化现象。资产阶级政治解放使人获得两种政治权利：人权和公民权，人权与公民权是这种二元分裂的法律表现形式。马克思在《论犹太人问题》中对公民权的论述比较简单，这主要是因为天国的生活即政治生活是不真实的生活，只是一种暂时的例外，参与政治生活的公民权利只是一种抽象的权利。公民权"只是与别人共同行使的权利。这种权利的内容就是参加共同体，确切地说，就是参加政治共同体，参加国家"①。公民权是政治秩序的权利，它通过参加国家的政治生活表现出来，它反映了人的社会性、普遍性本质，尽管完全以一种想象的和不真实的方式表现出来，但正是这种普遍性和社会性，促使马克思一生致力于超越市民社会私人利己主义的真正人的解放，从而建构一种异质于自由主义的政治哲学。与之形成鲜明对比的是，人权不具有丝毫的公共性、社会性，它以私人利己主义为基础，是自私自利的和反社会的，是近代市民社会原子式个人的政治表现，作为一种私人权利，它表达了市民社会成员之间的相互分离和敌对。马克思对整个人权观念的批判表明了他对古典自由主义基本原则的拒斥。正如英国著名马克思主义者麦克莱伦所认为的那样："马克思拒斥整个人权观念，这种讨论包含了他对古典自由主义原理最易理解的批评。"②

在《论犹太人问题》中，马克思批判性分析了代表资产阶级政治解放的《人权宣言》，其中多项具体人权都说明了人权只是市民社会经济生活中自私自利的法律表达。具体来看，自由是狭隘地封闭在自身中的个人权利，它建立在人与人相互分离的基础上，它指的是可以做任何不损害他人的事情的权利，这种自由是退居于自身的单子式的自由，马克思的这种单

---

① 《马克思恩格斯全集》第3卷，人民出版社2002年版，第181页。
② [英]麦克莱伦：《马克思思想导论》，郑一明、陈喜贵译，中国人民大学出版社2008年版，第21页。

子论式的市民观直接发端于他在《黑格尔法哲学批判》中对市民社会的原子论认识。这种个人自由及其应用构成了市民社会存在与发展的基础，每一个人都把他人的自由看作自己自由的限制而不是自己自由的实现。自由的实际应用是私有财产权，私有财产权是指每一个人都能够不受限制地、任意地处置自己财产的权利，根本不用考虑他人和社会的因素。其他的人权，例如平等和安全也没有超出私人利己主义。平等是每一个人的形式平等，以抽象的平均化的个人为基础，没有考虑每一个人的特殊性，并通过这一点确证了市民社会是没有差别的普遍性的社会，实际上市民社会的普遍性只是形式上的普遍性，根本不具有任何实体性的内容；安全在现代市民社会的权利体系中处于较高地位，但同样没有超出利己主义，相反却是利己主义的保障。

三、犹太精神：市民社会的本质精神

在《论犹太人问题》的第二部分，马克思把对市民社会的批判与市民社会的本质精神即犹太精神关联了起来，使这一批判深刻了许多。按照马克思的看法，犹太精神指的是对金钱的崇拜精神，是以私人利益为核心的商业精神，其世俗基础是实际需要、自私自利。犹太精神成为市民社会的基本精神，是利己主义个人的指导精神。马克思认为，犹太精神已经控制了整个世界，成为基督教各国人民的实际精神，它随着近代市民社会的解放而达到了自己的顶点。金钱通过犹太人或者其他任何人成为了世界势力，它把一切都还原为商品，处于自己实际的控制之中。"金钱是以色列人的妒忌之神；在他面前，一切神都要退位。金钱贬低了人所崇奉的一切神，并把一切神都变成商品。金钱是一切事物的普遍的、独立自在的价值。因此它剥夺了整个世界——人的世界和自然界——固有的价值。金钱是人的劳动和人的存在的同人相异化的本质；这种异己的本质统治了人，而人则向它顶礼膜拜。"[①] 马克思第一次勾画了在稍后不久的《1844年经

[①] 《马克思恩格斯全集》第3卷，人民出版社2002年版，第194页。

济学哲学手稿》中将要详细阐述的异化理论，异化就是人自己创造出来的东西不受人支配，反而却控制人、奴役人。

通过金钱的引入，马克思对市民社会的批判已经从政治领域开始转入后来他所认为的最基本的领域即经济领域。但是，由于马克思此时还没有对政治经济学进行过系统的研究，所以他的市民社会理论还缺乏固有的经济学内容，他对市民社会本质的掌握还差一步之遥，因为正如后来他认为的那样，对市民社会的解剖应该到政治经济学中去寻求。在赫斯的《论货币的本质》和恩格斯的《国民经济学批判大纲》的影响下，马克思开始疯狂地研究政治经济学，这一研究的目标也很明确，即是为了从整体上剖析市民社会。由于此时尚未对政治经济学进行系统研究，马克思并没有深入到市民社会的本质中，市民社会的经济结构、经济秩序、经济制度并没有进入马克思研究市民社会的视野。于是得出下面这点结论便有了合理根据：在《论犹太人问题》中，马克思充分认识和继承了黑格尔从原子式个人对市民社会的解读，抓住了市民社会的消极性，却忽略了黑格尔对市民社会这一伦理实体的积极性和经济学认识。黑格尔对市民社会积极性的认识典型地体现在这句话当中："当市民社会处在顺利展开活动的状态时，它在本身内部就在人口和工业方面迈步前进。"① 缺乏必要经济学知识的马克思此时只是在国家与市民社会的二元关系中批判市民社会，把市民社会仅仅看作是受犹太精神支配的私人活动领域。马克思此时的片面认识，在他稍后不久的政治经济学研究的最初成果《1844年经济学哲学手稿》中便被扭转了过来。这种扭转表现在：在近代市民社会中，工业资本取得了世界历史性的统治力量，它不仅在改造自然界过程中确证了人的主体性本质，丰富了人性的内涵，而且创造了极大的物质财富，为人的解放奠定必要的基础。超越《论犹太人问题》，马克思在这里已经摆脱了对市民社会的完全消极性认识，看到了市民社会的世界历史意义，市民社会的消极性本身中蕴含着积极性，异化的产生和异化的扬弃走的是同一条道路。

近代市民社会将人类的一切都还原为商品关系，使所有东西的价值都

---

① ［德］黑格尔：《法哲学原理》，范扬、张企泰译，商务印书馆1961年版，第244页。

用货币来衡量，所以拜金主义的犹太精神便成了支配世界的精神。货币是异化了的市民社会的纽带，是市民社会相互联系的中介，是我和自己生活之间、我和他人之间联系的中介。对于每一个人来说，他自己的产品只有通过流通变为货币才能实现出来，另外他也只有通过货币才能换回自己所需要的产品。由于货币的价值通约性和购买一切东西的特性，货币享有一种特权，被当成了万能之物，因此货币作为市民社会唯一的真神陷入了幻象之中，本身仅仅作为一个符号的货币却被异化为统摄一切的实体力量。由于货币可与整个对象世界进行交换，对象本身的性质往往被异化为货币符号的性质，与货币交换的对象却变成了货币无关紧要的派生物。货币颠倒了整个世界，货币能使一切相互矛盾的对象彼此交换，它能使仇敌相互亲吻，使恶行变成德行，使主人变成奴隶。"因为货币作为现存的和起作用的价值概念把一切事物都混淆了、替换了，所以它是一切事物的普遍的混淆和替换，从而是颠倒的世界，是一切自然的品质和人的品质的混淆和替换。"①

在市民社会中，货币成了权力关系的实质性代表，谁拥有货币谁就能够获得支配他人活动的权力，所以拜金主义的犹太精神理所当然地成了支配世界的精神。"每个个人行使支配别人的活动或支配社会财富的权力，就在于他是交换价值的或货币的所有者。他在衣袋里装着自己的社会权力和自己同社会的联系。"②我拥有支配世界的权力，并不是如中世纪那样我是特定人格的代表，而是因为我仅仅是货币的拥有者，我拥有多少货币，我就拥有多少权力。所以，马克思认为虽然犹太人不享有法律规定的权利，但是他们却拥有实际的政治权力，在很大的范围内发挥着自己的影响，因为政治是货币的奴隶，而犹太人拥有的正是通过其商业活动而获得的支配世界的货币。货币改变了人与人之间的内在关系，它把人与人之间的血缘关系、道德关系、宗法关系彻底粉碎变为单纯的物的关系，它不仅是衡量商品价值的尺度，而且也用来衡量人本身的价值，"就连类关系本

---

① 《马克思恩格斯全集》第 3 卷，人民出版社 2002 年版，第 364 页。
② 《马克思恩格斯全集》第 30 卷，人民出版社 1995 年版，第 106 页。

身、男女关系等等也成了买卖对象！妇女也被买卖"①。我们知道货币价值与人的价值并不能完全通约，固然人的劳动力的使用价值可以用货币来衡量，但是人的价值具有更为丰富的内容，人对崇高的追求，人的德性修养，人对生命的体验，并不能用货币来衡量。因此，只有超越以物的依赖性为基础的近代市民社会，才能把人的价值还给人本身，才能把人自身而不是货币财富作为生产的首要目的。

四、人的解放：市民社会批判的目标指向

马克思批判市民社会的犹太精神和私人利己主义在根本上属于政治批判，尚未深入到市民社会的经济本质，但这种政治批判却具有明确的目标：变革市民社会，以超越政治解放实现人的解放。可以说，马克思是站在人的解放的立场和高度上来审视和批判市民社会的。政治解放只是从政治上废除了私有财产的限制，废除了中世纪的等级制度，使每个人都平等地拥有法律规定的政治权利，而在市民社会的现实生活中，私有财产依然存在，私有财产仍然奴役着人，成为人与人之间不平等的原因。因此，超越政治解放实现人的解放就成为了马克思一生为之奋斗的主题。尽管政治解放存在着根本的局限性，但它仍然是通达人的解放的必经阶段。"政治解放当然是一大进步；尽管它不是一般人的解放的最后形式，但在迄今为止的世界制度内，它是人的解放的最后形式。"② 马克思在这里高度肯定了政治解放的伟大历史功绩，它是人类历史的一个必经阶段，打破了传统社会的等级秩序，使人从身份依赖关系中解脱出来，获得了形式上的自由和平等。

政治解放是通达人的解放的必经阶段，人的解放是人类社会的未来理想形态。在《论犹太人问题》中，暗含着马克思在《1857—1858年经济学手稿》中阐述的三大历史形态理论。政治解放与人的解放的关系蕴含着

---

① 《马克思恩格斯全集》第3卷，人民出版社2002年版，第195页。
② 《马克思恩格斯全集》第3卷，人民出版社2002年版，第174页。

把人类历史划分为三个阶段：前政治解放阶段、政治解放阶段、人的解放阶段，分别对应"人的依赖关系"阶段即本源共同体阶段、"以物的依赖性为基础的人的独立性"阶段即市民社会阶段、"自由个性"阶段即自由人联合体阶段。"第二个阶段为第三个阶段创造条件。"① 马克思的这种思想对于理解正在迈向人的解放的当下中国来说具有极其重要的意义，中国目前正处于社会主义初级阶段，根据马克思的观点看，实质上还处于人类历史的第二个阶段即市民社会阶段。中国实行改革开放，走市场经济的道路，其目的都是在为人的解放创造条件，这是从世界历史的高度对中国改革开放成就的肯定。

马克思对市民社会的批判并不是直接的否定，而是在批判的同时充分看到了市民社会存在的合理性及其文明面，人的解放的实现就内在于市民社会的基础之上。市民社会的基础表现为三个方面：商品、货币、资本。它们对历史起到了巨大的推动作用，长期以来，由于意识形态的原因，我们一直认为阶级斗争是历史发展的唯一动力，而忽视了商品、货币、资本的历史作用。商品交换自产生之时就作为一种革命力量而出现，它发端于剩余产品的交换。随着商品交换渗入到本源共同体的内部，传统社会才开始逐渐瓦解，西方以血缘为基础的社会瓦解得比东方彻底，其根本原因在于商品交换兴起得比东方要早。恩格斯也认为："分工，由分工而产生的个人之间的交换，以及把这两者结合起来的商品生产，得到了充分的发展，完全改变了先前的整个社会。"② 作为市民社会第二个基础的货币是商品交换的自然产物。如上所述，货币是市民社会中人与人交往的纽带，它扩大了人与人之间的交往。货币是市民社会中物质财富的唯一代表，是资本生产的唯一目的，是支配他人活动和社会财富的唯一条件和权力象征，因而货币成为发展包括物质生产力和精神生产力在内的一切生产力的主动轮。作为市民社会第三个基础的资本克服了民族界限，消灭了一切旧的生产方式，创造了世界市场，推动了人类社会由民族性、区域性的历史向世界历史和全球化转变。由此扩大了人与人之间的交往，而根据后来《德意

---

① 《马克思恩格斯全集》第30卷，人民出版社1995年版，第107—108页。
② 《马克思恩格斯选集》第4卷，人民出版社1995年版，第174页。

志意识形态》中的观点，人的解放程度是与交往程度一致的，交往范围越广，交往关系越发达，人的解放程度就会同步增长。人的解放只有建立在资本这一先进生产方式之上才有可能，资本作为世界历史的动力在导致经济奴役和普遍异化的同时，却在无意间为人的解放准备了条件，它不仅创造了丰富的物质财富，而且创造出个人能力的多样性，以及社会关系的普遍性和全面性。因此，资本的巨大历史作用使人的解放达到了前所未有的高度。当然，我们在重视商品、货币、资本的文明面的同时，也要注意到它们的有限性，它们不能完全解决人的自由全面发展的问题，不能解决经济危机与世界和平问题，也不能解决社会和谐问题，反而是社会不和谐的根源。

在《论犹太人问题》中，尽管马克思没有实现对市民社会的经济学概括，但还是针对市民社会与国家的分裂所造成的人的二重化这一时代困境提出了实现人的解放的途径。"只有当现实的个人把抽象的公民复归于自身，并且作为个人，在自己的经验生活、自己的个体劳动、自己的个体关系中间，成为类存在物的时候，只有当人认识到自身'固有的力量'是社会力量，并把这种力量组织起来因而不再把社会力量以政治力量的形式同自身分离的时候，只有到了那个时候，人的解放才能完成。"① 只有破解特殊性与普遍性、私人性与公共性的二元分离，只有实现个体与类的统一，只有当人的双重人格即利己的原子式的市民社会成员和作为法人的公民有机统一起来的时候，只有当市民社会的私人生活与政治生活不再是双重的生活而统一于人的类生活的时候，只有当公民权和人权统一起来的时候，只有当政治力量不再与人分离而以社会力量的形式成为人类固有力量的时候，人的解放才能实现。人的私人性和公共性、普遍性和特殊性、个人生活和公共生活才会以一种符合人的本性方式获得统一，而不是如中世纪社会那样，个人与共同体具有直接的同一性，个人从属于一个较大的共同体，个人的身份、地位等都是被共同体所决定。

在这里，蕴含着在以后的著作中详细阐发的国家消亡、自由人联合体

---

① 《马克思恩格斯全集》第 3 卷，人民出版社 2002 年版，第 189 页。

的思想。在市民社会中，当国家以政治力量的形式同人自身分离的时候，国家就是阶级统治的工具，因此，消灭国家就成为最终实现人的解放的前提条件。取代国家的将是自由人的联合体，它是一种新型的共同体，在其中一个人的自由与另一个人的自由和谐共处，每一个人都是目的，而不再仅仅是实现私人利益的手段。因此单个人的孤立的力量将被社会力量所取代，个人力量以社会力量的形式获得了自我实现。

马克思对市民社会的批判使我们意识到现代市民社会是一个远非理想的社会，现代市民社会以市场经济为基础，其价值取向是功利主义，其生产特征是为生产而生产，它在获得更大物质财富的同时却遗忘了人的生存的根本意义，因此，对于这样一个社会进行警示性的批判，将有利于它的健康发展。那么，我们用什么标准来批判和矫正充满财富幻象的市民社会呢？我们不可能把一切都推向世界历史的演进，我们只能以马克思关于未来社会的自由理想来批判和对照社会现实，使人们意识到现代市民社会的有限性，使人们意识到超越的本体向度，从而提升人们的生存境界。

第四论题
机器、节约与人的存在

第十二章 《共产党宣言》的机器观及其人学向度

在马克思长达40年的政治经济学研究过程中,一直对机器和机器生产问题保持持续的关注,阅读和摘录了大量的工厂制度、机器理论、机器生产、技术史和工艺史等方面的著作。机器和机器大生产是经济学的核心环节,马克思对机器问题的研究是和经济学研究密切结合在一起的,隶属于政治经济学批判和服务于实现每一个人的自由个性的根本宗旨。从《1844年经济学哲学手稿》初步把机器看作资本获得利润的工具并严重背离人的类本质开始,到《资本论》第一卷"机器与大工业"对机器内涵、特质的系统表达,马克思对机器和机器大生产的认知呈现出一个不断深化的逻辑过程。在传统的学科视阈内,马克思的机器哲学和机器大生产理论一直未受到足够重视,这一研究主题的缺失不仅会妨碍对政治经济学批判的深入讨论,而且不利于历史唯物主义研究向纵深领域深化。在少有的关于马克思机器思想的文献中,几乎都没有提到《共产党宣言》(以下简称《宣言》)。《宣言》作为共产主义事业的纲领性文献,由于宣言体例和当时尚未深入的经济学研究的限制,不可能就机器问题展开系统论述,这一任务由《资本论》及其手稿来完成,但这丝毫不能阻挡那些最深刻的机器哲学思想火花闪耀在马克思这一早期思想文献中。为此,本章以《宣言》为中心,详细分析机器和机器生产的两面性,以及《宣言》在马克思机器理论形成过程中的重要作用。《宣言》把机器置于人的现实存在的历史境遇中,批判性地探讨了机器在资本主义社会存在的建构和人的存在方式的变革中的根本作用。从文明面看,机器推动了生产力的高度发展,推动了整个世界的资本主义化和现代城市的形成；从悖论面看，机器的推广和应用使人的存在进一步异化，人变成了机器的单纯的附属品，在机器所开创的历史性的生存境遇中，人的异化得到充分凸显。作为一个行动纲领，就体例性质而言，《宣言》不可能就机器及其相关问题展开长篇大论，但《宣言》对机器的双重阐释的思路却极大地影响了《资本论》及其手稿中的机器理论。

一、机器与资本主义社会存在的建构

马克思对机器的关注和思考并不是出于对机器本身的兴趣，而是为了揭示资本主义生产方式，因为机器生产是资本主义生产方式的本质特征。《宣言》把机器置于人的现实存在的历史境遇中，批判性地探讨了机器在资本主义社会存在的建构和人的存在方式的变革中的根本作用。从推动资本主义社会存在的兴起和建构的肯定方面来看，作为一种生产工具，机器体现了强大的生产功能，机器的发展程度代表了生产力发展的高度，机器的应用和推广为自由人联合体的实现准备了物质条件。不惟如此，现代机器还建构了一种新型的人与世界的关系，塑造了异质于传统社会的新的文明形态。在这里，机器不仅对社会生产起到一个根本的颠覆作用，而且直接建构了新的生活内容、社会关系和交往方式，推动了生产方式、社会生活和价值观念的全面转型。马克思正是在这个意义上强调了这一结论：蒸汽磨产生的是资本家为首的社会，手工磨产生的是封建主为首的社会。这一观点在《资本论》中也得到了印证："工艺学揭示出人对自然的能动关系，人的生活的直接生产过程，从而人的社会生活关系和由此产生的精神观念的直接生产过程。"[①] 机器的发明和推广，不仅意味着技术操作上的便利和劳动生产率的提升，而且通过一系列新机器在生产领域的推广，逐渐塑造了新的生产方式和社会生活关系，这是一种新的文明形式的塑造。

---

① 马克思：《资本论》第1卷，人民出版社2004年版，第429页。

马克思对机器与机器变革的思考始终与具体的社会存在形式和社会结构特点结合起来,而不是仅仅在科学技术的发展逻辑中追问技术的本质。从技术的社会塑形和文明建构的角度看,技术不仅隶属于唯物史观,是唯物史观的一个基本范畴,而且是唯物史观创立和发展的一个重要动力因。机器等现代生产工具在马克思唯物史观的结构体系中具有重要作用,在资本主义社会存在的建构中被赋予了重要地位。可以说,马克思把机器看作是高级形态的资本,看作是一种区别于工场手工业的更高级的生产方式,他是在机器生产与社会、经济的互动关系中思考现代技术在社会变革中的作用。正如美国学者罗森伯格所言,马克思之所以创作了大量的关于社会变迁的成果,其主要原因在于马克思本人是一位严谨的技术研究者,他充分论证了技术的社会影响和历史重要性,且对技术发展的内在逻辑进行了详细考察。①

以机器为代表的现代生产工具不断地使整个世界资本主义化,这种持续不断的以生产工具变革为核心的经济革命,使以往的经济结构、政治结构和社会结构发生颠覆性的变革,整个世界因此都被卷入到资本主义文明中去了。"资产阶级,由于一切生产工具的迅速改进,由于交通的极其便利,把一切民族甚至最野蛮的民族都卷到文明中来了。"② 由于机器生产代表了高效的生产方式,它瓦解了一切民族的传统工业,任何一个民族如果不想灭亡,机器工业的建立就会成为生死攸关的问题。《宣言》揭示了资本主义现代性的内在本性就是流动性,它反对僵化的等级的东西,只有对生产工具不断地进行变革,资本主义才具备生存和扩张下去的权利。反之,使旧的生产方式一代又一代地自我复制下去,是维持前资本主义社会存续下去的必要条件。"生产的不断变革,一切社会状况不停的动荡,永远的不安定和变动,这就是资产阶级时代不同于过去一切时代的地方。"③ 资本主义生产的不断革命化意味着资本主义是一个流动的过程,这个过程

---

① [美]罗森伯格:《作为技术研究者的马克思》,载《教学与研究》2009年第12期,第10页。
② 《马克思恩格斯文集》第2卷,人民出版社2009年版,第35页。
③ 《马克思恩格斯文集》第2卷,人民出版社2009年版,第34页。

并不仅仅是资本量的无止境增加，更重要的是生产工具和生产方式的位阶的不断提升。物质资本量的增加是机器生产所带来的结果，并不是资本主义文明的推动者。根本原因并不是把手推磨的数量增加到现在这个程度，而是手推磨被处于更高位阶的蒸汽磨取代了。

机器等生产工具的经济革命破坏了中世纪一切宗法的、伦理的和田园诗般的人身依附关系；破坏了那种既束缚个人和家庭又保护个人和家庭的中世纪伦理环境；消灭了中世纪手工艺人、封建贵族、骑士等阶层存在的客观环境和他们的精神世界。这种现代机器生产方式改变了整个世界的生活理念和价值规范，创造了功利主义的生活态度和金钱至上的经济思维。它用资产者的到处冒险和竞争代替了传统封建主的威望，它用一无所有的出钱招雇的劳动者代替了传统社会形形色色的被奴役者，它用交换价值代替了人的尊严和中世纪田园诗般的伦理宗法传统。资产者的自由竞争和商业冒险作为一种生活理念最终取代了给人以确定感的传统等级秩序。尽管在《宣言》中没有详细论证竞争自由、贸易自由、自由买卖等自由形式产生的经济根源，也没有论证资本主义的起源如何使个人从中世纪人身依附关系中解脱出来从而获得独立性，马克思此时的政治经济学研究尚处于起步阶段，这一切留待《资本论》及其手稿来完成，但是《宣言》关于机器生产与资本主义个人自由的关系的观点已经确立。资本主义在炸毁封建所有制关系为个人自由发展创造条件的同时，也使这种个人自由成为虚假的自由，真正自由的是资本，而个人却没有独立性和个性，成为机器的附属品。

《宣言》深刻地指出资本主义是一种世界体制，它通过世界市场的开发，将一切民族的生产和消费都统一成世界性的了，不仅生产和消费，而且文学和艺术相互依存和世界化，资本主义文明逐渐成为世界性文明。"资产阶级，由于开拓了世界市场，使一切国家的生产和消费都成为世界性的了……许多种民族的和地方的文学形成了一种世界的文学。"[①] 物质的生产和精神的生产都摆脱了民族的限制成为世界性的。马克思的这一论断

---

① 《马克思恩格斯文集》第2卷，人民出版社2009年版，第35页。

显然具有预言性质,因为当时的全球化才刚刚萌芽,尽管资本主义经济的潜力已经显而易见,但还没有在全球展现出来。正如英国著名马克思主义者霍布斯鲍姆所认为的那样,19世纪50年代之前,即使在英国,工业革命也没有创造一个工业或城市占主导地位的国家。《宣言》不是描述1848年已经被资本主义改造的世界,而是预言了世界在逻辑上如何注定被资本主义改造。① 蒸汽和机器引起了产业革命,取代了以分工和手工劳动为基础的工场手工业,大大提高了劳动生产率,廉价的商品成为全球化和建构资本帝国的有力武器。以蒸汽机为核心的现代工业技术、交通技术和航海技术为世界市场和全球化的形成提供了前提条件,促进了历史由民族历史向世界历史转变。《宣言》的经济全球化思想不仅得到了100多年来全球化历史的印证,而且对许多思想家都产生了重要影响。比如沃勒斯坦的世界体系理论,他指出与近代以前的世界帝国不同,资本主义这一正在形成的世界体制是建立在世界经济之上的。与《宣言》时代相比,现代经济的全球化在内容上已经大大扩展,不仅商品、原料和能源在世界范围内更加相互依赖,而且进一步扩大到金融、服务、信息等各个方面,尤其是在互联网技术的推动下得到快速发展。需要注意的是,如马克思所言,世界市场和全球化是由资本主义主导的,在这一世界历史过程中,各个民族国家关系并不对等。除了通过政治渗透、意识形态的传播之外,资本主义发达国家强大的经济优势使全球发展中国家处于价值链的底端。

《宣言》指出,以蒸汽和机器为代表的资本主义生产方式创立了巨大的城市,使农村屈服于城市的统治,与农村文明相比,城市文明作为主流的文明形态支配了100多年来世界城市化的历史进程,代表了文明的发展方向。哈维把马克思历史唯物主义的基本思想发展为历史地理唯物主义,其根本目的是为了强调城市、空间和地理在当代社会的意义。在后来的《1857—1858年经济学手稿》中,马克思区分了前资本主义社会时期三种异质于现代工业和商业城市的旧城市:古希腊的历史是城市占主导地位的历史,虽然和现代一样表现为乡村隶属于城市,但在这类城市中,仍然主

---

① [英]霍布斯鲍姆:《如何改变世界:马克思和马克思主义的传奇》,吕增奎译,中国社会科学出版社2014年版,第105页。

要以土地所有制和农业为基础；亚细亚的历史是农村和城市无差别的自然统一的历史，城市是王公贵族的居住地，是自然经济结构上的赘疣；日耳曼的历史以乡村为起点，它的进一步发展表现为乡村和城市的二元对立；资本主义社会的历史是城市地位越发凸显的历史，是乡村不断地城市化的历史。可以说，现代社会的城市和古代社会的城市在结构、功能上是完全异质的。"城市人口比农村人口大大增加起来，因而使很大一部分居民脱离了农村生活的愚昧状态。"[1] 城市是资本主义先进机器生产方式的物质载体，它承担了完全不同于古典古代城市的功能，它的兴起和发展与资本主义生产方式的发展是一致的。资本主义生产方式创立了机器大工业，大工业为现代城市的建立提供了便利的交通条件和其他基础设施，雨后春笋般出现的现代大工业城市代替了自然形成的城市。城市是资本和摆脱人身依附关系的独立个人在一定地理空间范围内的组合，是资本优化组合和展现自己力量的舞台，是资本主义工商业在空间上聚合的产物，它为人的交往、自由竞争和才能的发挥提供了广阔的舞台。

二、机器与人的存在的新境遇

以蒸汽和机器为标志的技术革命作为先导在 19 世纪中期引起了巨大的政治、经济、社会变革，使工场手工业过渡到机器大工业，生产力与生产关系的矛盾发展到一个新的阶段。机器化生产和工厂制度作为一种新的生产方式取代了以手工技术和分工为基础的工场手工业的生产方式，塑造了人的一种新的历史性的存在方式。马克思高度肯定了技术在塑造资本主义文明和社会存在中的巨大作用，以机器技术为支点，批判性地分析了资本主义文明的多个方面，把机器技术置于生产关系的变革、阶级关系的调整、功利主义和金钱至上思维的确立、道德的堕落、劳动的异化、世界市场和全球化的塑造、现代城市的形成等宏观的历史境遇中。机器在马克思

---

[1] 《马克思恩格斯文集》第 2 卷，人民出版社 2009 年版，第 36 页。

那里并不仅仅是作为身体的延伸而存在的,其真正意义不在于它作为通向人与自然关系的工具或桥梁,而是参与对人的存在、社会形态和整个世界的构造之中。尽管《宣言》没有也无法详细分析机器对人的存在方式的影响,但是其中不乏真知灼见的思想,这些思想在《资本论》及其手稿中得到了详细论证和展开。马克思把对技术的思考不仅从宏观角度和资本主义社会存在的建构结合起来,而且从微观角度和人的存在方式的历史性变迁结合起来。《宣言》从正反两个方面论述机器的社会功能:机器生产作为一种现代生产方式,一方面在塑造资本主义文明和社会存在的过程中起到一种建构性的作用;另一方面机器的推广和应用使人的存在进一步异化,人变成了机器的单纯的附属品,成为单一性的存在,在机器所开创的历史性的生存境遇中,人的异化得到充分凸显。

穷人和劳动阶级在历史上一直存在,而真正的无产阶级则是由以机器的发明和使用为标志的工业革命产生的。《宣言》预测资本主义机器化的生产方式由于其巨大的生产效率和良好的质量排挤掉了以手工劳动为基础的一切传统生产方式,进而也根除了分布在这些生产方式中不同等级和阶层的其他劳动者,因而必然导致阶级结构简单化。社会日益分裂为两大对立的阶级,无产阶级取代了帮工、手工业工人、学徒等成为为数最多的剥削对象;资本家取代了手工业主、行会师傅等成为经济结构中的另一极。尽管在《宣言》时期,马克思还没有创立剩余价值理论,也没有区分开劳动和劳动力,但是他已经指出工人出卖自己的前提:"现代的工人只有当他们找到工作的时候才能生存,而且只有当他们的劳动增殖资本的时候才能找到工作。"[1] 像任何其他商品和货物一样,这些工人不得不把自己作为商品零星地出卖给资本家,因而同样受到市场供求关系的影响。劳动者作为商品存在使其切断了与精神传统以及相应的神性、德性、真善美等传统价值观念的联系,按照海德格尔的说法,人在技术时代被连根拔起,无家可归。

在机器化大生产中,人被异化为一种商品性存在,人的尊严变成了交

---

[1]《马克思恩格斯文集》第2卷,人民出版社2009年版,第38页。

换价值，给人以确定感、共同感、安全感的素被尊崇的观念让位于功利主义和利己主义原则。一切崇高和神性的东西都瓦解了，事物存在的根据和意义在于成为资本增殖的材料，服务于资本增殖的逻辑。任何职业都失去了光环和神圣性，按《宣言》的说法都变成了资本出钱雇佣的劳动者。人作为商品性存在以及劳动者的被剥削地位在当代社会并没有实质性变化，变化的只是剥削的方式，对劳动者的剥削更加巧妙，形式上更加多样。科技革命使资本主义剥削的对象发生了从人的体能到智力、创造力、神经系统等的转移。西方学者制造并尽力散布的中产阶级概念并未颠覆马克思的两极分化的阶级结构，中产阶级实质上是根据收入的多少来进行的划分，通常包括经理、专家等智力劳动者，而马克思对阶级划分的根据是生产资料的占有关系。甚至西方马克思主义者哈贝马斯也认为："在［晚期资本主义的］社会系统中，那些同维护生产方式紧密联系的利益，不再是阶级的利益，它们不再带有'明显的［阶级］局限性'。"① 在科技革命和生产力的巨大发展的前提下，资本主义国家通过福利政策的推行，确实使阶级关系得以改善，使无产阶级拥有一定程度的资产从而步入中产阶层，但并未改变自己的阶级地位。

《宣言》指出机器的设计和发明并不是为了减轻工人的劳动量，尽管它使工人的操作变得简单，但却增加了工人的劳动量。"机器越推广，分工越细致，劳动量也就越增加，这或者是由于工作时间的延长，或者是由于在一定时间内所要求的劳动的增加，机器运转的加速，等等。"② 机器本身的目的是为了减轻劳动强度，但机器的资本主义使用却提高了劳动强度；机器本身的目的是为了缩短劳动时间，但机器的资本主义使用却延长了劳动时间；机器的推广增加了资本主义社会的整体财富，但却使工人的生活越来越没有保障。问题的根源不在机器本身，而是资本主义制度，就自身而言机器只是生产使用价值的工具，只有在一定的关系下才成为支配人的资本，所以马克思批评了早期工人捣毁机器、烧毁工厂的斗争方式。

---

① ［德］哈贝马斯：《作为"意识形态"的技术与科学》，李黎、郭官义译，学林出版社1999年版，第66页。
② 《马克思恩格斯文集》第2卷，人民出版社2009年版，第38页。

现代的机器工业使家长式的手工作坊转变为产业资本家的大工厂，人们的劳动强度不仅增强了，而且《宣言》以萌芽的方式提到了技术作为机制和规则已经渗透到生产管理当中。在资本主义工厂制度的管理和支配下，工人以提高效率为目的根据资本运行的逻辑被有效地组织起来，他们不仅受机器运转程序的支配，而且受监工、资本家的监督，其最终目的是为了最大限度地使资本增殖。尽管资本的管理模式和机器运转的环境在当代发生了根本的变化，但不变的是工人在劳动中的地位。

在生产过程中，工人的劳动失去了独立的地位和性质，劳动作为异己性的存在对工人失去了任何吸引力，人在劳动中不是肯定自己而是否定自己。"工人变成了机器的单纯的附属品，要求他做的只是极其简单、极其单调和极容易学会的操作。"① 工人的劳动失去了给人以自我实现的生命活动的意味，仅仅成为资本增殖的一个工具或环节。随着机器的推广和应用，生产过程中的操作越来越简单，工场手工业时期单个工人或成组工人必须用手工工具完成的劳动由相互配合的机器化体系完成，对劳动技能的要求越来越简单。因而非熟练的童工和女工也参与到生产过程中，受机器的支配和奴役。性别和年龄不再重要，也不具有任何社会意义，他们只是遵循机器运转程序的生产工具。一切都转化为被技术和程序控制的东西，表面上具有自由意志、自我行动能力的生产主体实际上却被现代技术操控。相比《宣言》时代，技术对人的控制早已越出生产领域渗透到生活的各个方面，无处不在的网络、程序和现代技术体系操控着人们的意识和行为。表面上是自由选择的行为，背后其实是无孔不入的现代技术体系支配着人们的意识，海德格尔恰当地称之为技术"座架"，哈贝马斯称之为技术意识形态。人虽然是技术的发明者和应用者，但是却不自觉地完全卷入其中。

《宣言》尽管没有明确提出"技术通约化"这一概念，但确实蕴含着在《资本论》得到详细阐发的技术通约化思想。由于机器的推广和应用，工场手工业中工人的技艺被抽象和化约为在机器旁边的简单劳动，手的操

---

① 《马克思恩格斯文集》第 2 卷，人民出版社 2009 年版，第 38 页。

作所要求的技巧越来越少。按照机器运转的程序组织起来的工人劳动被嵌入进技术的座架中,这一方面提供了征服世界的巨大效率,另一方面使人与人的关系、人与自然的关系、人的各方面才能的关系变得单一化,造成了人的知识、智力和能力的单向度发展。海德格尔和法兰克福学派的诸多思想家都曾对技术通约化问题作出富有见地的阐发。海德格尔指出:"在以技术方式组织起来的人的全球性帝国主义中,人的主观主义达到了它的登峰造极的地步,人由此降落到被组织的千篇一律状态的层面上,并在那里设定自身。"① 海德格尔在这里明确表达了技术通约化思想,人在技术编织的帝国中,变得千篇一律,被技术均质化。马尔库塞也深刻地指出,生活的一切领域都被技术渗透和控制,一切异质性、殊异性都被技术解构,成为同一化的控制对象。

三、《宣言》与《资本论》机器观的进一步拓展

马克思的机器观隶属于政治经济学批判,在《资本论》及其手稿中建立了一个丰富的理论体系。作为一个行动纲领,就体例性质而言,《宣言》不可能就机器及其相关问题展开长篇大论,但从《宣言》关于机器天才般的零散论述中已经可以隐约看到这个理论体系的基本架构。当然,伴随着后来政治经济学研究的深入,特别是劳动过程理论和剩余价值理论的确立,马克思的机器观又得到了进一步的拓展和深化,尤其是机器思考的微观视角变得十分鲜明。《宣言》之后,马克思的机器观主要体现在三个文本:《1857—1858年经济学手稿》的"固定资本和社会生产力的发展"、《1861—1863年经济学手稿》的"机器。自然力和科学的应用"、《资本论》的"机器和大工业"。我们发现马克思机器观的发展始终贯穿着《宣言》对机器的双重阐释的思路,《资本论》及其手稿对机器理论的拓展和

---

① [德]海德格尔:《海德格尔选集》下册,孙周兴选编,上海三联书店1996年版,第921页。

深化同样表现在机器塑造社会的文明面和机器导致人的存在异化的悖论面两个维度。我们先来看，《资本论》及其手稿对《宣言》机器的文明面的拓展和深化。

首先，资本主义财富的生产较少地取决于劳动时间和劳动量，最重要的是取决于科学在生产上的应用。"现实财富的创造……取决于科学的一般水平和技术进步，或者说取决于这种科学在生产上的应用。"① 工人的劳动在生产过程中不再是起决定作用的力量，标志生产力发展水平的是吸纳社会智力、自然科学的作为固定资本的机器体系。基于对机器、科学以及二者关系的深刻洞见，马克思创立了科学的固定资本理论，并深刻意识到固定资本对人的存在的奴役。自动化机器体系作为固定资本是资本一般的最恰当的形式，科学使它代替了工人的技艺和力量，成为巨大生产效率的推动者。随着科学知识、一般智力在生产力中的作用越来越大，资本必将推动科学、一般智力最大限度地发展，从而使作为对象化知识力量的自动化机器体系在生产过程中占据越来越突出的位置。生产过程成为科学知识运用的场所，科学成为生产过程中的一种根本性的力量，把科学纳入资本主义体系已成为结构性发展的趋势。尽管《宣言》已经论证了机器生产对生产力的巨大推动作用，但是还没有意识到科学与机器的关系，科学在自动化机器体系中的作用，更没有对固定资本与人的存在、一般智力的关系作出论证。但是《宣言》已经从历史发展的宏观视角暗示了机器是一种最先进的生产方式，在塑造社会存在的过程中起到重要作用，代表了人类文明的发展方向。

其次，立足于机器这一资本发展的最适当形式，围绕机器的相对剩余价值生产和固定资本的智力化发展，马克思创立了系统的自由时间理论，资本在不自觉地为整个社会创造自由时间。机器与科学的结合极大地提高了劳动生产率，使维持整个社会存在的必要劳动降到最低限度，为整个社会创造大量的自由时间，当然资本主义生产方式使自由时间发生了异化。时间在马克思那里具有存在论的意义，它是一个人自我实现的空间，如果

---

① 《马克思恩格斯全集》第 31 卷，人民出版社 1998 年版，第 100 页。

一个人除了必要生理时间之外全是被资本绑架，都是在为剩余价值的创造服务，那么他和一头载重的动物就没什么区别。机器的资本主义使用意味着必要劳动时间的减少，但这并不等于每一个人自由时间的增加，资本的本性在于使这种自由时间最大限度地转化为创造剩余价值的直接劳动时间。"资本的趋势始终是：一方面创造可以自由支配的时间，另一方面把这些可以自由支配的时间变为剩余劳动。"① 这就是机器的资本主义使用的悖论，要想解决这一悖论，必须超越资本这一生产方式，实行联合起来的人共同占有生产资料和共同生产，从而共享社会财富和自由时间，使机器的资本主义使用过渡到共产主义使用。由于《宣言》还没有创立相对剩余价值理论，马克思此时还没有看到机器的使用所导致的自由时间问题，《资本论》对机器与自由时间关系的阐释是一次重大理论推进。

最后，在与工场手工业的比较中，《资本论》突出了机器大生产在整个资本主义社会结构所产生的溢出效应，从而引起整个资本主义社会的全方位的变革。"一个工业部门生产方式的变革，会引起其他部门生产方式的变革。"② 在这里，马克思分析了特殊产业中的生产方式之间会发生动态的相互作用，形成了相互之间反复加强的变化。马克思举例道，机器纺纱必然导致机器织布，而这二者又必然使染色业、漂白业进行化学革命。《宣言》已经意识到交通运输工具的变革在塑造资本主义文明过程中的重要作用，《资本论》继承了这一点，机器化大生产所带来的巨大的生产规模和狂热的生产速度，产业资本大规模地从一个生产领域向另一个生产领域的转移，世界市场的形成等，这一切必然引起交通运输工具这一生产过程一般条件的变革，工场手工业时期遗留的交通运输手段必然成为发展机器大工业的桎梏。正如哈维所言："蒸汽机会提高生产的集中程度，而地点性的自由被蒸汽动力所赋予。世界市场的连接性也会改变。"③ 一种生产部门的技术革命必然引起社会结构中的所有要素发生变化，这不仅包括整

---

① 《马克思恩格斯全集》第31卷，人民出版社1998年版，第103—104页。
② 马克思：《资本论》第1卷，人民出版社2004年版，第440页。
③ ［美］大卫·哈维：《跟大卫·哈维读〈资本论〉》，刘英译，上海译文出版社2014年版，第225页。

个生产领域空间关系和时间结构的变化，而且还包括社会关系和精神观念的变革，相对于行会手工业和工场手工业时期的相对固化的社会结构而言，这属于世界文明的进步。

相对于《宣言》从世界历史发展的一般过程分析机器所带来的人的存在的异化，《资本论》及其手稿侧重于从微观领域即生产过程内部分析机器所带来的人的存在方式的异化，其主要推进表现在以下两个方面：第一，马克思通过对比工场手工业中人的存在方式，进一步揭示了生产过程中人的存在方式的深层异化。在工场手工业中，工人的技能仍然占据主导地位，生产过程每一个特殊的操作必须由工人用自己的手工工具来完成；而在机器大工业时代，整个生产过程被分解为相互连续的组成阶段，各个阶段的衔接以及每个局部阶段如何完成的问题都由技术上的应用解决。机器取代工人处于生产过程的核心，人被囊括进机器运转的程序中，成为机器体系的附属物和组成要素，甚至终生伺候机器，人被机器全面控制和支配，完全丧失主体地位。劳动形式改变了，工场手工业的工人凭借技能取得的优势完全转移到机器上了，因而工人无法奋起反抗，自动化机器体系作为资本的客观力量使生产成为无法抗拒的组织化过程。

第二，在对剩余价值科学阐释的基础上，建立了极富概括力的两个从属理论：劳动对资本的形式从属与实际从属，实现了对资本主义生产方式的完整把握。劳动对资本的形式从属是在绝对剩余价值基础上形成的劳动与资本的关系，形式从属意味着改变的只是生产的社会形式，从之前的人身依附关系变为资本与劳动的雇佣关系，并未改变劳动的物质内容，劳动者在生产过程中的主体地位并没有改变，他们只是形式上服从资本增殖的逻辑。劳动对资本的实际从属是在相对剩余价值基础上形成的劳动与资本的关系，生产方式的物质内容、生产的具体过程、工人与资本的关系等都发生了根本变革。"随着劳动在实际上从属于资本，在生产方式本身中，在劳动生产率中，在资本家和工人之间——在生产内部——的关系中，以及在双方彼此的社会关系中，都发生完全的革命。"[①] 在机器的应用所导致

---

① 《马克思恩格斯文集》第8卷，人民出版社2009年版，第385页。

的劳动对资本的实际从属中，劳动者完全被机器吸纳，缺乏自主性，劳动者的地位被机器完全颠倒，屈从于机器的运行模式。

马克思既不像技术乐观主义者那样对技术所带来的文明作用持盲目乐观的态度，也不像技术悲观主义者那样对技术所带来的文明灾难和社会病症持盲目悲观的态度。这些对技术的盲目肯定和否定意味着根本没有把握到技术的本质。从《宣言》到《资本论》马克思对机器的思考始终围绕着文明面和悖论面的双重维度进行思考，在关于机器的重要问题上，《资本论》又推进和深化了《宣言》的思考。马克思对机器和机器生产的思考远远超出技术史和技术理论的范围，始终与生产方式、思维方式、人的存在和解放密切联系在一起，是马克思政治经济学批判不可或缺的组成部分。根据马克思的观点看，问题的根源不在于机器本身，而在于资本主义生产方式。要变革机器的资本主义使用，实现机器的共产主义使用，必须超越生产资料的私有财产制度，实现一种新的制度创制：自由人联合体，对一切生产资料实现联合占有，共同对生产进行民主计划和管理，从而实现财富的共享。

第十三章 《资本论》的机器观及其人学向度

在《资本论》及手稿中,马克思对机器和机器的资本主义使用进行了系统解读。马克思把机器的本质与人的存在内在地联系起来:一方面,在机器大工业中,机器取代了工人的技艺和力量占据主体地位,工人的活劳动仅仅作为机器体系的一个附件,由机器的运转来决定和调节,相比工场手工业时期,人的存在方式进一步异化;另一方面,机器作为资本的高级形态又具有重要的文明作用,它创造了丰富的物质财富,增加了社会的自由时间,加强了人们之间的社会结合和社会交往。由于资本的本性,机器的资本主义使用不可能最终解决人的自由个性实现的问题,只有在机器的共产主义使用中才能根本上消除机器对人的奴役和支配。

在写作《资本论》过程中,马克思阅读和摘录了许多自然科学、技术科学、工艺史、技术史和发明史等方面的著作,例如,拜比吉的《论机器和工厂的经济》、尤尔的《工厂哲学》、李比希的《化学在农业和生理学中的应用》、波佩的《从科学复兴到十八世纪末的工艺学历史》和贝克曼的《发明史文集》等。为了解当时资本主义科学、技术和工艺的现状,他还参观了1851年在伦敦举办的第一届万国工业博览会。马克思之所以花费如此多的精力对这类著作进行大量的摘录和研究,其根本原因在于他深刻地认识到了科学技术对生产方式的变革,对资本主义生产的推动,甚至对人的存在方式、思维方式和精神观念等都产生了不同于工场手工业时期的重大影响。马克思对科学技术的思考与政治经济学研究是同步进行的,他对科学技术的思考隶属于对资本主义社会的政治经济学批判事业。国内关于马克思技术哲学的研究很少认识到这一点的重要性,把马克思对技术的思考从政治经济学批判语境中抽离出来,往往从现象层面得出一些具体的实证结论和零星的思想片段,缺少对现代技术与人的进一步异化的关联的思考,更缺少对现代技术与人的自由个性实现这一共产主义事业关系的深层研究。限于篇幅和聚焦主旨等原因,本章以马克思时代的先进技术即机器和机器体系为例,在政治经济学批判这一宏观语境下,从人学这一特定向度对马克思的机器观进行整合。

一、作为资本的机器与资本的高级形态

根据马克思的观点看,劳动资料发展为近代机器体系对资本来说并非一件偶然的事情,而是从传统中继承下来的劳动资料为了适应资本要求所发生的历史性变革。马克思把资本主义生产的组织形式划分为两大基本阶段:工场手工业和机器大工业。在第一阶段,工场手工业占支配地位,17世纪的荷兰和18世纪的法国提供了这种生产组织形式的真正典型,这一阶段的典型特征是分工在生产过程中居于主导地位。也就是说,行会手工业时期由一个工人所操作的整个手工技术被分解为在同一个资本的指挥下由不同工人承担的互相补充的局部操作。相对于行会手工业,工场手工业生产效率的提高并不是技术的原因,而是由于分工。分工产生去技能化的作用,使每个工人不必拥有全面地掌握从事原有整个操作的能力,只是掌握生产过程某个环节的技能,从而大大提高劳动生产率,使每个工人在单位时间内生产的产品更多。在工场手工业中,资本家并没有真正把精力集中在通过机器的创造提高生产率,而是以现有生产方式为基础对劳动环节进行重新整合和组织。当时,资本主义还没有把技术创新作为动力,现代技术也没有内化到生产过程的核心地位。尽管也出现了一些技术创新,如自鸣钟和印刷术这些伟大的技术发明,但正如亚当·斯密所言,机器仅仅在分工之旁起次要作用。18世纪末期,由于市场的极大开拓,工场手工业已经满足不了市场需求,这就有了创造更具效率的生产工具的强大动力,

在马克思看来，机器大工业正是市场发展的必然结果。机器使手工业生产不再成为占支配地位的生产方式，现代工厂组织形式和机器走到了资本主义生产舞台的中心。机器大工业是第二种与资本相适应的生产方式。

何谓机器呢？在与工具的对比中马克思界定了机器的科学内涵。对于工具与机器的区别，马克思批判了两种错误观点。我们先来看第一种错误观点：机器是复杂的工具，工具是简单的机器。这种观点并未看到二者的本质区别，只是从表象上把二者的区别归结为简单机器和复杂机器，在工具和机器之间没有历史的因素。马克思认为二者的本质区别在于，机器是生产过程中各种工具的组合，一台自动机器同时推动相互协作的各种工具。机器使各种工具形成一个在空间上相互协作的工具链，所有工具都同时动作，依次把原料供给下一台，从而保证不同生产阶段的连续性，"产品就不断地处于自己形成过程的各个阶段，不断地从一个生产阶段转到另一个生产阶段"[①]。不是工具以原子式的方式集合在一起，而是许多相关工具在规模、动力等方面都统一在机器体系之中。技术哲学家西蒙栋对工具和机器的区分对我们理解马克思有重要启示，他指出，工具是个体化的，是抽象的技术物体，技术结构的诸要素还处在未解蔽的状态，没有得到展开；而机器是整体化的，作为一个发达的技术物体，各要素已经从抽象走向具体，彼此相互融通，汇聚在一起，并获得充分展开。近代机器发展史在某种程度上可以看作是个体工具逐渐向整体机器汇聚的历史。

我们再来看另一种马克思批判的错误观点：根据动力区分工具和机器，把人力看作工具的动力，把不同于人力的动力，如风力、水力、牲畜力等自然力看作机器的动力。这是根据所依赖的动力类型来界分工具和机器，凡是用人力推动的技术物都是工具，凡是用异质于人力的自然力推动的技术物都是机器。资产阶级经济学家拜比吉就持这种观点。按照这种说法，马克思举例道，珍妮纺纱机仅仅是工具，而在极不相同的生产时代的畜力拉的犁、风力或水力推动的磨却是机器。倘若如此，机器生产应该先于手工业生产，因为牲畜力这一自然力的开发和利用是最古老的发明之

---

① 马克思：《资本论》第1卷，人民出版社2004年版，第437页。

一，这显然不符合历史事实。或者说，同一个技术物用自然力推动是机器，用人力推动却成为工具，这显然没有抓住工具和机器的本质区别。马克思认为机器由三个部分组成：发动机、传动机构和工具机。机器的前两个部分并不直接作用于劳动对象，而是把运动传给工具机，工具机根据一定的目的作用于劳动对象，工具机直接和劳动对象接触。所以工业革命并不开始于动力，工具机才是18世纪工业革命的起点。"工具机是这样一种机构，它在取得适当的运动后，用自己的工具来完成过去工人用类似的工具所完成的那些操作。至于动力是来自人还是本身又来自另一台机器，这并不改变问题的实质。"① 即使人本身作为动力，机器与工具的界分仍然是一目了然的，工具机是机器和工具区分的根本标志。工具和机器的区分呈现一种去身体化的趋势：对于工具来说，它是个性化身体技能的一种展示，整个身体都参与了工具的具体劳动；对于机器来说，它强调的是生产的连续性和过程化，工人作为机器的看管者存在，只是身体的某一方面参与了劳动，机器成为劳动过程的主体。虽然马克思反对把动力类型作为区分工具和机器的标志，但是却并不反对把动力类型作为工具和机器的一个重要界分。马克思认为，工具机的创造使蒸汽动力成为必要，但蒸汽机作为一种原动机具有划时代的革命意义，它取得了完全摆脱人力限制的独立形式，它以煤作为动力，可以由人操控，可以移动，不像牲畜力、水力和风力那样不稳定和受地点限制。

在机器体系中，占统治地位的已不再是分工，财富生产取决于机器技术在生产中的应用。在机器体系中，"占统治地位的是劳动力的结合（具有相同的劳动方式）和科学力量的应用，在这里，劳动的结合和所谓劳动的共同精神都转移到机器等等上面去了。"② 财富的创造较少地取决于劳动时间和劳动量，而是较多地取决于科学和技术，或者说取决于科学在生产上作用物的力量。劳动已经不再是生产力发展水平的真正标志，取而代之的是吸纳社会智力、知识体系和自然科学的以机器为代表的固定资本。直接劳动被机器体系强制裹挟，在资本与劳动之间，劳动以机器体系为中

---

① 马克思：《资本论》第1卷，人民出版社2004年版，第430页。
② 《马克思恩格斯全集》第30卷，人民出版社1995年版，第588页。

介，机器体系起着根本性的作用。科学和智力成为固定资本的固有属性，只有到这个时候，资本才塑造了与自己相适合的生产方式，资本才获得了符合自己本性的充分发展，而具体劳动则被异化为整个机器体系的一个从属的要素。马克思认识到机器在资本主义生产中的重要性显然受到了尤尔《工厂哲学》的影响，尤尔指出，在工场手工业时代，分工居于支配地位，生产要适应工人的技能，人并未丧失自己的主体地位；在机器大工业时代，占支配地位的是机器和机器体系的运作，人的技能成为次要的，完全屈从于机器运行的逻辑，丧失自己的主体地位。但是，尤尔的理论也有一定的局限：他缺乏批判的立场，他的机器观是为资产阶级工厂制度服务的，没有区分开机器和机器的资本主义运用。另一位资产阶级经济学家罗德戴尔同样认识到了机器体系所蕴含的巨大生产力，但是却由此走向了背离劳动价值论的立场。出于维护资本主义经济秩序的目的，罗德戴尔认为，机器体系可以脱离劳动直接创造价值，是剩余价值的源泉。马克思针锋相对地指出，所谓机器体系创造价值，那只是由于机器体系的使用提高了劳动生产力，从而使劳动能在更短的时间内生产出更多的维持劳动能力存续所必需的产品，从而提高剩余劳动时间的比例。机器只是增加剩余劳动时间的手段，它根本无法代替活劳动，马克思坚持了彻底的劳动价值论立场。

现代机器体系催生了一种新的生产方式和统治方式，成为剥削工人的有力武器，而不是像资产阶级经济学家所想象的那样，机器体系的出现是为了弥补劳动力的不足，是为了对单个工人有帮助，作为资本的一种高级样态，它仍然具有资本的一般属性。资本家在生产过程中运用机器，是因为它们是相对剩余价值的来源，持续不断地技术创新对资本家来说是最强劲有力的。机器运用于生产过程的基本原则在于："机器本身包含的劳动时间，少于它所代替的劳动能力所包含的劳动时间；进入商品［价值］的机器的价值，要小于（即等于较少的劳动时间）它所代替的劳动的价值。"[①] 机器的使用，缩短了必要劳动时间，劳动能力的价值减少了，惟其

---

① 《马克思恩格斯全集》第32卷，人民出版社1998年版，第368页。

如此，才可能创造更多的剩余价值。机器在资本主义生产方式中，成为资本剥削和驾驭劳动的手段，成为与具体劳动敌对的资本的形态，这即是机器的资本主义运用。"在马克思著作中，对资本主义科学技术推动力的赞美与对资本主义制度的否定是并存的。"① 问题不是出在机器本身，而是机器成为资本的一部分，资本的内在能力和本质在机器上得到充分展示，增加了剥削工人的权力。

矛盾和对抗并不是机器产生的，而是机器的资本主义运用产生的，所以正如哈维所说的那样，有问题的不是机器，而是资本主义制度。因为机器就自身性质而言缩短了劳动时间，但是在资本主义生产方式中却延长了劳动时间；因为机器就自身性质而言降低了劳动强度，但是在资本主义生产方式中却提高了劳动强度；因为机器就自身性质而言增加了社会整体财富，但是在资本主义生产方式中却产生了大量的贫民。所以，马克思总结道："决不能从机器体系是固定资本的使用价值的最适合的形式这一点得出结论说：从属于资本的社会关系，对于机器体系的应用来说，是最适合的和最好的社会生产关系。"② 这暗含着，机器的资本形式不是永恒的自然存在，它同样可以在其他社会形态使用，比如机器完全可以在共产主义使用，机器自身的本性在这一社会形态得以恢复。马克思之前的许多空想社会主义者、卢德主义者，甚至一些资产阶级经济学家，如拜比吉、尤尔、贝克曼等人也都发现了机器与工人的对抗关系，马克思的超越之处在于，指出了机器与工人的对抗关系不是根源于机器本身，而是根源于资本主义制度。

隶属于政治经济学批判这一宏伟目标，马克思在《资本论》及手稿中大量篇幅都是在资本的层面上对机器进行分析，为对资本主义社会进行病理学诊断提供一个有效路径。随着作为资本的机器体系的逐渐推广，人们改变了已有的生产组织形式，与之相伴的是，人们也改变了自己的社会关系。所以，机器不应该仅仅作为改造劳动对象的一个工具，而应该与人的

---

① [意]理查德·贝洛菲尔等主编：《重读马克思——历史考证版之后的新视野》，徐素华译，东方出版社2010年版，第149页。
② 《马克思恩格斯全集》第31卷，人民出版社1998年版，第94页。

本质、与人的生存方式联系起来进行思考。机器体系作为一种生产方式完全展现为人的生存境遇,尽管人是机器体系的推动者,但人自身已完全卷入机器体系的"座架"之中,人的自我异化与扬弃都在这一历史性的生存境遇中开辟出可能的道路。人的生存方式在机器体系这一历史性的境遇中完全展现:一方面,现代机器体系和工厂制度使人的异化越发凸显,展现出不同于以往的形式;另一方面,机器体系作为一种生产方式自有它的世界历史意义,它充分展现了自己的文明面,为人的自由个性的实现提供了必要准备。马克思对作为资本的机器的态度与对资本主义私有财产制度的态度是一致的,既看到了历史限度,又看到了历史必然性,它是通往人的自由个性实现的必经阶段。

二、作为资本的机器与人的存在方式的深层异化

马克思批判地继承了黑格尔思辨哲学视域中的历史辩证法,创立了作为世界观的历史唯物主义的历史原则,这种历史原则与启蒙运动时期社会政治哲学的本质主义方法格格不入。马克思反对古典自由主义在普遍的、不变的人性基础上为社会理论和道德秩序寻找绝对可靠的根据。英国著名马克思主义者塞耶斯对古典自由主义者的人性观做了准确的概括:"在自然与社会之间严格而唯一的对照中,他们企图区别一套普遍永恒的人类特征,并把它们与那些仅仅是社会的、可能发生的和无关紧要的事情进行区别。他们的目的是要确定'自然的'和'本质的'人类特征,这些特征可以作为社会解释和道德价值的基础。"[1] 而马克思则认为,人是社会历史的存在物,人的存在方式、人的本性必然存在于特定社会的历史境遇中,根本不存在人类永恒不变的本质。"正像一切自然物必须形成一样,人也

---

[1] [英] 塞耶斯:《马克思主义与人性》,冯颜利译,任平校,东方出版社2008年版,第193页。

有自己的形成过程即历史……历史是人的真正的自然史。"① 可见，马克思确立的是一种历史人性观。在人的历史性境遇中，物质生产方式是最根本的因素，它决定着人的存在方式和本质力量，而与物质生产方式密切相关的如何生产、生产什么、生产的物质条件等都是技术的具体形态。机器体系是变革工场手工业的前提和起点，机器大工业这一新的物质生产方式必然引起人的存在方式的变革。当然，技术不仅仅引起人的存在方式的变革，正如费耶阿本德所认为的那样，现代技术甚至已经和国家权力融合在一起，逐渐成为一个标尺，日益侵入并统一社会的各个领域。尽管异化是整个资本主义时期共有的特征，但是在马克思看来，相比工场手工业，机器大工业时期人的异化的存在方式出现了一些新的变化，劳动异化在机器体系中达到了顶点。

在工场手工业中，工人利用工具，他是一个活机构的肢体，劳动资料的运动以工人为核心；在机器大工业中，工人服侍机器，机器作为生产过程的主导独立于工人而存在，作为活的附属物的工人被并入作为死机构的机器，不是机器围绕工人运动，而是工人跟随机器运动，丧失了主体性。机器和机器体系不仅使工人身体上的自由活动荡然无存，而且精神上的自由活动也受到严重摧残。"甚至减轻劳动也成了折磨人的手段，因为机器不是使工人摆脱劳动，而是使工人的劳动毫无内容。"② 在工场手工业中，虽然工人也屈从于资本增殖的逻辑，但从具体的物质运动形式来看，产品的生产依赖于工人运用工具进行的具体劳动，工人的主体地位并未消除，作为支配劳动过程的统一体贯穿于整个生产过程。然而，在机器大工业中，机器取代了工人的技艺和力量在生产过程中占据主体地位，工人的活劳动仅仅作为自动化机器体系的一个附件，并且由机器的运转来决定和调节，这种机器体系相对于单个工人无足轻重的单调操作，在工人面前表现为具有绝对优势的肌体。

在工场手工业中，劳动对资本的从属还是形式从属，劳动只是在形式上服从资本的指挥，工人的技艺、劳动能力、劳动方式、劳动过程与传统

---

① 《马克思恩格斯全集》第 3 卷，人民出版社 2002 年版，第 326 页。
② 马克思：《资本论》第 1 卷，人民出版社 2004 年版，第 487 页。

手工业相比并没有从根本上改变。劳动对资本的形式从属所改变的只是生产方式的社会形式即生产关系发生了变革，也就是确立了资本主义的生产关系，劳动者在生产过程中的主体地位并没有被颠覆，劳动者在生产过程仍然具有自足性。生产关系发生了变革，过去一切血缘的、宗法的、政治的人身依附关系都被资本剥离，取而代之的是建立在交换领域形式自由基础之上的雇佣劳动关系。然而生产方式的物质内容即生产力并没有根本改变，所以这一时期，资本榨取剩余价值的方法主要采取延长剩余劳动时间的绝对剩余价值方法。在机器大工业阶段，由于科学技术的进步，自动化机器体系作为一个总体支配着物质资料的生产，单个的有意识的工人被分布在机器体系的一个个点上，劳动对资本的关系从形式从属发展为实质从属。实质从属意味着工人在具体劳动过程中丧失了主体位，完全从属于机器的运行模式，缺乏自主性。区分形式从属和实质从属的根据是劳动过程的变化，这种变化意味着生产力的巨大变革，剩余价值的生产方法从绝对剩余价值转向相对剩余价值，同时也意味着人的存在方式的深刻变革。

  机器的出场意味着资本在生产过程中加深了对工人精神和肉体上的规训，资本已经全面渗透和宰制整个劳动过程，工人的劳动不再成为人的本质力量的全面展示，而仅仅是机器体系的一个环节。劳动过程内部发生了深刻变革，机器技术的运用和发展与人的存在方式的转变勾连在一起。单个工人的局部技巧和劳动能力在庞大的自动化机器体系面前变得微不足道，在生产过程中与整个固定资本相比作为无限小的力量，逐渐趋于消失。"科学、巨大的自然力、社会的群众性劳动都体现在机器体系中，并同机器体系一道构成'主人'的权力。"[1] 机器体系自身已含有社会权力，它作为资本在劳动过程中支配和吸收工人的活劳动力。资本用来束缚工人的奴隶制，在哪里也都没有在机器体系中暴露得那样明显，交换领域的形式自由被撕裂了，成为意识形态的幻觉。传统马克思主义批判资本主义的思路往往从宏观历史维度出发批判资本主义的私有制，往往忽略从微观劳动主体维度批判资本主义。资本对劳动的规训已经介入到微观生命个体层

---

[1] 马克思：《资本论》第 1 卷，人民出版社 2004 年版，第 487 页。

面，资本对工人的规训已经深入到工人的整个生命时间，按照奈格里的说法，在这一层面资本主义已经在全社会的范围内得到切实贯彻。马克思关于机器体系对工人微观规训的分析是当代生命政治理论的重要思想资源。

马克思认为，在机器大工业中，工场手工业中工人所特有的专业和技艺被抽象化和简单化，各种专业性的劳动被通约为工人在机器流水线上的简单操作，工人之间的差别主要是性别与年龄的自然差别，各种劳动在机器的规制下呈现出均等化的趋势。"由于机器使用同一的、简单的、最多不过在年龄和性别上有区别的劳动，去代替有手艺的独立的手工业者和由于分工而发展起来的劳动专业化，它就把一切劳动力都变为简单的劳动力，把一切劳动都变为简单劳动。"① 马克思在这里阐发了一种技术通约化思想。所谓技术通约化就是把技术作为一个尺度或者绝对规则运用到社会生活的各个领域，使各种本来异质的事物根据现代技术的要求重新塑造，从而具有同质化的特征。工人必须顺应机器运动的逻辑，工人的劳动必须符合技术标准，当然这一方面使生产效率得到极大提高，同时使人的能力、智力和知识只能在某一方面发展，从而变得单向度化。人的个性存在被镶进技术架构之中，从而不得不被均一化。技术通约化思想在后来的哲学家那里得到重大进展，比如海德格尔、伽达默尔和法兰克福学派，在某种程度上与马克思达成了不少共识。比如，海德格尔认为，"在以技术方式组织起来的人的全球性帝国主义中，人的主观主义达到了它的登峰造极的地步，人由此降落到被组织的千篇一律状态的层面上，并在那里设定自身。"② 海德格尔明确表达了技术通约化思想，人被技术同质化和平均化。马尔库塞曾指出，技术控制已经渗透到一切私人领域和公共领域，差异和对立都被均质化为中立的控制对象。哈贝马斯也认为，在晚期资本主义，作为意识形态的科学技术已渗透到广大非政治领域，逐渐塑造了人们新的自我理解。

马克思认为，由于机器技术把复杂劳动还原为简单劳动，机器对工人产生了直接影响：机器的资本主义使用对妇女劳动和儿童劳动的占有。机

---

① 《马克思恩格斯全集》第47卷，人民出版社1974年版，第560页。
② ［德］海德格尔：《海德格尔选集》下册，孙周兴选编，上海三联书店1996年版，第921页。

器技术有效地瓦解了工场手工业的技术基础，也使人的肌肉力量成为对生产来说多余的东西，因而机器成了雇佣非成熟非熟练的妇女或儿童的手段。由此产生一系列的后果，整个家庭成员包括妇女和儿童都受资本统治，儿童受教育的时间遭到剥夺，妇女做家庭事务的自由时间也遭到剥夺。全体家庭成员都被抛到劳动力市场上，家庭全体成员共同分摊了男劳动力的价值，因为劳动力的价值取决于包括劳动力本人在内的整个家庭成员生活所需的价值。尽管整个家庭工资水平没变，还等于男劳动力的个人工资水平，但是却雇佣更多的工人，从而增加资本剥削的程度。资本家通过这种方式获得剩余价值，在历史上有不少这样的情况发生，比如哈维曾举例，20世纪60年代巴西出现了经济奇迹，其主导原因在于个人工资下降，但是家庭工资被控制在稳定的状态，巴西的妇女甚至儿童也参加了工作。①

机器的使用为延长劳动时间提供了可能性，这里的核心问题是生产的持续性。机器成为工业上的永动机，它能够持续不断地进行生产，除非它遇到了作为它的助手的工人身体上的自然界限，例如人的意志和身体的虚弱等。资本家具有尽快使用机器的强烈愿望，这当然是为了直接获得更多的剩余劳动时间。此外，机器的损耗也是加快资本使用的原因，机器的损耗分有形损耗和无形损耗两种。机器的有形损耗有两种：一种是使用，另一种是闲置，前一种损耗同机器的使用成正比（这是资本家积极力争的），后一种损耗是由于生锈（这是资本家不愿看到的）。机器还有无形损耗，这指的是经济意义上的报废。只要同样的机器能够更便宜地生产出来，或者出现了更好的机器，原有机器的价值就会受损，因为它的价值不是由当时生产它的社会必要劳动时间决定的，而是由技术提高之后它本身再生产的社会必要劳动时间决定的。资本家为了对付这种经济上的威胁，就存在强烈动机尽快使用机器，如果可能的话，甚至一天24小时运转，尤其在机器的最初生活期。机器所造成的劳动时间的无限度延长，使生命和健康遭到严重威胁，工人发起了争取正常工作日的斗争，因而产生了由法律限

---

① ［美］大卫·哈维：《跟大卫·哈维读〈资本论〉》，刘英译，上海译文出版社2014年版，第228页。

制的正常工作日。假如工作日一定,那么劳动强度就获得了决定性意义,劳动时间上的损失,通过提高劳动强度补偿,资本家手中的机器成为提高劳动强度的手段。为了榨取更多的剩余价值,工人劳动的强化是资本家的一个重要策略。在这一过程中,工人的生命意志和精神遭受更大的摧残,仅仅成为机器的附庸。

三、作为资本的机器与人的自由个性的实现

马克思指出,人类生存与发展的第一个前提是生产物质生活资料,现在和几千年前一样,生产物质生活是人们几千年以来直到今天都必须每天从事的历史活动。人们在物质生产的历史过程中,在生产方式的不断变革中,塑造着自己的个性和生命的再生产。物质资料的生产一方面能够满足人类有机体迫切的生物性需要,另一方面也是新需要、新能力、新知识、新个性的创造性资源。所以,在马克思那里,机器作为资本的高级形态,作为一种新的物质资料的生产方式被赋予特别重要的意义,成为个人生存与发展不可或缺的动力源。机器体系作为一种"酵母",它的发展不断地促进生产关系和生产方式的变革:机器工厂的建立促进了家庭手工业和工场手工业的解体;机器体系的采用逐渐瓦解了以手工劳动为基础的旧的生产方式;蒸汽机的发明和使用产生了现代意义的城市;现代交通工具的发明加强了民族之间、区域之间、国家之间的经济交往和文化交往;机器体系创造了丰富多样的商品,培养了人的需要、消费能力和享受能力的多样性;等等。所以,根据马克思的观点看,机器技术已经深入到社会生活的各个方面,成为我们无法摆脱的生活形式,是一种具有存在论意义的现象。

机器是工人本质力量的对象化,同时也是工人社会性的对象化,但它具有从属于资本的异化形式,表现为对工人来说外在的东西。马克思一方面看到了机器所造成的人的存在方式的进一步异化,但同时并没有对机器

的资本主义使用进行完全否定，而是敏锐地发现了机器的资本主义使用为人的自由个性的实现提供了必备的前提条件。马克思对机器的思考始终是与人的自由个性的实现这一共产主义事业结合在一起的，要实现人的自由个性，必须扬弃机器异化，充分吸收机器的文明要素。机器异化和机器异化的扬弃走的是同一条道路，机器的资本主义使用不自觉地一直在为扬弃自身实现人的自由解放作必要的准备，这是马克思机器观的根本特质。作为资本的机器在无意中发挥了重大的文明作用，下面，我们分析一下这些文明作用体现在哪些方面。

以提高效率为目的的机器和以创造剩余价值为目的的资本有着内在的天然联系，资本必然将机器体系的发展纳入自己运行的逻辑，从而塑造和引导机器体系的发展，而发展了的机器体系又促进资本生产效率的提高和生产规模的扩大。在机器体系上资本获得了充分发展，机器体系是与资本最相适合的生产方式，机器和机器体系是资本增殖的现实技术基础。机器体系资本化了，机器体系的运转、发明都要遵循资本增殖逻辑。机器体系的使命是生产物质财富，它在物质生产中的科学运用所产生的规模在以往时代是想象不到的。所以，"固定资本的规模和固定资本的生产在整个生产中所占的规模，也是以资本的生产方式为基础的财富发展的尺度"[①]。这里的固定资本结合上下文看指的就是作为资本的机器体系，机器体系的资本使用作为取代直接劳动时间的新的财富尺度极大地促进了物质财富的增长，而物质财富的增长是实现人的自由个性绝对必需的前提。如果整个社会还处在极端贫乏状态，人们就会陷入争取生活必需品的斗争，一切污浊的东西又要全部死灰复燃，人的个性实现根本无从谈起。机器的采用增加了物质财富，同时又增加了消费能力和消费形式的多样性，克服了传统社会消费的贫乏和单一性，塑造了新的个性能力。

机器体系的采用一方面极大地增加了物质财富，另一方面减少了整个社会的必要劳动时间，增加了自由时间，从而为个性得到自由发展提供可能，这对于向共产主义过渡具有重大意义。因为只有通过机器使人们从必

[①] 《马克思恩格斯全集》第 31 卷，人民出版社 1998 年版，第 106 页。

要劳动中解脱出来,人们才可能在科学、艺术等个性方面得到自由发展。因此,马克思写道,通过机器的采用,"使人的劳动,使力量的支出缩减到最低限度。这将有利于解放了的劳动,也是使劳动获得解放的条件"①。机器体系作为资本完全是无意地通过自己的"财富癖"生产出丰裕的剩余时间,资本违背了自己的意志,为整个社会创造了大量自由时间,从而为所有个人的自我实现提供可能性。马克思在《资本论》中指出,在物质生产领域这一"必然王国"人不可能获得真正的自由,一方面必须受自然规律的支配,另一方面必须受技术规律和科学规律的支配,真正的自由只有在物质生产领域的彼岸即自由时间中才能实现。在马克思这里,时间具有存在论意义,自由时间是人的本然属性,是人的存在和发展的空间,如果一个人没有任何可供自己支配的自由时间,除饮食、睡眠等必要的生理时间之外,都是为资本家创造剩余价值的劳动时间,那么,他不过是一台为别人生产财富的机器,还不如一头载重的牲畜。对自由时间的占有,迫使自由时间转化为劳动时间,这是资本本性使然和资本文明作用的限度,只要资本这一生产方式没有被颠覆,机器创造的自由时间就存在被一小部分人占有的危险。在当代资本主义社会,工人的劳动时间相对于马克思时代已经大大缩短了,并且由法律规定。机器体系的资本使用所导致的劳动时间的缩短终归为发展自己多方面的才能,为自由地发展自己的兴趣和爱好提供了可能。

作为资本的机器体系不仅为物质财富和自由时间的创造提供条件,而且也加深了人们之间的社会交往和社会结合。马克思指出:"资本唤起科学和自然界的一切力量,同样也唤起社会结合和社会交往的一切力量,以便使财富的创造不取决于(相对地)耗费在这种创造上的劳动时间。"②机器大生产作为一种发达的生产方式瓦解了传统手工业那种终生使工人固定在一种职业上的分工,它使社会分工获得空前规模的发展,对产品的生产分成无数的部门。机器大工业撕裂了传统手工业以血缘、地缘为基础的原始纽带,使人们建立起了普遍交往,机器这种发达的生产方式创造了一

---

① 《马克思恩格斯全集》第31卷,人民出版社1998年版,第96—97页。
② 《马克思恩格斯全集》第31卷,人民出版社1998年版,第101页。

种高级的社会结合。马克思在《哲学的贫困》中指出:"由于机器和蒸汽的应用,分工的规模已使脱离了本国基地的大工业完全依赖于世界市场、国际交换和国际分工。"① 机器的采用使分工变得国际化,各民族原始的封闭状态被机器这一高级生产方式以及其基础上的交往彻底瓦解,全世界逐渐连接为一个整体,生产和消费逐渐国际化,各民族狭隘的市场和经济被世界市场和世界经济取代,这就是资本主导下的全球化。当然,以资本为主导的交往必然带来普遍异化,但在这个过程却塑造了人的个性的丰富性、普遍性和社会性。所以,马克思说,人的解放的程度和民族历史转变为世界历史的程度是一致的,也和人的交往的程度是一致的。

作为资本的机器虽然能够为人的自由个性的实现提供一些历史条件,但我们应该清醒的是,由于资本的本性,它并不能最终解决人的自由个性的问题。机器被纳入资本增殖的逻辑,这一逻辑就像自然规律一样具有因果必然性奴役着和支配着现代人。现代人最重要的自由即是拥有财产权的自由,这一点恰恰离真正自由个性的实现最远,因为它服从的是资本增殖的物化逻辑,自由的与其说是个人,倒不如说是资本。而要使机器能够与人真正相互促进,要使机器成为自由个性实现的必备条件,而不是压制个性的工具,必须变革机器的资本主义使用,推行机器的共产主义使用。"在共产主义社会,机器的使用范围将和在资产阶级社会完全不同"②,而要实现机器的共产主义使用,根据马克思的观点看,必须超越物化逻辑和私有财产制度,实现一种新制度的创制,这种新制度即是"联合",联合起来的个人对生产实行民主管理和计划调节,生产资料和社会物质财富由联合起来的个人共同占有。机器等生产资料不再遵循私有财产的逻辑而是被联合起来的个人共同占有,这种联合意味着个人不再是私有财产的拥有者,而是把全部物质财富作为自己的作品和本质力量的全面证明。马克思对机器的辩证分析对当代中国具有重要启示,机器作为资本或者说机器的资本使用是发展市场经济的必要前提,它作为发达的生产方式极大地促进了物质财富的增长、自由时间的增加和全球经济的交

---

① 《马克思恩格斯文集》第1卷,人民出版社2009年版,第627页。
② 马克思:《资本论》第1卷,人民出版社2004年版,第451页。

往，但同时我们应该清醒地看到资本的历史限度，它具有自身无法克制的负面作用。因此，我们应该在充分利用资本的同时限制资本，保持一个必要的张力，既要利用各种资本发展市场经济，又要限制资本，保持市场经济健康与稳定。

第十四章 一切节约都是劳动时间的节约

马克思的节约理论虽是历史唯物主义的重要组成部分，但他并没有关于节约理论的专门著作，主要散见于《资本论》及其手稿中。马克思的节约理论不仅在宏观上对社会的经济发展具有重要指导作用，而且在微观上也是我们人生的指南。虽然在西方经济学史中不乏对节约理论的研究，从古典政治经济学的开创者亚当·斯密一直到当代的萨缪尔森、布坎南都曾对节约问题有过论述，但是真正深入节约本质的当属马克思。目前对马克思节约理论的研究还比较薄弱，在已有的研究成果当中也多是从经济学角度谈论节约问题。在马克思那里，一切节约归根到底都是劳动时间的节约。劳动时间节约规律是一切社会形态共有的首要经济规律，随着社会形态的演进，劳动时间越来越短，自由时间越来越多。劳动时间的节约对于人的自由全面发展具有重要的积极意义，时间是人的充分发展的空间。马克思的节约理论不仅在宏观上对经济发展具有重要的指导作用，而且在微观上也是个人生命与精神成长的指南。笔者主要从劳动时间节约与个人的自由全面发展、劳动时间节约与社会形态的演进这两大哲学主题探寻马克思节约理论的实质和当代价值。

一、劳动时间与劳动时间的节约

在《1857—1858年经济学手稿》中，马克思指出："正像在单个人的场合一样，社会发展、社会享用和社会活动的全面性，都取决于时间的节省。一切节约归根到底都归结为时间的节约。正像单个人必须正确地分配自己的时间，才能以适当的比例获得知识或满足对他的活动所提出的各种要求一样，社会必须合乎目的地分配自己的时间，才能实现符合社会全部需要的生产。因此，时间的节约，以及劳动时间在不同的生产部门之间有计划的分配，在共同生产的基础上仍然是首要的经济规律。"① 这是马克思对节约理论最集中的阐述，节约就是时间的节约，时间的节约不仅对于单个人的自由全面发展具有重要意义，而且是一切社会形态首要的经济规律。在《1859—1861年经济学手稿》中，马克思进而指出："真正的节约——经济＝劳动时间的节约＝生产力的发展。"② 马克思的节约理论始终紧紧围绕劳动时间展开，一切节约最终都可归结为劳动时间的节约。关于节约时间、珍惜时间、时间重要性的问题，古今中外许多思想家都有过论述，诸如莎士比亚、歌德、卢梭、富兰克林、叔本华、斯密、鲁迅等，但真正深入时间本质的当属马克思。

马克思开创性地通过劳动把时间引入世界，时间根源于主体的对象化劳动。"劳动是活的、造形的火；是物的易逝性，物的暂时性，这种易逝性和暂时性表现为这些物通过活的时间而被赋予形式。"③ 劳动通过时间赋予物形式，随着时间的流逝，物会不断地被活的劳动赋予新的形式。马克思举例，在"棉花—纱—布—印染布—衣服"这一时间延续过程中，棉花不断地被劳动赋予新的形式，生产的前一环节被后一环节保存下来，旧的使用价值被保存在新的使用价值中，每一环节都是按照作为最后目的的理念来改变自身的。从这里，我们可以看出黑格尔思辨辩证法对马克思的强劲影响。与康德把时间看作认识的先天形式不同，马克思认为时间与人的实践活动具有内在一致性，时间通过人的实践获得了改变世界的意义。虽然海德格尔超出了康德的认识论视域，从此在的生存活动理解时间的起源，但"此在的时间化活动不是被理解为一种对象化活动，也就是说，不是被理

---

① 《马克思恩格斯全集》第30卷，人民出版社1995年版，第123页。
② 《马克思恩格斯全集》第31卷，人民出版社1998年版，第619页。
③ 《马克思恩格斯全集》第30卷，人民出版社1995年版，第329页。

解为一种改变自然的社会活动。"① 这是海德格尔与马克思时间观的根本区别。人的对象化的实践活动使时间成为人自身的积极存在，使时间具有了生生不息的生命力，使时间成为人的发展空间。

通过劳动引入时间之后，时间就成了分析资本主义经济运行模式的关键性概念。马克思把必要生理时间以外的全部时间划分为劳动时间和自由时间两部分，劳动时间又可分为必要劳动时间和剩余劳动时间。在必要劳动时间内，劳动的目的是为了生存，是为了人类自身的自然延续，其典型特征是为生存而生产。在剩余劳动时间内，劳动的目的不再是为了生存，而是为了获得越来越多的剩余价值，其典型特征是为生产而生产。马克思认为，剩余劳动时间是自由时间产生的源泉，只有当社会有能力提供剩余劳动时间的时候，人们才能够摆脱生存的威胁，从而就不必把全部时间用于物质资料的生产上，而是腾出一部分自由时间用于发展自己多方面的才能。

在马克思那里，劳动时间节约表现为宏观和微观两个维度。从宏观维度来看，劳动时间节约表现为社会总劳动时间在不同生产部门之间的合理分配，如果分配不合理，就意味着浪费了一部分社会劳动时间。在不同生产部门合理分配劳动时间是一切社会形态共有的经济规律，绝不可能被某种社会生产方式取消，可能改变的仅仅是借以实现的方式。尽管劳动时间节约规律应用于一切社会形态，时间节约对一切社会形态的发展都具有至关重要的意义，但在价值规律的盲目支配下，社会劳动时间的浪费根本无法避免。"资本主义生产方式迫使每一个企业实行节约，但是它的无政府状态的竞争制度却造成社会生产资料和劳动力的最大的浪费"②，这种浪费在经济危机时期达到了顶点。从微观维度来看，劳动时间的节约表现为单个商品生产者为了获得超额利润不断地采取新技术提高劳动生产率以节约劳动时间，它包含物化劳动时间节约和活劳动时间节约两种形式。无论是宏观劳动时间节约还是微观劳动时间节约，都增加了从劳动时间中游离出

---

① ［美］古尔德：《马克思的社会本体论：马克思社会实在理论中的个性和共同体》，王虎学译，北京师范大学出版社2009年版，第63页。
② 马克思：《资本论》第1卷，人民出版社2004年版，第605页。

来的自由时间。节约劳动时间的最终目的就是为人的自由全面发展创造出可能的空间。

二、劳动时间的节约与人的自由全面发展

马克思高度重视自由时间对人的自由全面发展的积极意义。他指出:"时间是人类发展的空间。一个人如果没有自己处置的自由时间,一生中除睡眠饮食等纯生理上必需的间断以外,都是替资本家服务,那么,他就还不如一头载重的牲畜。他不过是一架为别人生产财富的机器,身体垮了,心智也犷野了。"① 自由时间是一切人本应当具有的存在方式,是人自由全面发展的必要条件,只有在自由时间中,人才能够从追求物质财富的欲望中解脱出来,才能够从经济必然性中解脱出来,才能体现人的自由本质,否则"还不如一头载重的牲畜",所以马克思坚决反对资本对自由时间吞噬。第一位认识到自由时间重要性的哲学家是亚里士多德,他把闲暇、惊异与自由看作一切科学和哲学产生的必要条件。但第一次对自由时间作出科学定义的是马克思,他把自由时间建立在劳动时间节约的基础上,并主张每一个人都应该获得自由时间,而不是像亚里士多德那样,自由时间是统治者的专利。自由时间主要包括从事科学艺术创造的时间、接受教育的时间、发展自己智力和体力的时间、从事社会交往活动的时间、履行公共服务的时间甚至星期日休息的时间等。只有拥有这些可以支配的自由时间的人才能够得到全面发展,才能以全面的方式占有自己全面的本质。从起源上看,自由时间来源于劳动时间的节约,只有提高劳动生产率,缩短必要劳动时间,才可能游离出用于自由全面发展的自由时间。追根究底,劳动时间的节约才是人的自由全面发展的首要条件,人的自由全面发展反过来又会促进劳动时间的进一步节约。

马克思认为:"节约劳动时间等于增加自由时间,即增加使个人得到

---

① 《马克思恩格斯全集》第21卷,人民出版社2003年版,第204页。

充分发展的时间,而个人的充分发展又作为最大的生产力反作用于劳动生产力。"① 节约劳动时间能够使人得到充分发展,而个人的充分发展作为生产力的内在构成要素又会促进生产力更快的发展。我们可以从以下三个方面——个人能力和素质的发展、个人需要的发展、个人社会关系的发展,分析个人的充分发展对提高劳动生产率、节约劳动时间的巨大作用。从劳动者个人能力和素质的发展来看,不论是作为闲暇的低级活动时间还是作为从事科学艺术等高级活动的时间,自由时间都会使占有它的人变成另外一个新的主体,在这个新的主体加入直接生产过程的时候,就会在更大程度上提高劳动生产率,从而使劳动时间得到进一步的节约。从需要的发展来看,需要构成生产的动力,"没有需要,就没有生产"②,已经满足的需要又会引起新的需要,新的需要作为生产的内在动机不断地促进着生产力的发展。社会关系的发展主要表现为建立在分工、管理、协作等基础上的生产效率远远高于个人劳动,"单个劳动者的力量的机械总和,与许多人手同时共同完成同一不可分割的操作所发挥的社会力量有本质的差别……这里的问题不仅是通过协作提高了个人生产力,而且是创造了一种生产力,这种生产力本身必然是集体力"③。可见,"集体力"作为一种合力更能有效地促进时间的节约。

对于马克思自由时间与自由思想有深刻体悟的马尔库塞把日常生活时间划分为为了生存而必须付出的劳动时间和工作之余用来全面发展的可以自由支配的自由时间,并指出减少劳动时间增加自由时间是实现自由的第一个前提,没有自由时间自由将无从谈起。马尔库塞也继承了马克思关于自动化生产与时间节约理论,他认为现代自动化生产体系有可能使劳动时间缩减到最低限度,甚至使自由时间取代劳动时间成为主导时间,由劳动时间决定的一切价值都将被重估。尽管马尔库塞批判了现代社会的种种异化现象,把现代社会看作一种"新型的极权主义社会",它压制了个人心中的批判性、否定性和超越性向度,从而使人成为单向度的人,他甚至敏

---

① 《马克思恩格斯全集》第31卷,人民出版社1998年版,第107—108页。
② 《马克思恩格斯全集》第30卷,人民出版社1995年版,第33页。
③ 马克思:《资本论》第1卷,人民出版社2004年版,第378页。

锐地看到了由于"虚假的需要"和"强迫性的消费"的侵入，自由时间变得非自由了，"扩张的经济、政治需要强加在劳动时间和自由时间上"①。但他仍然认为，现代工业模式导致的劳动时间缩短具有重大的意义，为人的自由全面发展提供了必要的客观条件。这再一次印证了马克思把劳动时间节约与自由联系起来的真理性，时间是人的积极存在，时间是人的发展空间。

马克思批判了以亚当·斯密、大卫·李嘉图为代表的古典政治经济学的节约理论，他们主张节约的目的是为了增加资本，增加物质财富，并不是从与人的自由全面发展的内在联系出发讨论节约问题的，所以马克思认为古典政治经济学既是发财致富的科学，又是关于节约的科学，二者具有内在的一致性，节约的目的就是为了发财致富。"资本增加的直接原因，是节俭，不是勤劳……节俭可推动更大的劳动量；更大的劳动量可增加年产物的价值。"② 亚当·斯密所主张的节约并不是劳动时间的节约，而是对生活资料和生产资料的节约。马克思不仅把一切节约的实质概括为劳动时间的节约，而且把劳动时间的节约与人的自由全面发展联系了起来，马克思节约理论是对古典政治经济学节约理论的重大突破。

三、劳动时间的节约与社会形态的演进

"时间经济"是贯穿整个人类文明史的主题，几千年的人类文明史在劳动时间节约规律的支配下呈现出如下趋势：随着劳动生产率的提高，单位产品所耗费的劳动时间越来越短，人类用于物质资料生产的时间逐渐减少，用于发展自身的时间逐渐增多。人们从事各种经济活动，总想以较少的投入获得较大的产出，这决定了人们势必采取一切可能的手段降低劳动消耗，从而使劳动时间有意或无意中得到节约。尽管劳动时间节约规律作

---

① ［美］马尔库塞：《单向度的人》，刘继译，上海译文出版社2006年版，第4页。
② ［英］亚当·斯密：《国民财富的性质和原因的研究》上卷，郭大力、王亚南译，商务印书馆1972年版，第310页。

用于一切社会形态，但是其表现方式和社会意义却有显著差异。在家庭制、农奴制作为占支配地位生产方式的第一大社会形态即前现代社会，人的生产能力只是在孤立的地点上和狭小的范围内缓慢地发展着，劳动生产率极其低下，劳动时间的长短成为衡量财富多寡的尺度，绝大多数人的时间都被用于劳动，劳动时间节约成为一句空话，自由时间成了少数特权者的专利品。古希腊公民之所以能够每日在广场上议事，原因就在于占人口绝大多数的生产者把自己的全部时间都用在生产物质财富的劳动上了。在自然经济占统治地位的前现代社会，生产的目的不是为了交换，而是为了获得满足自己直接需要的使用价值。虽然劳动者此时也关心自己劳动时间的耗费，但更关心的是劳动成果能否满足自己的需要，有时甚至出现劳动时间的大量浪费。

只有在以交换价值为生产目的的第二大社会形态即现代社会，劳动时间节约对每一个生产者才变得生死攸关，成为普遍的社会强制，优胜劣汰的法则使每一个生产者都竞相提高劳动生产率以节约劳动时间。历史证明，只有资本生产方式才能够把相当数量的自由时间从劳动时间中游离出来。资本整合了自然界和科学中的一切力量，整合了社会协作和社会交往的一切力量，使财富的创造不再像前现代社会那样取决于劳动时间的延长，而是取决于劳动时间内所作用的物的力量，"而这种作用物自身——它们的巨大效率——又和生产它们所花费的直接劳动时间不成比例，而是取决于科学的一般水平和技术进步，或者说取决于这种科学在生产上的应用"①。可见，在现代社会财富创造的尺度是科学技术及其在生产中的应用而不再是劳动时间，科学技术的巨大进步使财富大量增加，从而在为生活奔波之余，人们还能够从劳动时间中节余出供自己支配的自由时间。

资本发展的趋势始终是：一方面资本创造了越来越多的自由时间，另一方面资本又想方设法把这些自由时间转变为剩余劳动时间。在资本占据统治地位的时代，劳动时间节约具有了阶级对抗性质，劳动者创造的自由时间本应该用来发展自己多方面的兴趣和才能，但他们的自由时间却被资

---

① 《马克思恩格斯全集》第31卷，人民出版社1998年版，第100页。

本用作劳动时间以满足非劳动者从事科学、艺术、公共管理等事业。一方的社会发展以另一方的劳动为自然基础，一方的自由时间以另一方的受劳动奴役的时间为基础，整个社会的自由时间来自于劳动者超出自己生存需要而延长了的劳动时间。"一方的自由发展是以工人必须把他们的全部时间，从而他们发展的空间完全用于生产一定的使用价值为基础的。"① 尽管资本的本性是追求剩余价值，但就是在这种追求中却不自觉地节约了劳动时间为社会创造出了大量的自由时间。"于是，资本就违背自己的意志，成了为社会可以自由支配的时间创造条件的工具，使整个社会的劳动时间缩减到不断下降的最低限度，从而为全体［社会成员］本身的发展腾出时间。"② 这就是黑格尔所说的"理性的狡计"，相互冲突的历史现象无意中实现了理性的利益，劳动和资本的相互冲突，无意中节约了劳动时间，增加了自由时间，为第三大社会形态的来临提供了根本条件，实现了历史的进步。

在以个人需要为生产目的的第三大社会形态，自由时间不再具有了对抗性质。社会并不是为了增加剩余劳动而节约必要劳动时间，而是为了增加可供支配的自由时间。"一方面，社会的个人的需要将成为必要劳动时间的尺度，另一方面，社会生产力的发展将如此迅速，以致尽管生产将以所有的人富裕为目的，所有的人的可以自由支配的时间还是会增加。"③ 这是马克思预言的第三大社会形态的基本特征，自由时间不再为少数人专有，而是被社会全体成员共同占有，人们共享社会发展所带来的成果，劳动时间的节约具有普遍的社会意义。"人们在自由的时间里成长为享受文化、艺术和体育的主体，人们一边思考着如何解决实际生活中面临的问题，一边从根本上重新思考着所有的社会制度，从而成长为社会的独立的个体。"④ 人能否成为具有如此内涵丰富的主体，与劳动时间的节约即"时间经济"息息相关。

---

① 《马克思恩格斯全集》第32卷，人民出版社1998年版，第214页。
② 《马克思恩格斯全集》第31卷，人民出版社1998年版，第103页。
③ 《马克思恩格斯全集》第31卷，人民出版社1998年版，第104页。
④ ［日］内田弘：《新版〈政治经济学批判大纲〉的研究》，王青等译，北京师范大学出版社2011年版，第97页。

马克思认为，在第三大社会形态，劳动时间的节约之所以具有普遍的社会意义是因为生产方式发生了根本的变化：以联合为基础的共同生产取代了以交换为中介的社会生产。在以共同性为基础的联合生产中，人们应该从社会总产品中接受多少分配是由自己付出的劳动时间决定的，劳动时间承载了分配的功能。劳动不再是纯粹私人的事情，其价值的实现不再依赖于商品交换，而是一开始就被设定为社会劳动，他的产品不是交换价值，而是共同生产的一份额。在共同生产中，财产权不再转化为资本，不再具有压迫性质，财产权不再成为剥夺劳动者自由时间的合法凭证，社会从私有财产中解放出来。私有财产被联合起来的个人共同拥有，私有财产成为了社会财产，每一个人都共享财产权所带来的全部收益，每一个人都共享自由时间。

从第一社会形态到未来第三社会形态具有紧密的连续性，贯穿于其中的主线就是人的改造外部世界的实践活动，就是人的本质力量对象化的实践活动。只有在人的实践活动中才能实现劳动时间的节约，也只有实现劳动时间的节约才可能实现人的自由全面发展。尽管在不同社会形态中劳动时间节约对个人的个性发展所具有的意义差异很大，但是创造越来越多的自由时间仍然是社会进步的重要标杆。

四、马克思节约理论的当代境遇

毋庸置疑，中国的改革开放已经为整个社会创造了大量的自由时间，如何继续增加自由时间，如何利用自由时间发展自身成为社会和个人共同的实践任务。按照马克思的观点，既然劳动时间节约规律是一切社会形态首要的经济规律，那么合乎逻辑的推论是，在当代正处于社会主义初级阶段的中国，经济建设的首要任务依然是提高时间利用率，挖掘时间的潜能，节约劳动时间，缩短工作日，为整个社会创造越来越多的自由发展的时间。日益增加的自由时间又能够使劳动者的素质得到全面提高，在自由时间里，个人可以自由地发挥自己的潜能，科学、艺术等方面得到了前所未有的提高，而这又反过来促进劳动时间更高程度的节约，这是40多年改革开放所取得的巨大成就。

虽然自由时间得到了前所未有的增加，但是自由时间并没有像马克思期望的那样完全用于发展自己多方面的才能，自由时间被物化了，丧失了自由本性。自由时间的物化现象主要表现为以下两个方面：一是自由时间在生产领域的物化。为了获得越来越多的物质财富，人们尽可能地延长并非必要的劳动时间，从而自由时间越来越萎缩。并且逐渐萎缩的自由时间并不是用于个人的充分发展，而仅仅是恢复体力和脑力的一种手段。波德里亚尖锐地指出，在现代消费社会，金钱不仅支配着劳动时间而且还支配着自由时间，劳动时间和自由时间的区分变得非常模糊，自由时间在逻辑上变得不可能。"'自由'时间的深刻要求就在于：为时间恢复其使用价值，将其解放成空闲范畴，并用个体的自由将其填满。然而，在我们的体系中，时间只有作为物品、作为每个人都能'随心所欲地'用于'投资'的由年、时、日、周构成的计时资本才能得到'解放'。因此事实上它已经不再'自由'了，既然它的计时要受到总体性抽象即生产系统的抽象的支配。"① 波德里亚这段话表明，自由时间受制于生产系统，被作为计时资本用于投资，已不可能被完全用于个人的充分发展。

二是自由时间在消费领域的物化。这主要表现为自由时间被一些诸如QQ、微信、看电视、玩游戏以及无所事事的闲谈等低级消费项目消磨掉了，被用于个人充分发展的自由时间被侵占得损失殆尽。此外，自由时间也被追求时尚的身份消费物化了，今天人们购买东西已不再仅仅是为了获得使用价值，而是为了通过消费展示一定的身份，显示自己的经济实力和人生价值，消费成为了炫耀性消费。"人们展示显摆的东西，就是他成功的标志。"② 自由时间变成了物化的消费时间，人们在消费的过程中得到了"自我实现"。当人们沉浸于花销物质财富的时候，不仅仅损害了强调俭朴、节约的传统美德，而且逐渐消磨了人们反思、批判和创造性的能力。当人们沉浸于消费的时候，消费本身具有了普遍的社会强制效能，消费由

---

① ［法］波德里亚：《消费社会》，刘成富、全志钢译，南京大学出版社2000年版，第169页。
② ［美］丹尼尔·贝尔：《资本主义文化矛盾》，严蓓雯译，人民出版社2010年版，第72页。

自律变成了他律，人们受制于产生虚假需要的消费主义文化。为了展现成功，实现人生价值，人被自己的消费支配，甚至有时"被消费"。在现代社会，人们的自由时间被与真实自我相异化的各种虚假消费充斥着，自由时间丧失了自由的本性。

为了恢复自由时间的自由本性，还自由时间以本来面目，马克思的劳动时间节约规律为我们提供了人生指南。第一，合理安排时间，提高工作效率，为自己创造比较宽余的自由时间。就像整个社会需要合理安排各部门的劳动时间一样，我们单个人也需要对自己的生活时间进行有计划的分配，正确处理好工作时间和业余时间的关系，防止工作时间对业余时间的过度侵占。另外，也要防止把自己的工作时间转嫁到他者身上，防止用窃取来的自由时间构筑自己的发展空间。第二，通过多种形式，培养欣赏艺术、进行体育锻炼的能力，使人们有能力享受自由时间，而不是把自由时间用于各种物化的消费。马克思说："从主体方面来看：只有音乐才激起人的音乐感；对于没有音乐感的耳朵来说，最美的音乐毫无意义……任何一个对象对我的意义恰好都以我的感觉所及的程度为限。"[1] 马克思这句话表明，对于不具有享受艺术能力的人，最美的艺术毫无意义。为了使自由时间丰富多彩，可以通过多种教育形式培养享受艺术的能力，比如小学中学要尽可能地开设体育、音乐、美术课程，大学要增加人文素质教育方面的选修课，老年大学应该为退休老人的生活增添色彩。

---

[1] 《马克思恩格斯全集》第 3 卷，人民出版社 2002 年版，第 305 页。

第十五章　因果性概念：
从休谟、康德到马克思

　　因果性和自由的关系问题是西方哲学家长期以来关注的核心问题之一。我们立足于因果性概念对因果性和自由的关系问题作一个谱系学的考察，通过这样一种谱系学的考察，我们把马克思放在西方哲学史的背景中，在马克思与前马克思哲学家的理论传承关系中研究马克思，以此来"回到马克思"。我们从休谟关于因果性概念的批判性考察谈起，揭露了长期以来被学界所忽略的一个"休谟问题"，即如果一切都受因果性的支配，自由将何处存在。正是这一问题构成了康德哲学的出发点，甚至可以说是康德一生的哲学探索所围绕着的核心问题。为了解决这一问题，康德提出了两种因果性概念，即自然因果性和自由因果性，指出自由存在于物自体的领域，但是却由此造成了自然因果性和自由因果性如何统一的问题。马克思创立的实践观点为我们解决这一问题打开了一个新的视界。马克思的实践观点既蕴含着自由因果性和主体的维度，又蕴含着自然因果性和客体的维度。

一、休谟因果性概念及其遗留的两个问题

　　因果性概念是否具有客观必然性，这是"休谟问题"之一。休谟基于怀疑主义的立场对因果性概念进行了重新考察，颠覆了长期以来哲学家固有的看法，认为因果关系不具有客观必然性，把这种必然性归结为我们心

灵所形成的习惯，因此，因果关系只具有主观必然性。休谟对因果性概念的颠覆性质疑，动摇了整个自然科学和形而上学的基础，因为它们都奠基于因果性概念，都把这一概念理解为客观必然性。如果仅仅把这一概念理解为习惯，即主观必然性，那么整个形而上学和自然科学必将随之颠覆。其实，休谟对因果必然性的怀疑并不是否定因果性概念对整个自然科学是否有用，而是怀疑因果性概念是否具有独立于经验的内在真理。正如康德所指出的那样："问题不在于因果概念是否正确、有用，以及对整个自然知识说来是否必不可少（因为在这方面休谟从来没有怀疑过），而是在于这个概念是否能先天地被理性所思维，是否具有一种独立于一切经验的内在真理，从而是否具有一种更为广泛的、不为经验的对象所局限的使用价值：这仅仅是概念的根源问题，而不是它的必不可少的使用问题。"[①]

一直以来，哲学家都认为在因果关系中蕴含着客观必然性，都把因与果之间的必然性当作客观自明的真理，但是休谟基于经验主义的立场，认为这种必然性只能来源于我们的心灵所形成的习惯。习惯是人性的这样一种倾向：根据以前的经验，如果一个观念与另一个观念经常联系在一起，那么我们就会由一个观念的出现而期待着另一个观念也会出现。休谟对因果关系必然性的怀疑是与他把知识分为两类是分不开的。在休谟看来，整个人类知识可以分为两类：关于观念关系的知识和关于事实的知识。关于观念关系的知识是指具有直观确定性或者是理证确定性的知识，主要是指数学和逻辑，它是由分析命题组成的，这类知识与经验无涉，具有确定性和必然性；关于事实的知识以经验为根据，只有或然性（因为我们只能以过去经验为基础，对于那些尚无经验的事件，我们无法推断它们之间的因果关系），主要是指经验知识和自然科学知识，它是由综合命题构成的。正是在探讨关于事实的知识的本性时，休谟提出了他的因果性概念，否定了因果关系的客观必然性。

关于观念关系的知识解释观念间的必然联系，关于事实的知识解释以经验为基础的或然联系，但是没有一种知识解释因果关系具有客观必然

---

① ［德］康德：《未来形而上学导论》，庞景仁译，商务印书馆1978年版，第8页。

性。我们首先来看关于观念关系的知识即直观或理证确定性的知识能否证明因果关系的客观必然性。在因果推理中，我们认为原因和结果之间存在着必然性的关联，根据休谟所坚持的一切观念都是印象的摹本的经验论原则，必然联系的观念应当来源于某种印象。但是，在我们进行任何因果推理的时候，却找不到能够产生必然联系观念的印象，我们所具有的只是两个连续的印象，在前的是原因的印象，在后的是结果的印象。我们并不能得到关于原因与结果必然联系的印象，结果已超出了我们当下所感觉到的印象，因为"理性永不能使我们相信，任何一个对象的存在涵摄另外一个对象的存在"①。因此，在因果推理中，我们无法发现形成必然联系观念的任何印象，我们也就无法证明因果关系的客观必然性，也就是说关于观念关系的知识无法证明原因与结果之间的必然联系。其次，我们再来看关于事实的知识即经验知识能否证明因果关系的客观必然性。休谟从彻底的经验主义立场出发，认为因果关系推理只能以过去的经验为基础，但是我们却无法将因果关系的推理扩展到没有经验或尚无经验的事件中。在经验中，我们只能发现因果关系的前两个必要而非充分条件——空间上的接近关系和时间上的接续关系，而对于最关键、最不可缺少的第三个条件——必然联系，我们却无法经验到。我们经验到的只是貌象上相似事物的恒常结合，一个事物出现时，我们总是期待着另一个与此类似的事物也会出现，这种恒常结合并不具有普遍必然性，因为经验的本质是个别性，而不是普遍性。休谟认为："各物象间这种'必然联系'的观念所以生起，乃是因为我们见到在一些相似例证中这些事情恒常会合在一块。这些例证中任何一种都不能提示出这个观念来——纵然我们在一切观点下，一切方位下来观察它。"② 可见，无论直观、理证确定性的知识，还是经验知识都无法证明因果关系的客观必然性。

休谟基于经验主义的立场通过对因果性概念的批判性考察所遗留的第二个问题就是自由和必然的关系问题，与前一个问题即因果性是否具有客观必然性的问题相比较，这个问题也是长期以来受学界忽略的问题。在

---

① ［英］休谟：《人性论》上，关文运译、郑之骧校，商务印书馆1980年版，第115页。
② ［英］休谟：《人类理解研究》，关文运译，商务印书馆1957年版，第69页。

第四论题　机器、节约与人的存在

《人类理解研究》第八章"自由和必然"中，休谟进一步专门讨论了自由和因果性之间的关系问题。休谟认为，由于人们普遍地把因与果之间的关系理解为必然关系，因而自由和因果性的关系问题也就是自由和必然的关系问题。

休谟依据同自然现象的类比和他的因果必然性理论，证明了意志是受因果法则支配的，意志是必然的。因为根据上述的论断，休谟怀疑的是因果性概念不具有独立于经验的内在真理，并不怀疑因果性概念的正确、有用，因果关系仍然具有主观必然性。休谟认为意志现象和自然现象有本质相同的方面，它们可以用同样的原则来说明。休谟基于彻底的经验主义立场，认为一切自然现象都受因果法则支配，都是必然的。这种必然性取决于两个情节：一是各种相似物象的恒常会合；二是心灵由一个物象的出现到另一物象也将出现的推断。休谟认为这两种情节在人的意志活动中也同样存在，"我们如果看到，人类一向都毫不迟疑地承认，这两种情节也发生于人的有意动作中，也发生于人心的作用中，那我们就可以断言，一切人类一向都是相信必然学说的"①。由此，我们可以看出意志与自然现象一样也是必然的。"人们普遍承认，在各国各代人类的行动都有很大的一律性，而且人性的原则和作用乃是没有变化的。同样的动机常产生出同样的行为来；同样的事情常跟着同一的原因而来。"② 同时，休谟看到，由于个体之间的差异和人类社会生活的复杂性，人类的行为总不免出现例外。但是，他认为这些例外并不是对恒常会合规则的否定，而应看作为是由其他隐秘的相反原因所引起，只要我们充分掌握了相关的细节和特殊情况，我们就可以发现这些相反原因。

对于自由和必然的关系问题，休谟认定这是一个更加令人费解的难题：如果世界上一切现象都是因与果之间的必然联系，那么人就没有自由可言；反之，如果人是自由的，那么又该如何理解因与果之间的必然联系呢？③ 正是这个问题构成了康德哲学的出发点。在1798年9月21日致克

---

① ［英］休谟：《人类理解研究》，关文运译，商务印书馆1957年版，第75页。
② ［英］休谟：《人类理解研究》，关文运译，商务印书馆1957年版，第75页。
③ 俞吾金：《康德两种因果性概念探析》，载《中国社会科学》2007年第6期。

里斯蒂安·伽尔韦的信中,康德写道:"我的出发点不是对上帝存在、灵魂不朽等等的研究,而是纯粹理性的二律背反:'世界有一个开端,世界没有一个开端',等等。直到第四个二律背反:'人有自由;以及相反地:没有任何自由,在人那里,一切都是自然的必然性。'"① 在这里似乎暗示我们:休谟问题中最难回应的不是因果性概念是否具有客观必然性的问题,而是自由和必然的关系问题。

二、康德因果性概念对休谟两个问题的回应

在先验哲学语境中,康德对休谟第一个问题即因果性概念是否具有客观必然性给予了明确的回答:这种必然性根源于人的理性。对于休谟的因果性概念,康德在《未来形而上学导论》中有明确的阐述:"休谟主要是从形而上学的一个单一的然而是很重要的概念,即因果连结概念(以及由之而来的力、作用等等派生概念)出发的。……休谟无可辩驳地论证说:理性决不可能先天地并且假借概念来思维这样一种含有必然性的结合。不可理解的是:由于这一事物存在,怎么另一事物也必然存在;这种连结,它的概念怎么能是来自先天的。他因而断言:理性在这一概念上完全弄错了,错把这一概念看成是自己的孩子,而实际上这个孩子不过是想象力的私生子,想象力由经验而受孕之后,把某些表象放在联想律下边,并且把由之而产生的主观必然性,即习惯性,算做是来自观察的一种客观的必然性。"②

通过对因果性概念的考察,康德接受了休谟认为因果必然性不能来源于经验的结论,但是他认为因果必然性根源于人的理性,理性能够先天地提供关于因果必然性的知识。虽然康德主张因果性具有客观必然性,具有先天必然性的根据,即一切发生的事件必有原因,但是,至于事件发生的具体原因则必须要诉诸经验,无论是由于什么原因,但总归是有原因的。

---

① [德]康德:《康德书信百封》,李秋零编译,上海人民出版社2006年版,第242页。
② [德]康德:《未来形而上学导论》,庞景仁译,商务印书馆1978年版,第6页。

对于休谟第一个问题的解决，康德认为，仅从现象上来看，休谟是对的，前后相继的现象之间不具有必然性联系，但是休谟忽视了人的先天认识形式，即四组十二个范畴（量的范畴、质的范畴、关系的范畴、模态的范畴），其中包括先天的因果性范畴。康德认为，因果必然性不是前后相继的现象之间本来就具有的，而是人通过因果的先天范畴加进去的，这就是人为自然立法。实际上，康德一开始就把因果性概念理解为能够脱离感性材料的纯粹理性概念，并通过纯粹理性概念的先验演绎，表明建立感性材料之间内在必然联系的合法性。

从上述论述中，我们似乎发现休谟提出来的因果性问题已经得到较为完满的解决，但休谟通过因果性概念的考察所遗留的第二个问题，即自由和必然的关系问题还没有解决。康德主要是通过两个步骤来回应这个被许多学者忽略的问题，首先是把世界划分为本体和现象；其次是提出两种因果性概念，即自然因果性和自由因果性。

首先，康德把世界划分为本体界和现象界：现象界是指感性的世界、经验的世界，是我们的认识所及、知识所形成的世界；本体界是超验的世界，是我们不能认识但可以思维的世界。本体界与现象界是康德批判哲学不同但又须臾不可分离的两个概念，它们几乎贯穿了康德批判哲学的所有领域，是康德批判哲学一个基本的出发点。康德通过现象界与本体界的划分，是为了给自然和自由分别留下位置，认为自由只能存在于本体界。人"在现象中（在可见的行动中）必然遵循自然法则，因而是不自由的，然而另一方面又被设想为属于物自身，并不服从自然法则，因而是自由的，在这里不会发生矛盾"①。如果我们没有对现象与物自身作出区分，那么一切对象都将遵循自然法则，都被自然的机械作用所决定，人类就没有自由可言。

其次，与把世界划分为感性世界和知性世界相对应，康德提出了两类因果性概念：一是指涉现象界的自然因果性，一是指涉本体界的自由因果性。两类因果性概念的提出，其目的也是为了回应休谟的自由和必然的关

---

① ［德］康德：《纯粹理性批判》，邓晓芒译，杨祖陶校，人民出版社2004年版，第21页。

系问题。具体来看，在《纯粹理性批判》第三个二律背反中，康德提出了自然因果性与自由因果性两个概念。

在第三组二律背反的正题中，康德论证了自由因果性即先验自由在逻辑上的可能性。在正题中，康德认为："按照自然律的因果性并不是世界的全部现象都可以由之导出的唯一因果性。为了解释这些现象，还有必要假定一种由自由而来的因果性。"① 康德是通过反证法来论证自由因果性何以可能的。假定只存在自然因果性，它可以解释一切现象的运动变化。这就是说一切事情的发生都是有充分原因的，一切发生的事情都是由先前状态所决定的。而这个使某物得以发生的原因本身也是某种发生起来的东西，它按照自然因果性又由前一个原因所决定，这样为一个结果寻找原因的企图就会追溯到第一因。那么，这个第一因就成了没有原因的原因，因而就违背了自然因果性。所以，"根据这一点，必须假定有一种因果性，某物通过它发生，而无需对它的原因再通过别的先行的原因按照必然律来加以规定，也就是要假定原因的一种绝对的自发性，它使那个按照自然律进行的现象序列由自身开始，因而是先验的自由，没有它，甚至在自然的进程中现象在原因方面的延续系列也永远不会得到完成。"② 这种先验的自由肯定是在感性世界序列之外的，具有绝对的自发性，否则，自然就是每个事件的完备而自身充分的规定性的原因，因而这些事件就处于现象的因果序列中，那么，自由就不可能得到拯救。所以，自由的因果性存在于现象序列之外，但它的结果却处于现象序列之中并被别的现象所规定。先验自由在宇宙论的理解中就是自行开始一个状态是能力，它只是一个纯粹的理念，它不包含从经验中借来的任何东西，它的对象也不能在任何经验中被确定地给予。

在第三组二律背反的反题中，从经验论立场出发，康德论证了自然因果性在现象界的无条件性。反题认为："没有什么自由，相反，世界上一

---

① ［德］康德：《纯粹理性批判》，邓晓芒译，杨祖陶校，人民出版社2004年版，第374页。
② ［德］康德：《纯粹理性批判》，邓晓芒译，杨祖陶校，人民出版社2004年版，第375—376页。

切东西都只是按照自然律而发生的。"① 康德为了证明一切都是必然的，世界上没有自由，他同样用反证法假定有先验自由。先验自由对感性世界的现象发生一种特殊的因果作用，它是一种自行开始一个序列的能力，能够绝对地开始一种状态，没有任何东西先行在前使这一发生行动按照自然因果性得到规定，所以这种先验自由就是第一因，它是不需要原因的原因。因而，先验自由就与自然因果性相对立，先验自由中断了自然因果性的链条，经验的统一性就变得不可能了。所以，先验自由是不可能的，它只不过是一个空洞的观念物。我们只能在自然中寻求事物的关联与秩序，如果将自由的因果性引入自然，那么自由就会受到自然因果性的规定，因而自由就不再是自由。虽然自由的幻觉给进行研究的知性承诺了一个休息地，因为它把知性带到了无条件的因果性上，但它盲目地破坏了使经验成为统一的规则。

通过本体界与现象界的区分，康德认为自然因果性适用于现象界，是自然科学所必需的，否则科学就失去了根基；自由因果性适用于本体界，是人的道德实践、宗教信仰、审美所必需的，否则"人也就成了按照自然因果律行事的动物，正如机械唯物论所证明的那样"②。康德认为，如果把现象界和本体界相混淆，一切现象都将服从自然因果性规则，那么自由就无栖息之地。但是现象界与本体界的划分，使自然因果性与自由因果性分属于两个不同的领域，使两类因果性无法统一起来，实质上必然和自由仍然处于悬而未决当中。因而康德对休谟必然和自由关系问题的解决是不彻底的，通过对康德这一问题的研究，也启示我们只有超出康德先验哲学的语境，才能彻底解决自然和自由关系的问题。

三、马克思的实践观点对
康德两种因果性概念的解决

马克思首先创立了实践观点，终结了西方传统哲学思维方式的有效

---

① ［德］康德：《纯粹理性批判》，邓晓芒译，杨祖陶校，人民出版社2004年版，第374页。
② 杨祖陶、邓晓芒：《康德〈纯粹理性批判〉指要》，人民出版社2004年版，第335页。

性，确立了实践观点的思维方式，完成了对传统哲学观的颠倒，实现了思维方式的根本变革。① 我们认为马克思的实践观点揭开了康德两种因果性概念的谜底，从根本上解决了康德的两种因果性概念。但实践概念并不是马克思最早提出的，那种认为实践概念是由马克思最早提出的，是不符合哲学史事实的。

早在古代哲学中，人们就已经探讨过实践活动的内容，当然他们都没有达到对实践概念的科学理解，但是他们已经把握到实践概念的几个基本环节。在古希腊哲学中，亚里士多德比较系统地论述了实践概念。他把实践看作是从潜能到现实的实现目的活动，那些没有完成目的的活动就不是实践活动。把实践同目的性联系起来，把有没有实现目的看作是实践活动同其他活动的区别，这意味着目的性是实践活动的一个基本环节，实践活动是实现目的的活动。德国古典哲学的奠基人康德是继亚里士多德之后第一个对实践概念进行系统探讨的哲学家。康德最早把理性分为理论理性和实践理性，由此他把其批判哲学分为理论哲学和实践哲学。理论哲学又称为自然哲学，主要研究认识论问题，即我们能够认识什么；实践哲学又称道德哲学，主要研究道德伦理问题，即我们能够做什么。在康德看来，实践行为就是道德行为，人具有实践理性就意味着人能够不依靠任何经验的东西而仅凭自己的自由意志而作出判断，意味着人是一个自主体，即自由的人。在康德这里，自主性是实践概念的另一个基本环节，实践是一种自主性的活动，但康德的不足是把实践仅仅归结为道德活动。德国古典哲学的集大成者黑格尔"已把实践明确规定为主观改造客观的活动，并从相互作用中探讨了实践与认识的对立统一关系"②。对黑格尔这一深刻的思想，列宁给予了很高的评价："在黑格尔那里，在分析认识过程中，实践是一个环节，并且也就是向客观的（在黑格尔看来是'绝对的'）真理的过渡"③。黑格尔抓住了实践活动的本质，把对象性的、现实的人理解为自己

---

① 高清海、孙利天：《马克思的哲学观变革及其当代意义》，载《天津社会科学》2001年第5期。
② 高清海：《哲学思维方式变革》，吉林人民出版社1997年版，第206页。
③ 列宁：《哲学笔记》，人民出版社1956年版，第228页。

实践活动的结果。但是,"黑格尔唯一知道并承认的劳动是抽象的精神的活动"①。由此可见,康德、黑格尔只限于从理性活动来理解实践,把实践抽象化了。继黑格尔之后,费尔巴哈竭力反对把实践理解为抽象的理性活动,力求回到感性,把实践理解为感性的活动。但他所理解的感性活动只不过是一种满足情欲的活动,只不过是一种自然主义的、利己主义的享受对象的行为,完全忽视了人的能动性,其实这样的活动与动物的活动没有什么本质不同。马克思对此进行了深刻的批判,指出费尔巴哈"对于实践则只是从它的卑污的犹太人的表现形式去理解和确定。因此,他不了解'革命的''实践批判的'活动的意义"②。由此可见,在马克思之前,人们对实践已作了多方面的探讨,已经分别把握到了实践概念的几个基本环节,例如,"目的性""自主性""能动性""感性的活动",但是都没有把这几个基本环节有机地结合起来。只有马克思创造性地提出了实践观点,把实践看作是目的性和规律性、自然性和能动性的统一,从根本上颠覆了以往哲学家对实践的理解。马克思实践观点的确立为我们解决康德自然因果性和自由因果性之间的矛盾打开了一个新的思路。

一方面,我们从实践是合规律性与合目的性的统一出发,来分析实践活动是自然因果性和自由因果性相统一的活动。在马克思主义哲学看来,实践是主体依据一定目的改造客体的直接现实性的活动。"在劳动生产活动中,人自身只有作为一种自然力去与自然物质相对立,通过自身具有的自然力去作用外界对象,才可能在对自身生活有用的形式上去占有自然物质。"③ 以人自身自然力的形式去作用于自然物质对象,这说明了自然物质对人的基础的和本原的作用,因而人的实践活动必须以人和对象的自然物质存在为前提,必须遵循自然物质运动的规律,否则就会受到自然界的报复。这体现了自然因果性对人的制约作用。同时,实践活动又是一种实现目的性的活动。人在实践活动中不仅仅是改变了自然对象的物质形式,而且要在这种活动中实现人的目的。目的是一种理想的要求,是人发挥自己

---

① 《马克思恩格斯全集》第3卷,人民出版社2002年版,第320页。
② 《马克思恩格斯选集》第1卷,人民出版社1995年版,第54页。
③ 高清海:《哲学思维方式变革》,吉林人民出版社1997年版,第209页。

的自主性主动建构起来的，这体现人的自由本性，人能够按照自己目的去改造自然物质对象，从而把理想的目的变为现实的存在。因而，从上面的分析可知，实践活动是自然因果性和自由因果性相统一的活动，根本上解决了康德两种因果性概念的分离。

另一方面，我们从实践活动所蕴含的两种尺度（物种的尺度和人的尺度）出发，来分析实践活动是自然因果性和自由因果性相统一的活动。马克思在《1844年经济学哲学手稿》中从人与动物的区别论述了人类活动的两种尺度。马克思说："动物只是按照它所属的那个种的尺度和需要来构造，而人懂得按照任何一个种的尺度来进行生产，并且懂得处处都把内在的尺度运用于对象；因此，人也按照美的规律来构造。"① 马克思所说的动物种的尺度具有自然规律（自然因果性）的含义，动物按照种的尺度进行活动，意味着动物只能按照自然规律，按照它自身的本能来进行活动，人作为一种自然存在物也必须遵循物种的尺度。人能够按照任何一种尺度来进行生产，说明人已经打破了自然界的限制，人能够根据自己的目的（自由因果性）把任何一种自然事物作为自己的对象，并且能够按照不同的方式对其进行加工。所谓内在尺度就是人的尺度，是人根据自己的自主性建构起来的尺度，是人的理想意图，体现了人的价值、目的与自由本性。因而，在人的实践活动中，必须正确处理好物种尺度（自然因果性）和人的尺度（自由因果性）二者之间的关系，两者都要兼顾，不能顾此失彼，这样才能实现人的目的。马克思在《资本论》中告诉我们："自由王国是在必需和外在目的的规定要做的劳动终止的地方才开始；因而按照事物的本性来说，它存在于真正物质生产领域的彼岸。……但是，这个自由王国只有建立在必然王国的基础上，才能繁荣起来。"② 在马克思看来，生产劳动构成了人类的必然王国（自然因果性），但是生产劳动又构成了自由王国的基础，生产劳动是连接必然王国和自由王国的桥梁。由此可知，马克思的实践观点从根本上解决了康德自然因果性和自由因果性分离难题，提供了迄今为止最为合理的解决模式。

---

① 《马克思恩格斯全集》第3卷，人民出版社2002年版，第274页。
② 马克思：《资本论》第3卷，人民出版社1975年版，第926—927页。

休谟基于怀疑主义的立场对因果性概念进行了重新考察，颠覆了长期以来的固有看法，给后来的哲学家遗留了两个问题。首先，因果关系是否具有客观必然性；其次，如果一切都受因果性的支配，那么自由将如何存在。康德从先验哲学的语境出发回应了休谟的第一个问题，认为因果必然性根源于人的理性；为了回应休谟的第二个问题，康德提出了两种因果性概念，即适用于现象界的自然因果性和适用于本体界的自由因果性。但由此却造成了一个难题：即自然和自由如何统一的问题。马克思创立了实践观点的思维方式，实现了哲学观的根本变革，从根本上破译了康德的两种因果性概念。

主要参考文献

一、中文论著（含译著）

（一）经典文献

《马克思恩格斯文集》第 2 卷，人民出版社 2009 年版。
《马克思恩格斯选集》第 1—4 卷，人民出版社 1995 年版。
《马克思恩格斯全集》第 1 卷，人民出版社 1995 年版。
《马克思恩格斯全集》第 3 卷，人民出版社 2002 年版。
《马克思恩格斯全集》第 30 卷，人民出版社 1995 年版。
《马克思恩格斯全集》第 31 卷，人民出版社 1998 年版。
《马克思恩格斯全集》第 33 卷，人民出版社 2004 年版。
《马克思恩格斯全集》第 2 卷，人民出版社 1957 年版。
《马克思恩格斯全集》第 4 卷，人民出版社 1965 年版。
《马克思恩格斯全集》第 19 卷，人民出版社 1965 年版。
《马克思恩格斯全集》第 32 卷，人民出版社 1975 年版。
《马克思恩格斯全集》第 40 卷，人民出版社 1982 年版。
《马克思恩格斯全集》第 47 卷，人民出版社 1979 年版。
马克思：《1844 年经济学哲学手稿》，人民出版社 2000 年版。
马克思：《资本论》第 1—3 卷，人民出版社 2004 年版。
马克思、恩格斯：《德意志意识形态》节选本，人民出版社 2003 年版。
《毛泽东选集》第 4 卷，人民出版社 1991 年版。
《邓小平文选》第三卷，人民出版社 1993 年版。

《江泽民文选》第三卷，人民出版社2006年版。

（二）相关中文译著

［英］伊格尔顿：《马克思为什么是对的》，李杨等译，新星出版社2011年版。

［法］汤姆·洛克曼：《马克思主义之后的马克思——卡尔·马克思的哲学》，杨学功等译，东方出版社2008年版。

［英］柯亨：《自我所有、自由和平等》，李朝晖译，东方出版社2008年版。

［英］科恩：《卡尔·马克思的历史理论——一种辩护》，段忠桥译，高等教育出版社2008年版。

［英］科恩：《拯救正义与平等》，陈伟译，复旦大学出版社2014年版。

应奇等主编：《马克思与诺齐克之间——G. A. 柯亨文选》，江苏人民出版社2007年版。

［意］理查德·贝洛菲尔等主编：《重读马克思——历史考证版之后的新视野》，徐素华译，东方出版社2010年版。

［英］肖恩·塞耶斯：《马克思主义与人性》，冯颜利译，任平校，东方出版社2010年版。

［法］雅克·阿塔利：《卡尔·马克思》，刘成富等译，上海人民出版社2010年版。

［美］麦克莱伦：《马克思传》，王珍译，中国人民大学出版社2008年版。

［美］麦克莱伦：《马克思思想导论》，郑一明等译，中国人民大学出版社2008年版。

［美］埃尔斯特：《理解马克思》，何怀远等译，曲跃厚校，中国人民大学出版社2008年版。

［意］马塞罗·默斯托：《马克思的〈大纲〉——〈政治经济学批判大纲〉150年》，闫月梅等译，闫月梅校，中国人民大学出版社2011年版。

［法］德里达:《马克思的幽灵——债务国家、哀悼活动和新国际》,何一译,中国人民大学出版社1999年版。

［美］布坎南:《马克思与正义》,林进平译,人民出版社2013年版。

［英］伯尔基:《马克思主义的起源》,伍庆等译,华东师范出版社2007年版。

［英］莱姆克等著:《马克思与福柯》,陈元等译,华东师范出版社2007年版。

［美］维塞尔:《马克思与浪漫派的反讽》,陈开华译,华东师范出版社2008年版。

［美］麦卡锡:《马克思与古人——古典伦理学、社会正义和19世纪政治经济学》,王文扬译,华东师范大学出版社2011年版。

［美］维塞尔:《普罗米修斯的束缚——马克思科学思想的神话结构》,李昀等译,华东师范大学出版社2014年版。

［美］麦卡锡选编:《马克思与亚里士多德》,郝亿春等译,华东师范大学出版社2015年版。

［法］列斐伏尔:《马克思的社会学》,谢永康等译,北京师范大学出版社2013年版。

［美］奥尔曼:《异化:马克思论资本主义社会中人的概念》,王贵贤译,北京师范大学出版社2011年版。

［美］莱文:《不同的路径:马克思主义与恩格斯主义中的黑格尔》,臧峰宇译,北京师范大学出版社2009年版。

［美］古尔德:《马克思的社会本体论:马克思社会实在理论中的个性和共同体》,王虎学译,北京师范大学出版社2009年版。

［美］伊林·费彻尔:《马克思:思想传记》,黄文前译,北京师范大学出版社2013年版。

［德］伊林·费彻尔:《马克思与马克思主义:从经济学批判到世界观》,赵玉兰译,北京师范大学出版社2009年版。

［美］沃伦·布雷克曼:《废黜自我:马克思、青年黑格尔派及激进社会理论的起源》,李佃来译,北京师范大学出版社2013年版。

[法] 吕贝尔：《吕贝尔马克思学文集》上，郑吉伟等译，北京师范大学出版社 2009 年版。

[英] 克拉克：《经济危机理论：马克思的视角》，杨建生译，北京师范大学出版社 2011 年版。

[日] 望月清司：《马克思历史理论的研究》，韩立新译，北京师范大学出版社 2009 年版。

[日] 山之内靖：《受苦者的目光：早期马克思的复兴》，彭曦等译，北京师范大学出版社 2011 年版。

[日] 内田弘：《新版〈政治经济学批判大纲〉的研究》，王青等译，北京师范大学出版社 2011 年版。

[日] 岩佐茂等编著：《〈德意志意识形态〉的世界》，梁海峰等译，北京师范大学出版社 2014 年版。

[日] 柄谷行人：《跨越性批判——康德与马克思》，赵京华译，中央编译出版社 2011 年版。

[美] R. W. 米勒：《分析马克思——道德、权力和历史》，张伟译，高等教育出版社 2009 年版。

[美] R. G. 佩弗：《马克思主义、道德与社会正义》，吕梁山等译，高等教育出版社 2010 年版。

[英] 史蒂文·卢克斯：《马克思主义与道德》，袁聚录译，田世锭校，高等教育出版社 2009 年版。

[英] 乔纳森·沃尔夫：《当今为什么还要研读马克思》，段忠桥译，高等教育出版社 2006 年版。

[加] 凯·尼尔森：《马克思主义与道德观念》，李义天译，人民出版社 2014 年版。

[英] 霍布斯鲍姆：《如何改变世界：马克思和马克思主义的传奇》，吕增奎译，中央编译出版社 2014 年版。

[英] 安东尼·吉登斯：《资本主义与现代社会理论——对马克思、涂尔干和韦伯著作的分析》，郭忠花等译，上海译文出版社 2013 年版。

[英] 罗伯特·阿尔布里坦：《经济转型：马克思还是对的》，李国亮

等译，新华出版社 2013 年版。

［英］S. H. 里格比:《马克思主义与历史学：一种批判性的研究》，吴英译，译林出版社 2012 年版。

［美］阿伦特:《马克思与西方政治思想传统》，孙传钊译，江苏人民出版社 2007 年版。

［美］马尔库塞:《理性和革命——黑格尔和社会理论的兴起》，程志民等译，上海人民出版社 2007 年版。

［美］威廉姆·肖:《马克思的历史理论》，阮仁慧等译，重庆出版社 1989 年版。

［法］阿尔都塞:《保卫马克思》，顾良译，商务印书馆 2006 年版。

［法］阿尔都塞:《读〈资本论〉》，李其庆等译，中央编译出版社 2008 年版。

［美］哈维:《跟大卫·哈维读〈资本论〉》，刘英译，上海译文出版社 2014 年版。

［美］哈维:《资本社会的 17 个矛盾》，许瑞安译，中信出版社 2016 年版。

［美］詹姆逊:《重读〈资本论〉》，胡志国等译，中国人民大学出版社 2013 年版。

［德］考茨基:《〈资本论〉解说》，戴季陶等译，九州出版社 2012 年版。

［日］宫川彰:《解读〈资本论〉(第一卷)》，刘锋译，中央编译出版社 2011 年版。

［加］莱博维奇:《超越〈资本论〉——马克思的工人阶级政治经济学》，崔秀红译，张苏等校，经济科学出版社 2007 年版。

［英］阿瑟:《新辩证法与马克思的〈资本论〉》，高飞等译，北京师范大学出版社 2018 年版。

［加］阿尔布瑞顿:《政治经济学中的辩证法与解构》，李彬彬译，北京师范大学出版社 2018 年版。

［美］洛克莫尔:《费希特、马克思与德国哲学传统》，夏莹译，北京

师范大学出版社 2018 年版。

［加］伍德：《资本主义的起源——学术史视域下的长篇综述》，夏璐译，中国人民大学出版社 2016 年版。

［美］布伦纳：《马克思社会发展理论新解》，张秀琴等译，中国人民大学出版社 2016 年版。

［澳］伊安·亨特：《分析的和辩证的马克思主义》，徐长福等译，重庆出版社 2010 年版。

［美］伯曼：《一切坚固的东西都烟消云散了——现代性体验》，徐大建等译，商务印书馆 2003 年版。

［英］霍布斯：《利维坦》，黎思复等译，商务印书馆 1985 年版。

［英］洛克：《政府论》下篇，叶启芳等译，商务印书馆 1964 年版。

［英］休谟：《人性论》下册，关文运译，郑之骧校，商务印书馆 1980 年版。

［英］休谟：《休谟政治论文选》，张若衡译，商务印书馆 2010 年版。

［英］休谟：《道德原则研究》，曾晓平译，商务印书馆 2001 年版。

［英］斯密：《道德情操论》，蒋自强等译，商务印书馆 1997 年版。

［英］斯密：《国民财富的性质和原因的研究》上卷，郭大力等译，商务印书馆 1972 年版。

［英］斯密：《国民财富的性质和原因的研究》下卷，郭大力等译，商务印书馆 1974 年版。

［英］李嘉图：《李嘉图著作和通信集》第四卷，蔡受百译，商务印书馆 1980 年版。

［英］边沁：《政府片论》，沈叔平等译，商务印书馆 1995 年版。

［德］康德：《法的形而上学原理——权利的科学》，沈叔平译，林荣远校，商务印书馆 1991 年版。

［德］黑格尔：《法哲学原理》，范扬等译，商务印书馆 1961 年版。

［英］密尔：《代议制政府》，汪瑄译，商务印书馆 1982 年版。

［英］密尔：《论自由》，许宝骙译，商务印书馆 1959 年版。

［法］卢梭：《社会契约论》，何兆武译，商务印书馆 2003 年版。

［法］卢梭：《论人与人之间不平等的起因和基础》，李平沤译，商务印书馆 2007 年版。

［匈］卢卡奇：《历史与阶级意识》，杜章智等译，商务印书馆 1999 年版。

［德］霍克海默、阿道尔诺：《启蒙辩证法——哲学断片》，渠敬东等译，上海人民出版社 2006 年版。

［英］唐纳德·温奇：《亚当·斯密的政治学》，褚平译，译林出版社 2010 年版。

［加］查尔斯·泰勒：《黑格尔》，张国清等译，译林出版社 2002 年版。

［加］查尔斯·泰勒：《现代社会想象》，林曼红译，译林出版社 2014 年版。

［英］琼·罗宾逊：《经济哲学》，安佳译，商务印书馆 2011 年版。

［德］西美尔：《货币哲学》，陈戎女等译，华夏出版社 2002 年版。

［英］亚历山大·布罗迪编：《苏格兰启蒙运动》，贾宁译，浙江大学出版社 2010 年版。

［英］哈耶克：《通往奴役之路》，王明毅等译，冯兴元统校，中国社会科学出版社 1997 年版。

［美］马歇尔·伯曼：《一切坚固的东西都烟消云散了》，徐大建等译，商务印书馆，2003 年版。

［美］诺齐克：《无政府、国家和乌托邦》，姚大志译，中国社会科学出版社 2008 年版。

［美］桑德尔：《自由主义与正义的局限》，万俊人等译，译林出版社 2001 年版。

［美］罗尔斯：《正义论》，何怀宏等译，中国社会科学出版社 1988 年版。

［美］罗尔斯：《政治哲学史讲义》，杨通进等译，中国社会科学出版社 2011 年版。

［美］罗尔斯：《道德哲学史讲义》，顾肃等译，中国社会科学出版社

2012 年版。

［美］弗莱施哈克尔：《分配正义简史》，吴万伟译，译林出版社 2010 年版。

［美］麦金太尔：《伦理学简史》，龚群译，商务印书馆 2003 年版。

［美］施特劳斯等主编：《政治哲学史》（第三版），李洪润等译，法律出版社 2009 年版。

［美］萨拜因：《政治学说史》上卷，邓正来译，上海人民出版社 2008 年版。

［美］萨拜因：《政治学说史》下卷，邓正来译，上海人民出版社 2010 年版。

［德］卡尔·洛维特：《从黑格尔到尼采》，李秋零译，生活·读书·新知三联书店 2014 年版。

［美］波考克：《德行、商业和历史：18 世纪政治思想与历史论辑》，冯克利译，生活·读书·新知三联书店 2012 年版。

［澳］斯蒂芬·巴克勒：《自然法与财产权理论——从格劳秀斯到休谟》，周清林译，法律出版社 2014 年版。

［美］列奥·施特劳斯：《自然权利与历史》，彭刚译，生活·读书·新知三联书店，2003 年版。

［加］金里卡：《当代政治哲学》，刘莘译，上海译文出版社 2011 年版。

［美］海尔布隆纳：《资本主义的本质与逻辑》，马林梅译，东方出版社 2013 年版。

［英］梅扎罗斯：《超越资本——关于一种过渡理论》（上下），郑一明等译，中国人民大学出版社 2003 年版。

［英］吉登斯：《现代性的后果》，田禾译，黄平校，译林出版社 2011 年版。

［英］布莱恩·巴里：《正义诸理论》，孙晓春等译，吉林人民出版社 2004 年版。

［英］霍布豪斯：《自由主义》，朱曾汶译，商务印书馆 1996 年版。

［德］卡西尔：《启蒙哲学》，顾伟铭等译，山东人民出版社 1988 年版。

［美］列奥·施特劳斯：《古今自由主义》，马志娟译，江苏人民出版社 2012 年版。

［德］韦尔默：《后形而上学现代性》，应奇等编译，上海译文出版社 2007 年版。

［英］厄奈斯特·巴克：《希腊政治理论——柏拉图及其前人》，卢华萍译，吉林人民出版社 2003 年版。

李惠斌等编译：《马克思与正义理论》，中国人民大学出版社 2010 年版。

（三）相关中文著作

陈先达：《走向历史的深处——马克思历史观研究》，中国人民大学出版社 2010 年版。

孙正聿：《思想中的时代——当代哲学的理论自觉》，北京师范大学出版社 2004 年版。

姚大志：《何谓正义：当代西方政治哲学研究》，人民出版社 2007 年版。

姚大志：《当代西方政治哲学》，北京大学出版社 2011 年版。

顾肃：《自由主义基本理念》（修订版），译林出版社 2013 年版。

段忠桥：《重释历史唯物主义》，江苏人民出版社 2009 年版。

张一兵：《马克思历史辩证法的主体向度》，武汉大学出版社 2010 年版。

张一兵：《回到马克思——经济学语境中的哲学话语》，江苏人民出版社 2009 年版。

杨耕：《马克思主义历史观研究》，北京师范大学出版社 2012 年版。

吴晓明：《哲学之思与社会现实——马克思主义哲学的当代意义》，武汉大学出版社 2010 年版。

丰子义：《发展的反思与探索：马克思社会发展理论的当代阐释》，中国人民大学出版社 2006 年版。

赵敦华：《马克思哲学要义》，江苏人民出版社 2018 年版。

鲁品越：《社会主义对资本力量：驾驭与导控》，重庆出版社 2008 年版。

张曙光：《人的世界与世界的人：马克思的思想历程追踪》，北京师范大学出版社 2009 年版。

王南湜：《追寻哲学的精神——走向实践哲学之路》，北京师范大学出版社 2006 年版。

阎孟伟：《在马克思实践哲学的视野中》，武汉大学出版社 2011 年版。

汪信砚：《全球化、现代化与马克思主义哲学中国化》，武汉大学出版社 2010 年版。

孙利天：《让马克思主义哲学说中国话》，武汉大学出版社 2010 年版。

邹诗鹏：《激进政治的兴起：马克思早期政治与法哲学批判手稿的当代解读》，复旦大学出版社 2012 年版。

贺来：《"主体性"的当代哲学视域》，北京师范大学出版社 2013 年版。

张盾：《黑格尔与马克思政治哲学六论》，学习出版社 2014 年版。

聂锦芳：《清理与超越：重读马克思文本的意旨、基础与方法》，北京大学出版社 2005 年版。

吴向东：《重构现代性——当代社会主义价值观研究》，北京师范大学出版社 2004 年版。

杨学功：《超越哲学同质性神话——马克思哲学革命的当代解读》，北京大学出版社 2010 年版。

仰海峰：《形而上学批判：马克思哲学的理论前提及当代效应》，江苏人民出版社 2006 版。

仰海峰：《〈资本论〉的哲学》，北京师范大学出版社 2017 版。

王庆丰：《〈资本论〉的再现》，中央编译出版社 2016 版。

白刚：《"超越政治"还是"回归政治"——马克思与阿伦特政治哲学比较》，江苏人民出版社 2016 版。

晞戈：《超越资本主义现代性——马克思现代性思想与当代社会发

展》，中国人民大学出版社 2015 年版。

彭富明：《马克思恩格斯正义批判理论研究》，中央编译出版社 2013 年版。

陈飞：《在先验与经验之间——康德、黑格尔与马克思的自由观念》，中国社会科学出版社 2016 年版。

（四）相关论文

段忠桥：《〈莱茵报〉时期使马克思苦恼的"疑问"是什么》，载《学术研究》2008 年第 6 期。

陈学明：《论中国道路对马克思主义阶级斗争理论的继承与发展》，载《马克思主义研究》2015 年第 5 期。

陈学明：《马克思的公平观与社会主义市场经济》，载《马克思主义研究》2011 年第 1 期。

鲁品越等：《资本与现代性的生成》，载《中国社会科学》2005 年第 3 期。

孙承叔：《资本与历史唯物主义——〈马克思恩格斯全集〉中文第二版第 30、31 卷的当代解读》，载《西南大学学报（社会科学版）》2013 年第 1 期。

丰子义：《历史唯物主义与马克思主义哲学主题》，载《中国社会科学》2012 年第 3 期。

任平：《资本全球化与马克思——马克思哲学的出场语境与本真意义》，载《哲学研究》2002 年第 12 期。

张雄：《货币幻象：马克思的历史哲学解》，载《中国社会科学》2004 年第 4 期。

仰海峰：《商品：一个哲学的分析》，载《哲学研究》2014 年第 7 期。

仰海峰：《机器与资本逻辑的结构化——基于〈资本论〉的哲学探讨》，载《学习与探索》2016 年第 8 期。

李佃来：《论马克思市民社会理论的两种逻辑》，载《哲学研究》2010 年第 12 期。

余源培：《社会主义与货币关系之历史反思》，载《社会科学家》

2004 年第 3 期。

汪行福：《超越正义的正义论：反思"马克思与正义"关系之争》，载《江海学刊》2011 年第 3 期。

张文喜：《马克思对"伦理的正义"概念的批判》，载《中国社会科学》2014 年第 3 期。

张文喜：《马克思的理性主义国家观及其法的正义批判》，载《教学与研究》2013 年第 10 期。

韩立新：《劳动所有权与正义——以马克思的"领有规律的转变"理论为核心》，载《马克思主义与现实》2015 年第 2 期。

魏小萍：《雇佣劳动关系中的公平与正义问题——由马克思对巴师夏批判引起的思考》，载《马克思主义与现实》2015 年第 2 期。

贺来：《现代社会价值规范基础的反省与重建——马克思哲学现代性批判的核心课题》，载《哲学研究》2014 年第 3 期。

邹诗鹏：《马克思对古典自由主义的批判及其思想史效应》，载《哲学研究》2013 年第 10 期。

邹诗鹏：《现时代精神生活的物化处境及其批判》，载《中国社会科学》2007 年第 5 期。

阎孟伟：《马克思与欧洲自由主义运动》，载《哲学研究》2010 年第 6 期。

阎孟伟：《马克思历史理论中的市民社会概念》，载《天津社会科学》2010 年第 5 期。

李淑梅：《马克思〈莱茵报〉时期的政治哲学思想》，载《哲学研究》2009 年第 6 期。

李淑梅：《人类解放：消除对政治国家、宗教和金钱的崇拜——读马克思的〈论犹太人问题〉》，载《学习与探索》2010 年第 4 期。

何丽野：《马克思关于财富与平等、自由之关系的思想及其现实意义》，载《哲学研究》2013 年第 6 期。

王峰明、牛变秀：《货币的本质规定与拜物教批判》，载《天津社会科学》2012 年第 1 期。

唐正东：《对蒲鲁东的批判给马克思带来了什么？——〈哲学的贫困〉的思想史地位辨析》，载《江苏社会科学》2010年第2期。

张盾：《马克思与近代政治个人主义》，载《学习与探索》2013年第9期。

张盾：《从当代财富问题看马克思对蒲鲁东的批判》，载《吉林大学社会科学学报》2011年第5期。

张盾、刘聪：《论黑格尔对财产权的批判及其对马克思的影响——黑格尔〈法哲学〉的"秘传教诲"》，载《江海学刊》2010年第6期。

张盾：《财产权批判的政治观念与历史方法》，载《哲学研究》2011年第8期。

王庆丰：《商品的界限》，载《山东社会科学》2017年第7期。

王伯鲁：《马克思技术与人性思想解读》，载《自然辩证法研究》2009年第2期。

王新生：《马克思正义理论的四重辩护》，载《中国社会科学》2014年第4期。

刘森林：《资本与虚无：马克思论虚无主义的塑造与超越》，载《吉林大学社会科学学报》2012年第5期。

谢永康：《技术批判与马克思——一种实践哲学视野下的重新思考》，载《文史哲》2004年第5期。

姚大志：《分配正义：从弱势群体的观点看》，载《哲学研究》2011年第3期。

乔瑞金：《技术实践：马克思哲学思想的不竭源泉》，载《吉林大学社会科学学报》2011年第3期。

刘荣军：《马克思财富思想的历史本原与现代社会》，载《哲学研究》2010年第12期。

俞吾金：《资本诠释学——马克思考察、批判现代社会的独特路径》，载《哲学研究》2007年第1期。

龙静云等：《从马克思主义视角看哈耶克的正义理论》，载《哲学研究》2010年第12期。

熊建生等：《马克思的分配正义观及其现实启示》，载《马克思主义研究》2014 年第 5 期。

鲁品越：《货币化与社会结构的变迁》，载《哲学动态》2003 年第 8 期。

鲁品越：《货币力量的深层本体论》，载《学术月刊》2003 年第 8 期。

林进平：《马克思对近代自然法正义观的批判——从〈黑格尔法哲学批判〉到〈德意志意识形态〉》，载《马克思主义与现实》2008 年第 6 期。

关柏春：《马克思设想的按劳分配与现实生活中的按来分配》，载《学习与探索》2008 年第 4 期。

白刚：《资本逻辑与现代性——马克思哲学视野中的现代性批判》，载《学海》2013 年第 2 期。

曲红梅：《历史唯物主义与道德——对马克思道德理论研究理路的探寻》，载《吉林大学社会科学学报》2009 年第 2 期。

晞戈：《自由、平等与所有权：〈资本论〉与近代政治哲学传统》，载《马克思主义与现实》2015 年第 1 期。

孙乐强：《劳动与自由的辩证法：马克思历史观的哲学革命——兼论〈资本论〉对〈政治经济学批判大纲〉的超越与发展》，载《哲学研究》2016 年第 9 期。

孙乐强：《马克思机器大生产理论的形成过程及其哲学效应》，载《哲学研究》2014 年第 3 期。

二、英文论著

Paul Guyer, *Kant's System of Nature and Freedom*, Oxford: Clarendon Press, 2005.

Roberta Clewis, *The Kantian Sublime and the Revelation of Freedom*, New York: Cambridge University Press, 2009.

Victor J. Seidler, *Kant, Respect and Injustice: The Limits of Liberal Moral Theory*, Oxon: Routledge, 2010.

Hannah Arendt, *Lectutres on KANT'S Political Philosophy*, Chicago: The University of Chicago Press, 1992.

Alan Patten, *Hegel's Idea of Freedom*, New York: Oxford University Press, 1999.

Timothy C. Luther, *Hegel's Critique of Modernity*, Lanham: Lexington Books, 2009.

Hegel, *The Philosophy of Right*, Kitchener: Batoche Books, 2001.

David Leopold, *The Young Karl Marx*, New York: Cambridge University Press, 2009.

Allen W. Wood, *Karl Marx*, New York: Routledge, 2004.

Jonathan Wolff, *Why Read Marx Today?* New York: Oxford University Press, 2002.

Terry Eagleton, *Why Marx Was Right*, New Haven: Yale University Press, 2011.

John Rawls, *Lectures on the History of Political Philosophy*, Cambridge: The Belknap Press of Harvard University Press, 2007.

Charles Taylor, *Modern Social Imaginaries*, Durham, London: Duke University Press, 2004.

Carol C. Could, *Marx's Social Ontology*, Cambridge: The MIT Press, 1978.

R. G. Peffer, *Marxism, Morality, and Social Justice*, Princeton, New Jersey: Princeton University Press, 1990.

Hume, *Moral Philosophy*, Hackett Publishing Company, 2006.

Hume, *A Treatise of Human Nature*, The Floating Press, 2009.

中央高校基本科研业务项目"政治哲学视阈中的马克思财产权理论研究"(2017CDJSK01YJ01)

重庆市高校思想政治理论课教学科研示范团队资助项目